Collection : Histoires authentiques

Suivi éditorial : Didier Antonelli
ISBN-2-911218-25-6
EAN : 9782911218255

150, rue Aristide-Briand
92300 Levallois-Perret
Tél : 01 47 30 53 10
livres@altipresse.com

Germain CHAMBOST

Missions de guerre

Éditions ALTIPRESSE

À la mémoire des pilotes
qui ne pourront jamais raconter
leur histoire...

G.C.

UNE GRILLE DE LECTURE EN GUISE DE PRÉFACE...

L'un d'eux le reconnaît : « Il faut être jeune pour faire ce métier-là, un peu inconscient, en tout cas insouciant. Quand on prend de l'âge, on réfléchit trop... »

Presque toutes les missions de guerre racontées ici mettent en scène des pilotes qui ont entre vingt et trente ans. Les pilotes de combat sont la plupart du temps de jeunes hommes, voire de très jeunes hommes. Certes, ils font preuve de courage, au moral comme au physique, et risquent leur vie pour obéir aux ordres que leur donnent leurs chefs : le devoir d'obéissance fait partie intégrante du métier qu'ils ont choisi de leur plein gré. Obéissance qui ne va pas sans quelques réticences, parfois, face à des situations qui peuvent heurter leurs convictions philosophiques, religieuses, ou tout simplement leur sens de l'humain. Mais l'accomplissement de leur devoir leur procure aussi des sensations qui éveillent en eux des échos souvent assez troubles, lorsqu'ils veulent bien l'admettre. Faut-il s'étonner s'ils en éprouvent alors comme une sorte de gêne ?

La confrontation avec sa propre mort, le pouvoir de la donner au nom d'un devoir revendiqué, la rage du combat «à la vie à la mort», la compétition, le sentiment de puissance qui naît de la maîtrise d'engins de guerre sophistiqués, à la pointe de la technique, les font se sentir presque des surhommes : comment y résisteraient-ils ? Comment résister aux pulsions quasi animales, à l'exaltation qu'ils éprouvent lorsqu'ils plongent sur l'objectif du haut du ciel aux commandes d'un Jaguar, fauve magnifique, d'un Invader, celui qui entre par force, d'un Skyhawk, l'oiseau de proie ? Les noms de baptême de leurs avions ne sont point choisis au hasard par ceux qui les leur confient. Pulsion, exaltation, qui s'apparentent à la tension et aux préludes du plaisir sexuel, au point de se confondre parfois avec eux. Certains pilotes, rapporte le colonel Gérard Arnaubec, qui fut l'un d'eux, dans son livre Opération Manta, *s'aperçoivent après coup qu'ils ont éjaculé dans leurs vêtements de vol durant une passe de tir. Les vocables et les expressions à consonance sexuelle tiennent en tout cas une grande place dans le langage des pilotes, archétype du combattant. Les féministes américaines ne s'y étaient d'ailleurs pas trompées, qui, vers les années 1980, demandaient que de tels vocables – érection, pénétration – soient bannis du vocabulaire de la dissuasion nucléaire, symbole de la puissance militaire suprême…*

Ce genre de réaction n'exclut pas cependant des senti-

ments plus «normaux», en tout cas plus courants. On peut bander, se montrer trivial en paroles dans le secret de son masque à oxygène et en même temps invoquer Dieu ou la Vierge Marie, dans le cockpit d'un monoplace de chasse, ou d'un avion d'attaque au sol. Ou lorsqu'on se retrouve seul, désarmé, vaincu. On peut aussi vouloir détruire à tout prix l'ennemi, l'adversaire, s'en donner les moyens, à la fois matériels et psychologiques, et, dans le même temps, être la proie de sentiments de pitié, de compassion, vis-à-vis de cet ennemi et de cet adversaire. Pilotes américains, français, argentins, israéliens, sud-africains, guerre du Golfe, guerre des Malouines, destruction du réacteur nucléaire irakien, bombardement de camps rebelles au Mozambique, attaque de Libyens au Tchad, Indochine, Algérie : en dépit des différences – ennemis et adversaires –, des événements variés, ils se ressemblent tous.

Ce mélange de sentiments un peu troubles et de sentimentalisme me paraît assez caractéristique de la personnalité des pilotes de combat. C'est un reflet de la nature humaine, qui va de pair avec une parfaire maîtrise de soi, seule à même de canaliser ces forces obscures. On comprend mieux pourquoi les pilotes de combat sont issus d'une sélection rigoureuse et constituent une élite très restreinte en nombre. On retrouve ce mélange quasiment à l'état pur, dans les réflexions du major argentin Luis Puga Martinez, pilote de Dagger, après sa participation à la guerre des Malouines : «L'adrénaline commande, l'instinct prend le dessus. On exécute, sans réfléchir, ce que l'on a appris et répété dans sa tête, au point d'en avoir des cauchemars...» Ou encore : «Plus le temps de penser, plus le temps pour rien. Une fraction de seconde d'excitation avant de mettre manche au ventre et de foncer dans le bleu. S'y perdre. À l'atterrissage, on a les jambes flageolantes et l'on est aussi trempé qu'en sortant de la douche...» Propos évocateurs. Abattu par un missile Sidewinder tiré par un Harrier de la Royal Navy, il passera huit heures dans l'eau glacée. Sa combinaison étanche le sauvera. « Étant croyant, j'ai nagé et prié... », racontera-t-il simplement.

Beaucoup de ceux dont les aventures sont narrées ici ne renieraient sûrement pas les déclarations de «Puga», comme l'appelaient ses camarades. Elles fournissent une sorte de grille de lecture qui permet d'éclairer un peu, si peu que ce soit, la personnalité de ces hommes qui chevauchent le tonnerre.

Le tonnerre, vraiment? « Savez-vous pourquoi vous éprouvez tant de plaisir à piloter un avion à réaction?» demandait un psychiatre militaire aux jeunes élèves pilotes de l'école de chasse de Meknès, au Maroc, dans les années 1950-1960. «Non, vous ne savez pas?» insistait-il, avant de fournir sans attendre la réponse à ses «patients» interdits et muets. «C'est parce que vous avez l'impression de chevaucher votre propre sexe...» L'image phallique d'un avion de combat vient évidemment tout de suite à l'esprit. En tout cas à l'esprit d'un psy. Les jeunes élèves pilotes de chasse – et j'étais l'un d'eux – ne réfléchissaient pas si loin: ils se contentaient d'assouvir et de vivre leur passion.

DERNIER DÉCOLLAGE DE DIÊN BIÊN PHU

Mars 1954.

La guerre d'Indochine dure depuis huit années. Et depuis le mois de novembre précédent, le camp retranché français de Diên Biên Phu est en place. Il a été conçu comme un piège destiné à immobiliser les bataillons viêt-minh. Les troupes ennemies attirées vers le camp seront détruites. Les opérations l'ont montré : les troupes régulières françaises n'ont aucune chance de vaincre les troupes communistes du général Giap dans la brousse. Le commandement français a donc décidé de contraindre Giap à un affrontement en terrain découvert. Là où les moyens lourds, artillerie et aviation, pensent les grands stratèges de l'état-major, pourront dominer l'adversaire. La cuvette de Diên Biên Phu, à 450 mètres d'altitude, cernée de montagnes, a été choisie pour y implanter la base aéroterrestre. Aucune route digne de ce nom ne relie Diên Biên Phu aux principales villes du Tonkin. C'est une île au milieu d'un océan de jungle.

Le général Navarre, commandant le corps expéditionnaire français en Extrême-Orient, s'est refusé à prendre en compte les avertissements qui lui ont été prodigués. Diên Biên Phu, totalement isolé, à 300 kilomètres au nord-ouest de Hanoi, ne peut remplir son rôle que si l'aviation assure en permanence l'approvisionnement de la base. Ce pont aérien doit apporter 100 tonnes de ravitaillement par jour et aussi des munitions, des armes et des hommes. La défense du camp repose sur l'artillerie, ainsi que sur les avions de combat basés sur place, ou venus d'aérodromes plus lointains.

Contre toute attente, Giap est parvenu à acheminer ses combattants, ses canons, ses munitions sur les collines entourant le camp retranché français. En ce mois de mars 1954, Diên Biên Phu est une île encerclée par les troupes du général Giap. L'artillerie viêtminh pilonne maintenant sans relâche le site tenu par des légionnaires, des parachutistes, des troupes coloniales, des partisans vietnamiens ou laotiens... Le bel agencement créé dans le cerveau des généraux et sur les cartes d'état-major, censé empêcher l'approche des assaillants, révèle déjà ses faiblesses. Les points d'appui implantés tout autour de la cuvette sont baptisés de noms charmants : Isabelle, Huguette,

Gabrielle. Mais certains sont déjà tombés aux mains de l'ennemi. Les installations du camp sont soumises à un pilonnage qui s'accélère et s'accentue au fil des jours. Les abords de la piste d'aviation ne sont pas épargnés, même si pour le moment ils reçoivent seulement des obus de petit calibre, et en faible nombre. Les avions de l'indispensable pont aérien sont souvent pris à parti par la DCA viêt-minh au cours de leurs manœuvres d'approche. Quelques-uns ont été détruits. Les appareils d'appui feu venus de Hanoi ou de Haiphong, ou basés à Diên Biên Phu même, se heurtent eux aussi à la DCA.

Ce 13 mars, le sergent Claude Barteau, rouleau de papier hygiénique à la main, se dirige vers l'une des feuillées[1] du camp. Celles-ci sont situées non loin des sapes creusées dans le sol et recouvertes de sacs de terre où logent, où se terrent plutôt les aviateurs. À portée de vue, il y a le parking où stationnent les monomoteurs Bearcat d'un détachement du Groupe de chasse « Saintonge » sous les ordres du capitaine Claude Payen. Barteau est l'un des pilotes du « Saintonge ». Il a besoin de soulager ses intestins maltraités par les parasites, ascaris ovamibes ou autres ennemis invisibles. Sur un caleçon qui a connu de plus beaux jours, il est vêtu seulement de sa combinaison de vol. Déchirée par endroits, elle n'est pas en grande forme non plus, marquée d'auréoles de sueur aux aisselles, de taches de terre aux genoux et sur la poitrine. À elle seule, la tenue reflète les condi-

1. *Vocable emprunté au lexique de campagne des gens de l'armée de terre, pour désigner les latrines.*

tions de vie de son propriétaire. Entre les missions commandées par le poste de guidage «Torri rouge[2]», la vie des pilotes de Diên Biên Phu est faite d'attentes interminables. Lorsque le sifflement caractéristique des obus se fait entendre, les courses vers les abris, les plats-ventres précipités sont les seules activités de ces hommes. L'arrivée d'un colis de pruneaux d'Agen, reçu par le capitaine Payen, et que celui-ci a partagé entre tous ses hommes, a fait ce jour-là figure d'événement !

Claude Barteau a fêté il y a trois semaines son vingt et unième anniversaire. Ce Nantais est le fils d'un employé de la SNCF plus préoccupé du sort du prolétariat mondial que de celui de ses deux enfants, et d'une mère désinvolte et portée sur les plaisirs de la vie. Claude Barteau a été très tôt recueilli par ses grands-parents. Une grand-mère qui avait connu dans sa jeunesse la vie de château, un grand-père simple facteur mais ancien combattant de Verdun. Ils lui inculqueront le sens des valeurs fortes, du devoir, l'amour de la patrie, le goût de toujours bien faire. Barteau apprend que l'argent ne tombe pas du ciel et doit être gagné au jour le jour. Ces notions sont étrangères à un paternel féru d'internationalisme et de revendication permanente. Il verra d'un fort mauvais œil son fils embrasser la carrière militaire et devenir pilote de chasse. Une orientation dictée à la fois par les circonstances et par une vocation qui s'ignorait encore.

2. Diminutif de l'indicatif radio Torricelli.

La mort du grand-père oblige Claude à choisir son orientation professionnelle très vite. Le jeune Nantais envisage d'abord d'entrer comme élève mécanicien de l'armée de l'air à l'école de Rochefort (Charente-Maritime). Avec son niveau d'études, il pourrait intégrer directement en troisième année. Mais son copain de lycée Denis Couturier, en compagnie duquel il s'efforce de draguer les filles, a un oncle ancien pilote.

« Les pilotes portent des blousons de cuir, lui affirme Couturier. Ils font sacrément de l'effet dans les bals. Ils ont du succès... » C'est un argument propre à convaincre le jeune Barteau de la nette supériorité des pilotes par rapport aux mécanos ! Cette motivation en vaut bien une autre, après tout, si elle s'accomplit pleinement.

Claude-Yves Barteau, après une carrière bien remplie, a pris sa retraite lorsqu'il a franchi le cap des sexagénaires. Pour un gars comme lui, « sorti de rien » comme il dit, c'est une carrière tout à fait exceptionnelle. En Indochine, il effectue trois cents missions de guerre, en Algérie plus de huit cents sur hélicoptère armé. Il a obtenu une double qualification de pilote d'essai, avion et hélicoptère. Après sa période militaire, il devient chef du personnel navigant d'essai chez un constructeur. Il comptabilise 12400 heures de vol, dont près de 6000 d'essais en vol.

Pourtant, quand il se retourne sur sa jeunesse, une image lui revient toujours. C'est celle d'un pilote tout juste breveté, en décembre 1952. Le jeune Claude Barteau participe à une émission de variétés, dans le cadre du Salon de l'enfance. L'animateur demande au pilote d'à peine vingt ans les raisons qui lui ont fait choisir ce métier-là. Pris au dépourvu, le jeune pilote évoque la grâce du vol des oiseaux de mer, leur liberté, leur indépendance, leur façon de se situer loin du monde. Au Pornic, non loin de Nantes, durant les vacances, les mouettes et autres volatiles marins avaient de quoi inspirer le petit Claude. Autant que l'espoir d'impressionner les filles par son blouson de cuir, ce qu'il ne pouvait pas dire au micro !

Quoi qu'il en soit, la perspective de revêtir le fameux blouson pousse les deux copains à tenter et réussir le concours du personnel navigant de l'armée de l'air [3]. Spécialité : pilote. Et pilote de chasse, *of course!* À l'époque, les pilotes français sont formés aux États-Unis, dans le cadre de l'Alliance Atlantique. Claude Barteau «fait» donc son pilotage chez les Yankees. Il vole sur Mustang P-51, sur P-47. Puis est affecté au Groupe de chasse «Saintonge» sur Bearcat, en Indochine. Les Français en lutte contre les communistes sont épaulés par les Américains, qui leur livrent des avions de tous types, prélevés sur les stocks constitués à l'issue de la Seconde Guerre mondiale, et leur fournissent des conseillers. Ou une aide encore plus directe avec des équipages, notamment des anciens des «Tigres volants» du général Claire Lee Chennault, qui se sont illustrés contre les Japonais, aux commandes d'appareils qui participent au ravitaillement de la place. Parmi les avions cédés

3. Denis Couturier disparaîtra au-dessus de Dien Biên Phu le 24 mai 1954.

aux Français, des Bearcat, monomoteurs de chasse et d'appui feu de la marine américaine.

Sur ces Bearcat, les pilotes de l'armée de l'air accomplissent les missions d'appui direct au profit des troupes de Diên Biên Phu. Les hommes du Groupe de chasse «Saintonge» assurent par rotation une permanence sur le terrain du camp retranché. Ils décollent sur ordre de «Torri rouge». Ils mitraillent aux canons de 20 millimètres, larguent bombes et napalm, se reposent pendant que les mécaniciens refont le plein d'essence et de munitions, et recommencent.

Ces contraintes sont acceptées sans états d'âme, car elles font partie du métier. Du devoir? Un bien grand mot! Même si chacun sait qu'il accomplit son devoir, et s'y donne tout entier. Surtout si, comme le jeune Barteau, un grand-père bienfaisant vous en a inculqué le sens, l'exigence. Les ordres sont simples, techniques, dépouillés de tout apprêt émotionnel. «Décollage... Cap tant... Objectif à nos 11 heures, dans le méandre du.... On y va !...» Ordonne-t-on à un maçon de prendre des briques ou des parpaings, du sable et du ciment, de mêler sable, ciment et eau pour faire du mortier, d'assembler briques, parpaings et mortier pour construire un mur? Non. On lui dit: «Faites-moi un mur...» C'est la même chose pour les pilotes. Le sergent Barteau l'éprouve ainsi.

Le sentiment de puissance quasi sensuelle que procure le déchaînement des 2200 chevaux du moteur au décollage, lorsque le pilote pousse la manette des gaz vers l'avant et qu'il se fond dans les vibrations de son avion, ce sentiment-là est bien réel. Mais il est tempéré par la crainte de ne pas être le meilleur, de ne pas repérer l'objectif, ne pas placer ses obus, ses bombes, ou ses bidons de napalm, sur cet objectif. D'encourir ainsi la critique des camarades, critique le plus souvent silencieuse, mais que l'on devine («Eh! mec! tu gâches le boulot et les munitions!...»), de provoquer les remarques ironiques des camarades ou des chefs, de faire naître chez eux des sourires entendus, au retour de la mission, si on a raté la cible. Les jeunes pilotes ne souffrent d'aucun complexe susceptible d'intéresser les médecins militaires, si ce n'est du complexe de supériorité! Une façon peut-être de masquer les éventuelles faiblesses que tout homme porte en lui...

Cet état de veille permanente face aux autres, chaque pilote l'accepte, car il est en droit de se comporter de la même manière, de critiquer ses homologues, chefs compris. La compétition règne entre ces pilotes de vingt ans, conduits par des leaders à peine plus âgés qu'eux. À Diên Biên Phu, le sergent Barteau a vingt et un ans, son chef, le capitaine Payen, moins de trente ans. Et les obus viêts ne font pas la différence entre les grades et l'ancienneté. La peur est commune à tous. L'angoisse d'entendre le moteur tousser lorsque l'on survole la jungle impénétrable se traduit par une poussée d'adrénaline. Une sueur froide mouille le dos. Il est difficile d'avaler sa salive...

Dans ce contexte, il n'y a pas de place pour les états d'âme. Il faut chasser de son esprit les mauvaises pensées qui vous viennent. Ne pas penser à la métropole, aux dockers de Marseille qui bloquent le débarquement des blessés sur le port. Aux militants communistes qui se couchent sur les voies à l'arrivée des trains qui transportent du matériel vers l'Extrême-Orient. Il faut oublier les sabotages dans les usines, négliger le désintérêt des états-majors pour cette guerre à l'autre bout du monde. Oublier ces lettres envoyées de France aux combattants, comme celle que le sergent Barteau a reçue de l'un des membres de sa famille. Il la conserve dans son maigre paquetage, à côté de son lit, dans son refuge souterrain. Ce parent éloigné, militant communiste, le traite d'assassin de ses frères vietnamiens ! En des termes qui sentent le texte dicté, au mieux inspiré par les responsables du Parti.

Ce 13 mars 1954, le sergent-chef de Somow, chef de patrouille, interrompt la course du sergent Barteau vers les feuillées. Depuis le plateau d'un 4x4, il hurle :

– *Barteau ! Décollage ! Urgence !*

– *Et merde !* jure Barteau entre ses dents.

Il saisit son parachute dorsal, enfile les bretelles sur ses épaules. Il attrape son casque de vol, un casque magnifique qu'il a rapporté de son séjour aux États-Unis. Il bondit aux côtés de de Somow sur le plateau du 4x4, qui fonce vers les avions. Ceux de Somow et de Barteau sont chargés en napalm.

L'installation dans le cockpit ne dure que quelques secondes, puis c'est la mise en route, la sortie de l'alvéole de protection entourée d'une butte de terre, et le roulage. Sous le casque rembourré aux oreilles, dont il est si fier, le sergent Barteau est isolé des bruits extérieurs. Il perçoit juste le halètement du moteur de son Bearcat, une vibration qui se transmet dans sa chair. Son cerveau n'établit pas de relation immédiate entre les geysers de terre, les nuages de poussière qui tout à coup se forment autour d'eux, et ce qui les provoque : des obus de 105 millimètres qui tombent en pluie sur le lieu de stationnement des avions, sur la piste. Les premiers obus de l'artillerie lourde viêt-minh. Mais cela, Barteau ne l'apprendra que plus tard.

Certes, les geysers de terre lui paraissent nettement plus haut que d'habitude. Simple impression ? Et puis, il est encore tôt dans l'après-midi. D'habitude, les salves d'obus de 77 millimètres viêt-minh arrivent plutôt vers 17 heures. Comme si, en réalité, les Viêts étaient en train de régler leurs tirs. Ce qui est exactement le cas. Mais il n'a pas le temps de réfléchir à tout ça. Il n'entend pas les déflagrations. C'est comme dans un film muet. Comment pourrait-il croire que l'artillerie lourde des communistes a commencé de donner de la voix ? Les responsables de l'artillerie française l'ont juré : jamais Giap ne parviendra à installer autour de Diên Biên Phu des batteries de 105. C'est absolument impossible. Et s'il y parvenait, alors l'artillerie française se ferait fort de réduire ces canons au silence par des tirs de contre-batterie ! Pourtant, en cet après-midi du 13 mars, les canons viêt-minh de 105 millimètres ont bien commencé à bombarder le camp retranché. Et de s'en prendre justement à la piste d'aviation et aux installations attenantes. Giap a décidé de couper le cordon qui relie encore Diên Biên Phu aux aérodromes plus lointains, d'isoler la place forte. L'impossible s'est réalisé. L'enfer a commencé. Il ne s'éteindra qu'à la reddition des dernières poches de résistance française.

Au moment où Barteau grimpe dans son Bearcat, ses yeux « accrochent » le regard ahuri d'un vietnamien blessé, empêtré dans les barbelés de protection du tarmac. C'est un regard qu'il n'oubliera jamais. Une vision qui le poursuit encore aujourd'hui. Il traduisait l'urgence et l'horreur du drame qui survenait. Un seul regard lui a fait prendre conscience de ce qui se tramait. Cela, ajouté au fait que son leader, de Somow, n'a même pas pris le temps d'effectuer le point fixe réglementaire, l'esprit de Barteau est en pleine ébullition. On ne récite pas, on n'exécute pas la check-list, on agit dans l'urgence. La procédure de départ est réduite au minimum : hélice plein petit pas, mélange sur plein riche, manette des gaz en avant et décollage. Il faut partir d'ici ! Et vite !...

Barteau s'élance sur la piste à la suite de son leader. Il a déjà parcouru la moitié de la distance nécessaire pour décoller, quand il pénètre soudain dans un nuage de terre. Trois obus viennent d'éclater devant lui. Dans ce cas, les consignes sont précises : si on ne voit rien, on interrompt le décollage. C'est presque un réflexe, acquis au cours de sa formation de pilote: plus de visibilité, donc réduire les gaz et s'arrêter.

« Je vais me casser la gueule !... » pense le pilote.

Le sol vibre, la poussière s'élève, des débris de toutes sortes giclent à droite et à gauche, le Bearcat tangue sur ses roues, une aile se soulève, Barteau contre au manche, s'efforce de garder l'axe de décollage à coups de palonnier. Le tout dans le plus grand silence, si l'on excepte le rugissement du moteur et de l'hélice. Car il n'entend toujours pas les bruits d'explosion. Pourtant, il ne perd rien de ce qui se passe. Ses yeux voient. La vue supplée tous les autres sens. Il met quelques fractions de seconde à analyser le problème. Dans des circonstances pareilles, au diable les consignes. S'arrêter ? Au contraire, pour échapper à ce pilonnage, il faut accélérer et s'envoler. L'instinct de survie est le plus fort. Son cerveau envoie un contre-ordre: ne pas réduire la vitesse, garder la main gauche en avant, plein gaz. Le Bearcat est soulevé de terre par une nouvelle explosion, déporté sur la droite de 5 ou 6 mètres hors de la piste, mais il continue sur sa lancée. Et il décolle.

C'est ainsi, sous les bombes, en pleine panique, que les deux derniers Bearcat du camp de Diên Biên Phu ont décollé.

Plus aucun ne décollera par la suite.

Une fois en l'air, train d'atterrissage et volets rentrés, Barteau respire enfin. Tout cela, depuis la course vers les avions, la mise en route, le décollage, tout cela n'a pas duré plus de trois minutes. Leur vie s'est jouée dans ce laps de temps. Barteau ouvre en grand les orifices de ventilation, l'air entre et purifie tout. Enfin, comme disent les pilotes: «On se retrouve dans un cas de figure connu.» «Torri rouge», le poste de guidage avancé, va pouvoir utiliser les deux avions. Ils doivent balancer leurs bidons de napalm au nord du point d'appui Gabrielle. C'est à cinq minutes de vol. La manœuvre redevient classique. Enfin... si l'on veut.

– *Piste impraticable,* annonce «Torri rouge» après que de Somow ait fait part de la bonne exécution du « napalmage ». *Vous ne vous reposez pas à Diên Biên Phu. Déroutez-vous sur Vientiane ou Xieng Khouang...*

À la radio, la voix du capitaine Payen, le chef du détachement du «Saintonge», est calme. À l'image de Payen lui-même. «Un vrai chef...», pense Barteau. Mais trêve de considérations. Il leur faut se dérouter. Et cela n'était évidemment pas prévu au programme.

– *Qu'as-tu comme cartes?* demande de Somow à Barteau.

– *Euh... La photographie des points d'appui... Et toi ?*

– *Une millionième.*

La carte à échelle au millionième, avec les incertitudes qu'elle contient et la rareté des informations qu'elle fournit, n'est sans doute pas la plus appropriée pour effectuer la navigation vers l'aérodrome de déroutement. Mais c'est la seule solution qui s'offre à eux. Les deux avions volent en patrouille. Ils passent au-dessus des cumulus et mettent le cap vers Vientiane. Après trois quarts d'heure de vol, les gentils cumulus ont cédé la place à une couche de nuages quasi continue. Le sol demeure invisible. Il est impossible de se repérer et c'est une angoisse supplémentaire.

De Somow commence à s'en inquiéter et signale sur la fréquence d'opérations leur position pour le moins inconfortable. Miracle ! Quelqu'un lui répond. Il s'agit d'un appareil de l'aéronavale. Et, second miracle, c'est un appareil un peu spécial d'écoute radio, chargé de capter les émissions ennemies pour les analyser et renseigner le commandement. Il possède donc en principe toutes les caractéristiques nécessaires pour repérer les deux Bearcat et leur fournir les bonnes indications de route. Au bout d'un long moment, Barteau aperçoit soudain par une trouée un camion qui roule sur une route. Vision de paix. Mais nouvelle angoisse. Car cette vision de paix n'est pas de bon augure pour eux. « Ils nous ont paumés quelque part au Siam... » en déduisent les deux pilotes, qui pensent que l'avion chien de berger s'est planté dans ses calculs et leur a fourni un mauvais cap. Mais entre la jauge de carburant qui « débande sec », la perspective de sauter en parachute au-dessus d'un territoire indéterminé, et celle de s'en remettre aux indications des marins, d'obéir aux ordres des représentants de la Royale, les aviateurs de Somow et Barteau ne balancent pas : ils suivent les caps. Quand on est dans la mouise, on se raccroche aux branches ! Bien leur en prend.

Après une heure trente de vol, les deux Bearcat se posent à Vientiane.

Formalités d'usage : l'inspection des avions révèle qu'ils portent les traces de leur décollage acrobatique de Diên Biên Phu. Giclées de terre sur la peinture et coups dans la tôle sont bien visibles.

– *Et si on allait se détendre un peu ?* lance soudain de Somow.

L'angoisse d'avoir frôlé la mort vous donne une sacrée envie de vivre. Et de vous taper un bon dîner. Coup de chance : Claude Barteau vient tout juste de percevoir sa solde ! Alors, grand et généreux, il répond, tel un nabab :

– *Je t'invite !...*

Certes, la tenue vestimentaire des deux hommes laisse quelque peu à désirer, puisqu'elle se résume à leurs combinaisons de vol très fatiguées. Mais ils ne vont pas se mettre en quête d'une tenue de circonstance !

Leur entrée dans un luxueux restaurant de Vientiane plein à craquer ne manque pas de produire un bel effet. Les militaires en grand uniforme sont nombreux et bien accompagnés. Jamais Barteau n'a vu autant de superbes habits, avec des boutons si brillants boutonnés sur des gilets si bien coupés. Dans un tel cadre, au milieu de tout ce beau monde, les deux pilotes ressemblent à deux poilus rescapés des tranchées qui feraient leur apparition Chez Maxim's ! D'ailleurs, les regards choqués que leur lancent les dîneurs interloqués ne laissent planer aucun doute à ce sujet. De Somow rase les murs, moins faraud qu'aux commandes de son Bearcat et à la tête de sa patrouille.

– *Qu'est-ce que tu as ?...* lui demande Barteau.

Pour toute réponse, de Somow se tourne vers lui et lui montre le bas du dos de sa combinaison, où un accroc de belle taille s'ouvre sur les rondeurs de la partie la plus charnue de son anatomie. Les deux compagnons éclatent d'un fou rire nerveux !

– *On n'a pas à avoir honte,* dit Barteau, *on revient de loin...*

Les deux hommes prennent place à une table. Lèvres pincées, le maître des lieux vient s'enquérir de l'identité de ces messieurs, et du pourquoi de leur aspect si... si... Si *shocking.* C'est moins pour satisfaire sa propre curiosité que pour répondre aux légitimes interrogations de la clientèle huppée. De Somow et Barteau racontent ce qu'ils viennent de vivre. Ils décrivent ce qui est en train de se passer là-bas, à Diên Biên Phu. Ils expliquent les obus qui tombent. Les points d'appui qui cèdent. L'enfer qui se déchaîne. Et pourquoi ils sont là ce soir. Ils parlent d'un autre monde.

À la fin du repas, après que Barteau eut réglé la note, le patron se décide enfin à faire un geste : « Je vous offre le digestif. Un Bisquit, ça vous va ?... » demande-t-il, généreux, se disant qu'il a sans doute deux héros sous la main. Étonnement du jeune Barteau : un Bisquit ? Pour lui, le mot « biscuit », le biscuit LU, évoque la récompense que lui tendait son grand-père ou sa grand-mère lorsqu'il l'avait méritée, plutôt qu'un alcool dont il ignorait le nom jusqu'à présent. Toute une éducation à compléter. Mais il n'a que vingt et un ans. N'ayons pas de crainte, il saura la parfaire.

Le lendemain, de Somow et Barteau gagnent Xien Khouang avec leurs avions. Les deux rescapés du dernier décollage de Diên Biên Phu reprennent immédiatement les missions d'appui au profit du camp retranché. Au sol, des hommes meurent sous les assauts incessants et les obus du viêt-minh. Il faut les aider. Des camarades aviateurs se font descendre, de plus en plus souvent. Puis de Somow et Barteau rejoignent Hanoi, lieu de stationnement du Groupe de chasse « Saintonge » auquel ils appartiennent.

Et cela continue. Jusqu'à la reddition de la garnison de Diên Biên Phu, en tout cas ce qu'il en reste, le 7 mai 1954.

Entre-temps, le 20 mars, une semaine après son décollage en urgence, Claude Barteau écrit à ses parents. Une courte lettre, dépourvue de toute emphase. « J'étais à Diên Biên Phu le soir où tout a commencé. Nous sommes partis vent du bas à deux avions. J'ai toutes mes affaires bloquées là-bas. Carnet de chèques, vêtements, stylo, et tout le toutime. Je pense et espère les récupérer. En attendant, je suis en caleçon à franges. Tout va bien. On vole pas mal en ce moment…»

La lettre est écrite au crayon à bille de couleur bleue. Faute de mieux, puisqu'il a dû laisser à Diên Biên Phu le beau stylo à plume, à l'encre noire, dont il est si fier. Il se l'est payé lui-même et rédige tout son courrier avec. Claude Barteau n'a jamais récupéré son beau stylo.

De tout ce qu'il a dû abandonner là-bas, dans les sapes du camp retranché, son stylo est ce qu'il regrette le plus aujourd'hui.

SAUVETAGE EN BOSNIE

1995.

La faim…

Pour un jeune Américain de vingt-neuf ans, plutôt aisé, formé aux conditions confortables de l'existence «*made in America*», sentir qu'au fil des jours son estomac se contracte, faute de recevoir la quantité de nourriture auquel il est habitué, provoque une sensation qui n'a rien d'agréable ! C'est pourtant ce qu'a connu Scott O'Grady, pilote de l'US Air Force, lorsque son avion F-16 a été abattu en Bosnie un jour de juin 1995 et qu'il est tombé dans les lignes serbes. Il a dû patienter longtemps, en zone hostile, sans nourriture ni eau toute une semaine avant qu'une opération combinée ne soit montée pour venir le récupérer.

Il fallut patienter et ruser pour ne pas être capturé par ceux qui, au sol, étaient bien décidés à tout mettre en œuvre pour le prendre, mort ou vif. Vu le comportement de ses poursuivants, O'Grady ne se faisait guère d'illusions sur son sort : ses chances d'en sortir vivant étaient fort minces. Les Serbes pensaient exhiber à la face du monde entier « l'agresseur » qui avait osé violer leur ciel et en avait été puni (par un missile qui avait coupé son avion en deux). Au contraire, une fois revenu parmi les siens, O'Grady se retrouva propulsé sur le devant de la scène : radios, télévisions et journaux se disputèrent le privilège de rendre compte de son exploit. Même si sa gloire fut éphémère, y compris aux États-Unis, O'Grady endossa quelque temps le costume du héros, et du surhomme... comme on les aime outre-Atlantique. « Voyez ce que nos *boys,* nos jeunes pilotes sont capables de faire!... » proclamaient les hérauts officiels ou officieux, généraux étoilés, journalistes, porte-parole des officines gouvernementales, si prompts à célébrer les réalisations des enfants de la nation la plus puissante du monde. « Nous savions bien que s'il était un homme capable de réaliser pareil exploit, de survivre dans de telles conditions, c'était un de nos *boys,* un de ces jeunes Américains pilotant des F-16!... Et, par Dieu, nous avions raison!... » proclama ainsi l'amiral Leighton (Snuffy) Smith, commandant des forces de l'OTAN en Méditerranée.

On peut en rire mais comment ne pas établir de comparaison avec ce qui s'est passé chez nous, lorsque deux membres d'équipage d'un Mirage 2000 avaient été abattus et capturés par les Serbes, le 30 août de cette même année 1995 ? Ils avaient été libérés au terme de tractations plus ou moins secrètes, qui avaient duré trois mois, puis ramenés en France. Frédéric Chiffot et José Sauvignet avaient été maintenus à distance respectable des médias et des spectateurs, avec consignes de discrétion et de silence prodigués à ces deux navigants à leurs familles et à leurs proches, comme si quelqu'un, quelque part, en avait honte ! Honte de quoi ? Les deux hommes avaient été maltraités par les Serbes, et ils avaient pu croire – à plusieurs reprises – leur dernière heure venue. Pourtant, ils avaient tenu le coup. Sans doute méritaient-ils mieux que ce qui leur fut réservé à leur retour en France !

Rien de tel avec O'Grady.

En juin 1995, le capitaine Scott O'Grady appartenait au 555e escadron (555th Fighter Squadron), équipé de monoréacteurs F-16 et basé à Aviano, en Italie. Aviano se situe à la pointe nord-est de l'Italie, non loin de la frontière croate, donc de ce qui était encore voici peu la Fédération de Yougoslavie. La base aérienne abritait alors une pléiade d'appareils de combat de différentes nationalités, notamment américaines et espagnoles.

Quant aux Mirage et Jaguar français, ils étaient basés à Istrana et Cervia et participaient à l'opération *«Deny Flight»*, avec les Néerlandais, les Anglais, les Turcs et les Allemands. Comme son nom l'indique, l'opération *«Deny Flight»* visait à interdire le survol du territoire de l'ex-Yougoslavie à des appareils non contrôlés qui auraient pu participer aux combats entre les différentes parties prenantes du conflit. Le spectacle qu'offrait la base d'Aviano était saisissant : décollages et atterrissages d'avions se succédaient sans interruption, de jour comme de nuit. Les Américains, c'est bien connu, ne font jamais les choses à demi. Il faut dire qu'ils ont les moyens de montrer leur force et leur détermination !

Le 1er juin 1995, le capitaine O'Grady est désigné pour effectuer le lendemain une mission de surveillance, de «*sweep*» (autrement dit, de balayage du ciel) au-dessus de la Bosnie tenue par les Serbes. O'Grady n'a pas volé depuis quinze jours: le hasard de la programmation des missions... ! Il se sent un peu en manque.

Il est l'un des plus jeunes pilotes de son unité. Il totalise pourtant quelque 1800 heures de vol sur F-16, et il est toujours prêt à se mettre en l'air: un «crevard », dirions-nous en France. C'est un type un peu solitaire, presque réservé, comme dans un autre monde. L'indicatif radio «Zoulou» lui a été affecté, parce qu'une fois il a eu de la difficulté à s'y reconnaître dans les différentes heures de référence (Zoulou désignant l'heure en temps universel): initiative plutôt affectueuse de la part de ses supérieurs, et gentiment ironique.

En fait, «Zoulou» ne se sent lui-même qu'aux commandes de son F-16 sur le siège de son bolide du ciel, ou au volant de voitures rapides. D'ailleurs, quelques semaines auparavant, il a «planté» sa BMW toute neuve sur une route italienne et l'a réduite à l'état de ferraille, à tel point que les carabiniers se sont demandé comment le conducteur avait pu se sortir vivant d'une telle épave... !

Ce jour-là, il est interpellé par son camarade, le capitaine Brick Izzi, pilote comme lui et chargé d'établir les ordres de vol : «Eh! Scott ! Je te mets sur les ordres pour demain matin, ou plutôt en alerte au sol ?... Si tu voles, tu seras sûr de toucher les 150 dollars !...» Les pilotes américains perçoivent en effet une prime mensuelle de ce montant s'ils effectuent au moins une mission au-dessus du territoire bosniaque. Une mission, ou dix missions, peu importe, la prime de risque reste toujours de 150 dollars. On est en début du mois et, s'il vole, il sera certain de voir ce chiffre s'ajouter au montant de sa solde de juin 1995, quoi qu'il puisse se passer par la suite. Mais surtout, O'Grady sait qu'un pilote de combat ne se maintient au sommet de ses capacités, au meilleur de lui-même, que s'il vole de façon régulière, et cela fait quinze jours qu'il n'a pas mis les fesses dans un F-16. Alors, va pour cette mission !

Le capitaine O'Grady volera donc comme équipier du capitaine Bob Wright, son leader et ami. Quatre à six heures, avec ravitaillements en vol, à ratisser le ciel au-dessus de la région de Bihac (prononcez Bihatche, une poche musulmane enclavée, entourée de Serbes hostiles), dans l'attente d'être éventuellement dirigés par les Awacs vers une cible possible. Les Awacs sont des avions-radars qui surveillent la zone et repèrent les appareils, petits ou gros, lents ou rapides, avions ou hélicoptères, lorsqu'ils tentent de se glisser dans les vallées, entre les montagnes. Il s'agit alors de les intercepter. Ces intrusions sont rares et, le plus souvent, il ne se passe rien. C'est un boulot plutôt routinier, qui n'a rien à voir avec les images qu'en donnent le cinéma et la télévision, avec culbutes en plein vol, poursuites frénétiques, cris de déception ou de victoire. «Top Gun», c'est bon pour les feuilletons ou les bandes dessinées! Sur F-16, au-dessus de l'ex-Yougoslavie, on rame, on ouvre l'œil, on rêve (un peu), on pense au retour aux *States,* aux filles...

Après le briefing de la mission, classique, avec rappel de son objet, de l'armement emporté (deux missiles air-air en bout d'ailes, deux bombes à guidage laser sous les ailes), rappel des points de rendez-vous avec les tankers, des fréquences radio, du code IFF (qui permet aux radars amis de vous identifier à coup sûr), des consignes en cas d'ennuis et d'éjection (on ne laisse jamais rien au hasard, même si l'on se dit que les risques sont infimes...), les deux hommes déjà en tenue de vol se dirigent vers leurs machines. Leur démarche est un peu chaloupée: leur tenue dessine une silhouette plutôt étrange avec le gilet de sauvetage, ses accessoires, fumigènes, miroir pour capter les rayons du soleil et effectuer ainsi des signaux de détresse, couteau multi-lames, plus l'automatique Beretta 9 millimètres dans son holster, coincé sur le côté gauche du corps.

Prémonition de la part du leader? Cette fois-là, le capitaine Bob Wilbur Wright s'est attardé sur le point particulier d'une chute éventuelle en territoire hostile. Le second prénom du leader, Wilbur, constitue une claire allusion au second des frères Wright qui, en 1903, procédèrent au premier vol humain à bord d'une machine mue par un moteur, avec Orville aux commandes. Entre eux, les pilotes aiment ainsi à s'appeler par des noms qui n'appartiennent qu'à eux, comme des mots de ralliement. Bob Wright est Wilbur, Scott O'Grady est Zoulou...

Bob Wilbur Wright, au cours du briefing prévol, demande donc à Scott O'Grady, *alias* Zoulou, de lui décrire ce qu'il aurait à faire en cas d'éjection. O'Grady s'exécute. Wright est son ami, mais c'est aussi son leader, son chef de patrouille, et les sentiments personnels s'effacent devant la fonction. En cas de chute ? D'abord, dissimuler le parachute et ce qui va avec, harnais, casque, etc., trop facilement repérables. Ensuite, se cacher. « Si tu ne m'entends pas pendant un bout de temps sur la radio de secours, ne t'inquiète pas, prévient O'Grady, je serai en train de prendre mes dispositions, puis j'appellerai sur la fréquence de veille, pour indiquer que je suis bien vivant. Je consulterai mon GPS pour déterminer ma position exacte et je la transmettrai sur la fréquence Alpha... » La fréquence Alpha est différente de la fréquence de veille, elle change régulièrement, de manière à ce que les gens d'en bas, qui ne veulent pas obligatoirement du bien aux pilotes de *« Deny Flight »*, ne puissent la repérer. « OK... », répond le capitaine Wright. Il n'insiste pas davantage. Wright sait bien que les pilotes de combat n'aiment pas trop évoquer la possibilité d'être descendus. Il est l'un d'eux. Il réagit de même. Aux pilotes de combat, on enseigne la meilleure manière d'abattre les autres, pas d'être abattus ! En Bosnie, les armes de tous genres sont légion (depuis les armes de poing jusqu'aux missiles sol-air) et il est rarissime qu'elles soient pointées vers les avions alliés survolant la région !

« Let's go !... », conclut le capitaine Wright, qui saisit son casque de vol et se dirige vers la porte de la salle de briefing.

Tout en s'approchant de son F-16, Scott O'Grady se fait pourtant la réflexion qu'il a oublié de revêtir son blouson de vol matelassé par-dessus sa combinaison, mais il fait si beau, en ce tout début d'après-midi. La température est agréable, presque à l'excès, pour les hommes engoncés dans leurs sous-vêtements, leur combinaison de vol, leur pantalon anti-g, leurs chaussures montantes à bout renforcé. Dans ces conditions, on n'éprouve pas le besoin de se surcharger de vêtements supplémentaires. O'Grady renonce à faire demi-tour vers le vestiaire pour y récupérer son blouson. L'oubli le chagrine un peu, car il se dit qu'un pilote de F-16 ne devrait jamais rien oublier. Mais il se dit aussi qu'aujourd'hui, vraiment, il n'a pas besoin de blouson.

À bord de l'avion, le système de pressurisation et de climatisation de la cabine, réglable à volonté au gré du pilote, crée une atmosphère confortable : tous les pilotes vous le diront. Outre leurs performances intrinsèques, les appareils militaires de conception américaine offrent un confort inégalé à l'image du mode de vie des États-Unis, du moins de celui d'une partie du corps social nord-américain. La cabine du F-16 répond à ces critères : un vrai cocon, dans lequel le pilote s'installe pour quelques heures et qu'il ne quittera qu'à l'issue du vol, lorsqu'il ouvrira de nouveau l'imposante verrière transparente en forme de bulle allongée, lui offrant une vision panoramique de son environnement et le protégeant en même temps de tous les dangers extérieurs. Alors, il enlèvera son masque à oxygène, dont la forme restera imprimée sur son visage à la peau un peu froissée et sur laquelle le léger vent d'Aviano sera comme une caresse sensuelle, et il respirera de nouveau à pleins poumons l'air frais du crépuscule italien, tout en saluant le mécanicien qui vient de disposer l'échelle d'accès au poste de pilotage et saluera le «cocher» qui lui a ramené intact son coursier. Quelle euphorie, quel bonheur, que de pouvoir déjà imaginer ce retour!

Pour l'instant, c'est le départ. Le capitaine O'Grady s'aligne sur la piste d'Aviano aux côtés de son leader. Il pousse la manette des gaz en jetant un coup d'œil à la température turbine, aux pressions, à l'absence de lampes rouges de mauvais augure. Tout est OK : allumage de la postcombustion. Le carburant injecté en arrière de la turbine s'enflamme dans les gaz chauds de la tuyère provoquant une augmentation de la poussée. Malgré le chargement qui l'alourdit et le plein de kérosène (réservoir supplémentaire sous le ventre, deux bombes sous les ailes), le F-16 bondit en avant, l'amortisseur de la roulette de nez s'écrase un peu, puis se détend et l'avion s'élance. Les deux avions mettent le cap vers la Bosnie. Il est 13 h 15 en heure locale.

La routine commence. La patrouille Wright-O'Grady commence à effectuer des hippodromes à une altitude de 20000 pieds (6000 mètres): des lignes droites, suivies d'un virage de 180 degrés, et ceci au-dessus de la région de Bihac et de Banja Luka. Rien n'est moins excitant, ni plus monotone! Soudain une alarme retentit dans les écouteurs de Wright: un radar au sol l'a repéré et suit ses évolutions. Le leader l'annonce à son équipier. Mais aussi vite qu'elle est apparue, l'alarme disparaît. Il arrive fréquemment que les systèmes de détection, à bord des avions de combat, s'affolent pour un rien. Il n'empêche: l'impression est on ne peut plus désagréable. Il y a de quoi vous donner un coup au cœur.

Quelques minutes plus tard, c'est au tour d'O'Grady de recevoir dans ses écouteurs le sinistre signal, mais cette fois, après seulement quelques secondes, le son se transforme : il devient strident, ce qui indique que le radar de conduite de tir qui s'intéresse à eux n'est plus à leur recherche, mais qu'il les a pris dans son faisceau de détection et s'est verrouillé sur les échos de leurs deux avions. Il les suit de manière automatique et les missiles qu'il a en charge ne sont sans doute pas loin, et là, c'est chacun pour soi. O'Grady se lance dans des évolutions insensées, comme un animal qui s'ébroue et se débat pour échapper à son prédateur. Un missile explose sur sa droite, entre les deux F-16. O'Grady se fait la réflexion, en une fraction de seconde, qu'ils n'en sont pas quittes pour autant, car ces p... d'engins sont lancés par salves de trois. Il n'a guère le temps d'y penser davantage. Le second missile le frappe de plein fouet, quelque part dans le fuselage. Le pilote se sent projeté vers le haut. Puis l'avion se disloque en deux. Le jeune capitaine se retrouve toujours assis dans sa cabine, mais au milieu des flammes, des flammes de toutes les couleurs. Une seule solution: s'éjecter!

D'instinct, O'Grady plonge une main entre ses jambes, pour attraper la poignée de déclenchement du siège éjectable. Cette poignée qu'il décrira ensuite comme «la merveilleuse poignée dorée de mon siège éjectable», et la tire. Un grand boum et le voilà dehors et vivant. Plus tard, ses camarades feront remarquer, mine de rien, que si le missile serbe a bien descendu l'avion d'O'Grady, il lui a en même temps sauvé la vie: la désintégration de l'avion a provoqué un brutal ralentissement salvateur. Si O'Grady s'était éjecté à la vitesse normale de vol, il aurait pris en pleine face le choc de l'air à 900 km/h, un véritable mur sur lequel il avait toutes les chances de se fracasser. D'après les calculs, sa vitesse ne devait être *que* de 500 km/h...!

La coupole du parachute est déployée au-dessus de lui. Le paquetage de survie qui, en temps normal, sert de coussin de siège pend sous lui 12 mètres plus bas, après qu'il eut ouvert les agrafes retenant au harnais. Et maintenant, O'Grady descend vers le sol. Il aperçoit une route à quatre voies qui serpente sur le flanc des montagnes, des camions en mouvement, des soldats. «Ils sont là pour moi...», pense-t-il. Lors des briefings à Aviano, on leur a dit et répété qu'en Bosnie, ils ne devaient s'attendre à rencontrer aucun ami, aucune sympathie, aucun refuge. Pour essayer d'échapper à ceux dont il a l'impression de voir les yeux haineusement dirigés vers lui, il s'efforce de tirer sur les suspentes de son parachute et de se diriger vers les bois touffus qu'il a repérés non loin de là. Mais le voilà déjà au sol. Les soldats ne sont pas loin. Il rassemble en hâte le tissu du parachute en une grosse boule chiffonnée, s'en débarrasse, perd de précieuses secondes (mais sont-elles vraiment perdues ?...) à mettre la main sur son poste radio de secours, récupère le paquetage de survie, qu'il coince sous un bras, et court vers les arbres et les buissons accrochés au flanc d'une colline. Il a du mal à respirer. La tension et l'angoisse, le trop-plein d'adrénaline lui nouent la poitrine. Il flageole. Ses jambes se dérobent sous lui. Il a pu se croire en pleine forme physique, celle d'un pilote de combat qui ménage son organisme et l'entretient par des exercices répétés, mais ce jour-là, au bout de quelques dizaines de secondes de course, il n'en peut plus. Il découvre sa faiblesse.

Enfin, il plonge dans le sous-bois, se recroqueville à l'abri d'une souche d'arbre puis décide de prévenir les copains qu'il est bien vivant, et encore libre de ses mouvements, pour échapper aux soldats serbes qui le recherchent, après avoir mis la main sur son parachute. Il entend leurs voix et le bruit de leurs pas...

De temps à autre, même, l'un d'eux tire une rafale d'arme automatique dans un buisson, un bosquet, des herbes hautes, à tout hasard. Profitant d'un moment de répit, Scott O'Grady appuie sur le bouton d'émission de son poste radio de secours et murmure, articule à voix basse, à l'adresse de son leader, qui doit encore se trouver quelque part dans le ciel, au-dessus de la zone: « Wilbur ! Wilbur ! Ici Zoulou !... » L'emploi de son surnom, de son indicatif particulier, ne laissera aucun doute à ses camardes. Il s'agit bien de Scott O'Grady, pas d'un Serbe qui chercherait à induire en erreur les pilotes militaires US qui, déjà, pense-t-il, ont dû prendre des dispositions pour tenter de le retrouver...

De sa cachette, le nez dans la boue et les feuilles mortes qui recouvrent le sol, il dispose sur sa tête ses gants de vol en guise de camouflage afin de dissimuler sa chevelure et la couleur claire de son visage. Puis il ose lever un œil dans la direction des pas qui se rapprochent. Scott O'Grady verra passer à quelques pas de lui deux paysans, un homme âgé à cheveux blancs et un jeune, et des soldats en treillis d'uniforme. Cependant, aucun ne découvrira sa présence.

Lorsqu'on lui demandera comment expliquer que ces gens ne l'aient pas débusqué, alors qu'ils fouillaient les sous-bois, le jeune Américain aura cette réponse simple et candide: « Grâce à Dieu... » Scott O'Grady est profondément religieux. À maintes reprises, ce soir et cette nuit-là, les premiers en territoire hostile, il s'adressera à Dieu et à la Vierge

Marie. Il restera ainsi sans bouger, figé sur place, durant cinq bonnes heures. Après quoi, la nuit arrivant, il s'autorisera à boire l'eau contenue dans les berlingots de carton plastifié de son paquetage de survie. Puis, assoiffé, il s'adressera au Seigneur pour le supplier de lui envoyer la pluie et il sera exaucé. Il recueillera l'eau qui s'est déposée sur sa tenue, grâce à une éponge, qu'il sucera. Il gardera une reconnaissance émue à ce simple accessoire: une éponge. Elle lui aura sauvé la vie.

Il garde également de la reconnaissance pour sa carte d'évasion, plastifiée et quasiment impossible à déchirer. Elle lui servira de rigole pour recueillir l'eau de pluie et surtout de protection contre le froid. Ah! s'il avait eu son blouson de vol, comme il l'aurait apprécié! Quant à la nourriture, il avait appris, lors d'un stage de survie de trois semaines, effectué durant sa formation de pilote de combat, que l'organisme humain pouvait s'accommoder de certaines formes de protéines animales. Celles contenues dans les fourmis, par exemple. Protéines, sel, matière grasse : de quoi nourrir son homme. Une fourmilière constituait un garde-manger de choix. Il suffisait de se servir, bien que cela ne fût guère plaisant. Il s'y résolut après cinq jours.

Jusque-là, il n'avait pas encore trop pâti de la faim. Il s'était contenté de manger des feuilles et de l'herbe, après avoir observé les habitudes alimentaires de deux vaches qui lui rendaient régulièrement visite et venaient paître à proximité. Elles venaient si régulièrement qu'il les baptisa de deux noms familiers, Leroy et Alfred. « Ce que mangent les vaches, je puis le manger... », avait-il décidé. Les vaches l'aidèrent à faire le tri des végétaux consommables, mais elles se révélaient embêtantes et dangereuses pour lui car elles auraient pu amener les paysans jusqu'à sa cachette, d'autant que le propriétaire des deux bovidés les appelait le soir en faisant tinter une clochette. Le propriétaire de Leroy et Alfred fut ainsi affublé du surnom de « Tinker Bell ». *Tinker,* en anglais, c'est un rétameur, un artisan qui utilise l'étain et *bell*, une cloche. On rit comme l'on peut, quand on est seul, loin des copains et des lieux familiers et qu'on s'efforce de ne pas céder au découragement.

O'Grady suivait en cela l'enseignement qu'il avait reçu en stage de survie. Si possible, ne pas trop s'éloigner de l'endroit où l'on est tombé, car c'est à partir de là que les recherches commenceront. C'est ce qu'il fit, en dépit de Leroy et d'Alfred, et de Tinker Bell. Il fallait à tout prix chasser les pensées démoralisantes : po-si-ti-ver, affreux néologisme, en français, mais ligne de conduite profitable, pour un naufragé ou un rescapé qui attend les secours.

Ceux-ci s'organisaient. Une vaste opération était en cours de montage. Des appareils alliés survolaient régulièrement la région, des avions de reconnaissance la photographiaient, les satellites-espions avaient été mobilisés, pour tenter de capter les signaux de la balise de détresse d'O'Grady, un porte-hélicoptères, le *Kearsarge,* s'était approché des côtes croates, en mer Adriatique, avec à son bord des commandos qui se tenaient prêts à intervenir, au cas où... Le temps pressait. Les médecins savaient que le jeune homme, les vêtements trempés, devait commencer à souffrir d'hypothermie et que les batteries de son poste radio faiblissaient, même s'il les économisait au maximum, ne branchant le poste que la nuit.

Le 8 juin, vers minuit, il entendit trois «clics», puis la voix d'un des pilotes de son escadron, qui l'appelait par son indicatif radio, et citait le sien pour identification. Il s'agissait du capitaine Hanford, qui tournait sur la zone depuis plus d'une heure et appelait à intervalles réguliers. Il lui restait trois minutes d'autonomie sur zone en kérosène avant qu'il ne soit contraint de reprendre le cap vers Aviano, la rage et le désespoir au cœur. «Cinq sur cinq! Je vous reçois cinq sur cinq!...» répondit O'Grady. L'émission était très faible, le capitaine Hanford lui demanda de répéter. O'Grady s'exécuta, complétant son message par : « Je suis vivant ! Je suis vivant !...» Hanford, en bon professionnel, ne perdit pas le nord pour autant. Il voulait être sûr que celui qui lui répondait était bien O'Grady, pas un Serbe qui aurait récupéré le poste. «Numéro de votre escadron lorsque vous étiez basé en Corée?...» questionna-t-il. O'Grady le lui donna. C'était le bon. «Heureux de te savoir en vie! lança Hanford. On s'occupe de toi!...» Hanford reprit la direction d'Aviano. Il avouera ensuite qu'il avait le plus grand mal à piloter son F-16: il pleurait sous son casque, comme un gosse.

Le reste relève de l'organisation. La décision fut

prise de tenter, dès ce matin-là, une opération de sauvetage sans attendre davantage. Certes, les Américains auraient pu rassembler plus de moyens, mais ils prenaient le risque qu'O'Grady s'affaiblisse encore, que sa radio rende l'âme ou qu'il soit capturé. Deux hélicoptères Sea Stallion de transport de troupes des marines, deux Sea-Cobra de protection armée et quatre avions d'attaque au sol Sea Harrier se préparèrent à intervenir. Pour la protection haute, il fut fait appel à des F/A-18 du porte-avions *Theodore-Roosevelt* à des F-16 d'Aviano, dont les pilotes n'auraient voulu pour rien au monde être oubliés dans l'opération de sauvetage de leur copain, ainsi qu'à des F-15 de la même base et à des F-111 de guerre électronique pour brouiller les radars serbes. Des avions-radars Awacs coordonnaient les opérations et participaient à l'opération. Des EA-6 B Prowler anti-radars devaient attaquer les radars serbes. Au total, quarante appareils de combat participaient à l'opération !

O'Grady savait que, comme le lui avait précisé Hanford au début de la nuit, «on s'occupait de lui». Lorsque les premières lueurs du jour commencèrent à percer le brouillard qui traînait dans les vallées et sur le flanc des collines, il se posta à la lisière d'un bois de sapins, et attendit. Peu après 6 heures du matin, entendant le bruit des avions qui approchaient, il lança l'un de ses derniers messages radio: «Je suis là, je vous attends...» Il savait aussi que la partie se jouait à quitte ou double. Soit il était récupéré de là, et vite. Soit, au cas où l'opération échouerait, pour une raison quelconque, les Serbes l'ayant repéré en raison du fracas des hélicoptères, ils le captureraient. Le pari était donc risqué, mais il en avait assez de sa vie misérable au milieu des bois, à s'alimenter de feuilles, d'herbe et de fourmis, avec pour seule compagnie Alfred et Leroy, et leur propriétaire Tinker Bell et sa maudite clochette !

À 6 h 21, un Prowler détecta l'émission d'un radar de conduite de tir serbe, dont l'opérateur suivait déjà sur son écran de contrôle le déplacement du raid aérien. Moins d'un quart d'heure plus tard, un hélicoptère armé Cobra repéra la fumée jaune d'un fumigène qu'O'Grady avait déclenché. À 6 h 44, les marines sautèrent au sol depuis leurs hélicos et prirent position. Les deux hélicoptères de transport de troupes se posèrent. Tous les hommes présents sur le terrain virent alors le jeune pilote, trempé jusqu'aux os, le visage noir de barbe et la combinaison de vol maculée de boue, surgir à la lisière du bois, son pistolet Beretta à la main, et courir vers eux. L'équipage d'un Sea Stallion aida O'Grady à se hisser à bord. Il tremblait de froid, de peur rétrospective et d'émotion. « Merci... », dit-il seulement, pendant qu'on l'enveloppait dans une couverture, tout en dévorant à belles dents une ration militaire, qui venait de lui être remise. « Comment avez-vous fait pour survivre ?... » demanda l'un des jeunes marines admiratif. « J'ai joué les lapins... », répondit Scott O'Grady.

L'affaire n'en était pas terminée pour autant. À peine les hélicoptères commencèrent-ils à s'élever depuis la prairie bordée de barbelés où ils avaient atterri que des missiles SAM fusèrent. L'un d'eux frôla le Sea Stallion où se trouvait O'Grady. Les armes automatiques se mirent en branle. Des projectiles frappèrent les rotors, cliquetant comme des pierres dans les pales d'un ventilateur. Une balle traversa le fuselage et se logea dans le paquetage de l'un des marines. *«Relax, guys !...»* lança le colonel Berndt, leur patron. *«Relax !...»*

Un Prowler demanda l'autorisation de détruire le radar serbe qui ne les lâchait plus. L'autorisation lui fut refusée. Le pilote était récupéré et il n'était pas question de mener une opération de représailles, au risque de déclencher une escalade !

À 7 h 30, les Sea Stallion posèrent leurs roues sur le pont du *Kearsarge*. O'Grady fut pris en mains par les médecins, qui soignèrent les brûlures, somme toute assez légères, qu'il avait subies lors de son éjection. Un aumônier militaire apparut: il se pencha vers le jeune homme étendu sur la couchette. O'Grady regarda l'homme de Dieu et remercia le Ciel, puis se mit à pleurer.

Quelques jours plus tard, de bons esprits dressèrent un premier bilan de l'affaire.

Le bilan opérationnel, d'abord, avec les critiques envers l'US Air Force, qui n'avait pas suffisamment pris en compte les risques inhérents aux patrouilles au-dessus de la Bosnie. Jamais la patrouille de F-16 n'aurait dû effectuer cette mission sans être accompagnée d'un avion anti-radars, capable de détecter les émissions des radars de poursuite et de conduite de tir, puis de les brouiller et enfin d'ordonner le lancement de missiles, dont l'autodirecteur se cale sur la fréquence d'émission et la «remonte» jusqu'à l'antenne, afin de la détruire. Comme jusqu'à présent toutes les opérations s'étaient déroulées sans problème, cette couverture n'avait pas été prévue !

La routine prévalait et la menace des missiles SAM6 s'était estompée au fil des mois dans l'esprit des stratèges et des responsables opérationnels.

Le bilan économique, ensuite: celui du déploiement de l'énorme machine de guerre américaine mobilisée pour sauver Scott O'Grady et ainsi faire oublier par cet exploit le manque de jugement antérieur. Coût total de l'opération: six milliards de dollars, au bas mot.

Mais rien n'était trop beau, ni trop cher, pour sauver un héros!

ÉTATS D'ÂME

1957.

Tous les pilotes qui ont eu la chance de piloter le bombardier d'assaut B-26 Invader en gardent un souvenir inoubliable. L'Invader s'était d'abord appelé A-26, A pour « Attack », afin de bien le distinguer du « vrai » B-26, le Marauder « Bomber », qui s'illustra entre autres sur le théâtre européen d'opérations pendant la Seconde Guerre mondiale. Le Douglas B-26 Invader avait été largement utilisé par les Français en Indochine, les États-Unis en ayant prêté plus d'une centaine à la France. Après l'Indochine, les B-26 furent rendus aux Américains, et convoyés à travers le Pacifique jusqu'aux bases américaines des

Philippines. Pour l'Algérie, la France sollicita à nouveau Washington, qui prêta encore quelques douzaines de ces appareils. C'était aussi l'époque où les Français travaillaient à reconstituer une force de bombardement, qui deviendrait plus tard la Force aérienne stratégique, d'abord avec des biréacteurs S.O. 4050 Vautour, puis avec les Mirage IV, porteurs de l'arme nucléaire.

Les équipages qui avaient volé sur B-26 en Indochine furent appelés à la rescousse. La plupart s'étaient reconvertis entre-temps dans le transport aérien militaire. Ils répondirent avec enthousiasme à cet appel pour constituer l'embryon du nouveau bombardement, et servir d'instructeurs pour les jeunes pilotes et les navigateurs-bombardiers néophytes recrutés à la sortie des écoles. Un Centre d'instruction du bombardement fut ouvert sur la base aérienne de Cognac, en Charente, lieu de stationnement des F-84 de la 33e escadre de reconnaissance. (Plaisanterie: «Qu'est-ce qu'un pilote de reconnaissance ?...» «Un pilote de reconnaissance est un pilote de chasse *intelligent !...*»)

Le sergent André F., qui termina sa carrière comme colonel, après avoir volé sur Vautour et accumulé plus de 2000 heures de vol sur Mirage IV, appartenait à un groupe de cinq jeunes sous-officiers pilotes issus de l'École de chasse de Meknès, au Maroc, et qui s'étaient portés volontaires pour «passer» dans le bombardement. La perspective de voler dans un premier temps sur B-26, avion un peu mythique, à moyen terme, sur Vautour, avion nouveau en gestation et, à plus long terme, sur Mirage IV, bombardier nucléaire supersonique en projet, avait suscité des vocations parmi les nouveaux brevetés pilotes de chasse.

Hasard, ou signe des temps, ces cinq-là occupaient les cinq premières places au classement de sortie des sous-officiers de Meknès (les officiers faisaient l'objet d'un classement de sortie propre, les sous-officiers, d'un autre classement à part). D'où la stupeur des patrons de l'École, qui mirent tout en œuvre pour décourager ces brillants sujets de trahir la Chasse pour embrasser une carrière de *«bombiers»*, comme ils disaient avec quelque mépris, en tout cas avec condescendance. Les cinq traîtres passèrent un à un devant la *«schtrasse»*, les chefs, et furent sommés de s'expliquer sur une idée aussi folle. Ils tinrent bon, tous les cinq, et partirent pour Cognac, accompagnés par ce qui se voulait une prédiction de la part de leurs camarades brillants chasseurs : «On ira tourner des tonneaux barriqués autour de vos bombardiers...!»

Après avoir effectué une «transformation» sur bimoteur MD 312 à Avord, dans le Cher, les cinq sous-officiers effectuèrent leur stage de reconversion sur B-26 et furent sur-le-champ envoyés en Algérie. C'était en 1957. Les uns rejoignirent Bône, dans le Constantinois, et son Groupe de bombardement GB1/91 Gascogne; les autres, dont le sergent F., Oran-La Sénia, lieu de stationnement du GB2/91.

Comme avion d'assaut, le B-26 offrait de multiples possibilités, avec sa soute de fuselage, qui pouvait emporter jusqu'à quatre bombes de 1000 livres chacune, ses mitrailleuses de 12,7 pour le *straffing* (mitraillage), ses points d'accrochage sous les ailes, pour des roquettes HVAR *(High Velocity Air Rockets)* de 5 pouces ou des bidons de napalm.

La version dite «leader» était dotée d'un nez vitré, qui permettait à un bombardier d'effectuer une visée en vol horizontal avec le viseur Norden. Ce même viseur équipait les B-29 qui avaient largué les deux premières bombes atomiques sur Hiroshima et Nagasaki. Sur le trajet vers l'objectif, le navigateur-bombardier réalisait une mesure du vent, et intégrait cet élément dans ses calculs de visée. Les bombardements en vol horizontal s'effectuaient généralement en formation, un ou deux équipiers se tenant aux côtés et légèrement en arrière du leader. Lorsque celui-ci ouvrait les portes de sa soute, le ou les équipiers l'imitaient, et lorsque les bombes du leader sortaient de la soute, les pilotes équipiers appuyaient alors sur le bouton de largage. Au sol, les bombes constituaient un mini-tapis, qui couvrait une zone d'un peu moins de 100 mètres de large, et de plusieurs centaines de mètres de long.

Les équipiers volaient en général sur des B-26 «nez plein», le logement du bombardier étant remplacé par huit mitrailleuses de 12,7 (alors que les «nez vitrés» n'avaient que trois mitrailleuses dans chaque aile). De plus, une tourelle avec deux 12,7 était installée à l'arrière, sur le haut du fuselage, mises en œuvre par un mécanicien reconverti en mitrailleur de queue. Ces deux mitrailleuses crachaient leurs projectiles après que le pilote eut lui-même tiré avec les mitrailleuses de l'avant. Le pilote effectuait une ressource en virage, qu'il s'efforçait de stabiliser au mieux, et le mitrailleur visait vers l'arrière, dans l'angle dégagé entre la dérive et le plan fixe horizontal. Des mécanismes d'interdiction de tir empêchaient cependant que par mégarde le mitrailleur n'atteigne son propre avion! Quoi qu'il en soit, une paire ou un trio de B-26 était capable d'assurer une présence de feux permanents sur un objectif, pilotes et mitrailleurs se relayant les uns les autres.

Le *straffing* avait quelque chose d'exaltant, presque d'enivrant. Le plus délicat était de repérer l'objectif. Avec ses énormes moteurs à hauteur du poste de pilotage, le B-26, de ce point de vue, ne constituait pas une plate-forme idéale. En revanche, il était d'une remarquable stabilité, une fois fixé sur sa trajectoire d'attaque. Il était souple aux commandes, très maniable, comme peu d'appareils de sa catégorie pouvaient l'être. Après avoir bien repéré sa cible, le pilote cabrait son avion pour faire chuter la vitesse et favoriser ainsi la visée, puis il basculait sur la tranche et plongeait en s'alignant le plus rapidement possible car c'est à ce moment-là, à basse vitesse, que tout se jouait, puis il laissait croître le badin, tout en s'efforçant de maintenir le croisillon lumineux de son collimateur sur l'objectif, et la bille bien au milieu par petites touches sur le palonnier. Malheur à celui qui volait en léger dérapage, il constatait très vite que les balles traçantes qui matérialisaient le tir se perdaient à droite ou à gauche! Arrivé à la bonne distance, il ouvrait le feu.

Le *staccato* des culasses qui s'ouvraient et se refermaient à un rythme effréné, le recul sensible au point que l'on se sentait projeté vers l'avant et retenu dans les bretelles d'épaules et la large ceinture inguinale (pourtant serrées très fort), comme si le B-26 se trouvait soudain freiné, retenu par une force invisible, le pointillé au sol des projectiles qui frappaient la terre ou giclaient sur les rochers, l'odeur de la poudre qui emplissait la cabine composaient un maelström de sensations fortes et grisantes. La fascination guettait les pilotes, surtout les plus jeunes. Il fallait savoir se contenir, cesser de tirer à bonne hauteur, ne fût-ce que pour éviter les ricochets, puis effectuer la ressource et le virage en montant, enfin stabiliser l'avion quelques secondes, pour que le mitrailleur de queue puisse arroser à son tour la cible. Sinon, gare aux récriminations et parfois aux quolibets, à l'adresse du pilote !

Mais, après une séance de *straffing* à bord d'un B-26 à nez plein, beaucoup de pilotes, dans le bruit, la fureur, l'odeur et la fumée de la poudre des obus, alors que cliquetaient les douilles vides éjectées vers l'extérieur, se sentaient comme ivres, presque pris de boisson. En tout cas baignant dans une euphorie qui s'apparentait à celle des profondeurs pour les plongeurs, ou à celle qui précède l'évanouissement pour les hommes victimes d'anorexie. Cela non plus, ils ne l'ont jamais oublié.

Le B-26 pouvait également bombarder en semi-piqué, pour attaquer des objectifs plus ponctuels. Soyons clair : ce mode de bombardement-là se révélait beaucoup plus aléatoire que le bombardement horizontal. Il s'agissait de piquer vers la cible sous un angle de 30 degrés, d'effectuer une ressource sous 2 g d'accélération, puis, après trois secondes, de larguer une ou plusieurs bombes. La précision en direction était bonne, celle en portée, beaucoup moins. Cependant, certains pilotes, particulièrement habiles réussissaient à obtenir de bons scores...

Est-ce à dire que tout n'était que joie et décontraction pour les jeunes pilotes, frais émoulus de l'École de chasse de Meknès, dont les ailes dorées de leur insigne de pilote étaient encore brillantes et pas encore ternies par les années? Non, bien sûr: la frustration et les interrogations ne manquaient pas, ainsi parfois que les remords. Leur vie professionnelle se partageait entre les séances de perfectionnement au pilotage et à l'entraînement (*straffing* à la 12,7 en bombardement en semi-piqué, au tir de roquettes sur des cibles au sol), ainsi qu'aux missions opérationnelles, lorsqu'il s'agissait de tirer à balles réelles sur des êtres humains, des rebelles, des fellaghas (les «fells»). Les unes et les autres apportaient leur lot d'émotions et de sensations.

André F. se souvient ainsi d'un vol qui avait débuté par une séance de tir d'entraînement aux mitrailleuses pour se terminer par une intervention réelle, pour le moins frustrante.

Le sergent F., aux commandes d'un B-26 *straffer* («nez plein»), volait ce jour-là en équipier au sein d'une patrouille de deux avions. La mission d'entraînement consistait à effectuer une reconnaissance à vue, au cours de laquelle les équipages s'efforçaient de voir le maximum de détails insolites, que le navigateur notait sur son «log» (son compte-rendu), pour les restituer ensuite aux services de renseignement, après l'atterrissage.

Les chances de surprendre des rebelles étaient minces (l'avion se voyait de loin, avec sa silhouette noire si caractéristique, sa haute dérive, et il s'entendait à bonne distance, le grondement de ses moteurs étant rien moins que discret...), même si l'itinéraire du vol passait le plus possible par les zones interdites. On appelait ainsi de larges secteurs où nul, et *a fortiori* la population civile, n'avait le droit de s'aventurer, sous peine d'être immédiatement pris à partie par les forces de l'ordre, avions ou troupes au sol. Toute présence humaine y devenait *a priori* suspecte. Mais aussi toute présence animale, les chevaux, ânes, ovins et caprins qui pouvaient évoluer dans ces zones constituant souvent l'essentiel des moyens logistiques, au sens large, des fellaghas qui se dissimulaient dans les replis de terrain, les forêts, les anfractuosités de rochers, ou les *mechtas,* ces ensembles de maisons abandonnées, dans le bled vidé de ses habitants.

Les chances de surprendre les rebelles étaient donc très minces, mais elles n'étaient pas complètement nulles. La vitesse à laquelle volait l'avion, quelque 350 km/h, représentait un atout. Le B-26 arrivait à faible hauteur au-dessus du sol, sautant les obstacles, surgissant des vallées, ou des lignes de crête, au débouché d'un col, et si les rebelles se montraient distraits, il était possible de les débusquer, surtout si, disposant de renseignements fiables sur une zone interdite, au cours d'une reconnaissance à vue, le pilote réglait les hélices des moteurs sur grand pas, donc diminuait le nombre de tours, afin de réduire le bruit que produisaient les grandes «batteuses» tripales à régime élevé.

De toute manière, même si les équipages ne voyaient pas grand-chose d'intéressant, le survol des zones interdites était un excellent moyen d'exercer l'attention des pilotes, jeunes et moins jeunes, tout comme celle des navigateurs et des mitrailleurs de queue. De plus, ce type de vol leur envoyait des décharges d'adrénaline, les mettant au bord de l'extase !

Ce jour-là, la surveillance n'avait pas donné de grands résultats. Le vol s'était donc conclu par une assez longue séance de *straffing* sur une cible choisie par le leader en zone interdite, puis les deux avions avaient pris le chemin du retour pour regagner la base d'Oran-La Sénia.

À bord des B-26, le mécanicien-mitrailleur était souvent chargé de veiller la fréquence radio des «trosol», les troupes au sol, grâce au poste SCR 300 dont les avions étaient équipés, en plus du poste VHF qui servait aux transmissions aéronautiques. Ainsi, les deux B-26 reçurent-ils un appel, une demande d'aide. L'appel et la demande provenaient d'un groupe de légionnaires qui nomadisaient dans la zone interdite et s'étaient fait surprendre par une bande de fellaghas. Sans doute avaient-ils aperçu, ou entendu la patrouille, et tentaient-ils à tout hasard de la contacter. Bien leur en prit. Le leader demanda aux légionnaires de lui indiquer leur position, et les deux avions se dirigèrent vers eux.

Ils les survolèrent bientôt.

Les légionnaires étaient tombés dans un véritable piège. Ils progressaient dans le lit d'un oued aux trois quarts sec quand, au moment où la vallée se rétrécissait entre deux falaises quasi à pic, un groupe de fellaghas les avait surpris. Les rebelles, invisibles, du haut des falaises, se contentaient de balancer des grenades dans le vide, clouant les légionnaires sur place, les obligeant à se terrer derrière les rochers. Lorsque l'un d'eux se hasardait à montrer le bout de la visière de son képi blanc, il était aussitôt l'objet de tirs nourris. La situation était intenable et risquait de durer longtemps, éprouvante pour les nerfs... et pour la fierté des hommes !

Voilà donc les deux B-26 en train de tourner au-dessus de la position, disponibles pour prêter main forte aux légionnaires.

– *Vous les avez en vue ?* demande le leader à F.

– *Affirmatif !* répond celui-ci.

– *Alors, attaquez !*

En pareille circonstance, il était permis et courant de faire abstraction de la prééminence et des primautés du grade (le leader était capitaine) ou de la fonction en vol (c'était le chef de la patrouille). L'ailier avait identifié les rebelles avant son leader : à l'ailier d'attaquer le premier.

F. repère donc les emplacements des attaquants, s'éloigne un peu, arme ses mitrailleuses de nez, cabre son avion et s'aligne parallèlement au lit de l'oued, de manière à tirer dans l'axe de celui-ci, sur les crêtes, afin de ne pas risquer de toucher les légionnaires, qu'il distingue parfaitement. L'avion plonge, gagne de la vitesse, collimateur bien positionné, bonne distance, feu !

Tac ! Tac ! Tac !… Et point final. En tout et pour tout, trois balles sortent des huit mitrailleuses 12,7 du B-26, puis les culasses claquent à vide. Lors de la séance d'entraînement au *straffing* qui avait précédé, F. avait pratiquement épuisé la totalité des munitions que contenaient les magasins de ses armes du nez, mais il l'ignorait et n'avait aucun moyen de le savoir, depuis sa place de pilote.

Piètre prestation, et piètre secours aux légionnaires qui étaient toujours cloués au sol (même si les rebelles avaient cessé momentanément de les harceler du haut des falaises pour s'intéresser à ce que leur réservaient les grands oiseaux noirs tournant au-dessus de leurs têtes). Les légionnaires devaient se demander ce que fichaient ces deux foutus avions, le deuxième se trouvant dans la même situation que le premier !

Que faire ?

« Tout ce que nous avons pu faire, raconte F., c'est d'effectuer des passages à grande vitesse, plein pot, en rasant les crêtes des falaises, pour obliger les fellaghas à se coucher. Et permettre ainsi aux légionnaires de s'éloigner d'un endroit aussi malsain... »

Les interventions, les missions de guerre, en Algérie, vous réservaient ainsi des surprises de ce genre. Et bien d'autres encore.

Lors d'une opération combinée, qui mettait en jeu des monomoteurs d'attaque au sol Corsair de l'aéronavale et des B-26, guidés par un T-6, en appui des troupes qui effectuaient le «bouclage» d'un secteur de l'Oranais, le sergent F. s'est ainsi trouvé confronté pour la première fois à un cas de conscience, dont il se souvient encore aujourd'hui. Les renseignements qui avaient permis de monter l'opération étaient bons, l'action des troupes avait été efficace. Dès l'aube, les colonnes terrestres s'étaient mises en route et, quelques heures plus tard, le piège s'était refermé sur un douar : un ensemble de tentes, censé abriter un groupe important de rebelles. Sur instruction du T-6, qui effectuait des passages à basse hauteur, les B-26 se préparaient à entrer en action, à se ruer à l'attaque sur l'objectif que leur désignait leur guide.

Inutile de marquer l'objectif par un fumigène, ou, pour le T-6, par le lancement d'une roquette. C'était une technique courante, les T-6 volaient à quelques dizaines de mètres du sol, leur rôle consistant à bien repérer les objectifs qu'ils désignaient ensuite aux avions d'attaque, plus puissamment armés. Mais là, c'était inutile. Les tentes blanches se détachaient sur le sol ocre comme le nez au milieu de la figure – si l'on peut employer cette expression.

– *Allez-y ! À vous les gars pour le* straffing ! commande le pilote du T-6.

Comme à son habitude, F. réalise d'abord une première passe sans tirer. Il pique, vise et frôle les tentes, mais n'appuie pas sur la détente, placée sur le volant du manche, et qui commande les 12,7. Et que voit-il, durant son piqué, sortant des tentes ? Des femmes ! Des fatmas en djellaba qui, sous leur voile, lèvent les yeux vers l'avion qui fonce sur elles, et agitent les bras, dans une grande envolée de tissus !

In petto, F. se dit qu'il a rudement bien fait de ne pas ouvrir le feu d'emblée, comme le font la plupart de ses camarades. Des femmes ! Il allait flinguer des femmes ! F. se tourne un bref instant sur sa droite, vers son navigateur, haussant les sourcils pour lui faire part de son désarroi et de sa frousse rétrospective. Des femmes ! Ils allaient tirer à la 12,7 sur des femmes.

– *Hé ! On a failli faire de la bouillie avec des femmes !* lance-t-il à la radio, à l'adresse du T-6. *Heureusement que je n'ai pas ouvert le feu à la première passe !*

Silence sur la fréquence. Le pilote de l'avion de guidage, qui se tenait à quelque distance afin de laisser le champ libre aux B-26, revient dare-dare sur le douar. Il tourne et tourne encore, en cercles serrés, muet pour l'instant. Puis, s'adressant à l'équipage du bombardier, d'un ton légèrement (et même fortement) ironique :

– Hé ! Les mecs ! Vous avez vu beaucoup de femmes qui portent des pataugas comme chaussures, vous ?

Au tour de F. de rester coi. Des pataugas ? Sûr que les femmes n'en portent jamais.

Un autre passage, à vitesse réduite, en vol bien horizontal, cette fois-ci, à quelques mètres du sol, lui aussi, pour en avoir le cœur net, et là : plus de doute. Les fatmas sont bien chaussées de pataugas. Ce ne sont donc pas des femmes, mais bien des fellaghas, qui ont ainsi tenté de tromper les pilotes. Pas pour longtemps, certes, mais découverts pour découverts, encerclés, ils jouaient de la sorte leur dernière carte.

Cette fois, F. ne tergiverse plus. Il affiche pleine puissance sur les deux moteurs, cabre l'avion, reprend de l'altitude, et recommence sa passe, avec l'intention de la mener à bien. Il lui semble même, alors qu'il se trouve à distance de tir et que son doigt appuie sur la détente, voir des armes sortant des djellabas. Il n'en aura jamais la certitude absolue car les corps bondissent sous les impacts, s'effondrent, tournent et boulent entre les tentes et les arbres qui parsèment le campement. Les tentes se transforment en lambeaux de toiles qui battent dans le vent, hachées menu par les rafales des mitrailleuses. Mission accomplie !

Tard dans la nuit, ce soir-là, incapable de trouver le sommeil, la tête encore pleine de la vision des femmes en djellaba qui lui faisaient des signes de la main, le sergent F. n'en finira pas de tourner et retourner dans son esprit cette question obsédante :

«Et si, malgré les pataugas, ces femmes-là étaient bien des femmes et non des fellaghas cherchant à donner le change ?...» Il n'aura jamais la réponse.

Il n'aura jamais de réponse non plus à une autre question qu'il se posera, quelques mois plus tard, au mois de février 1958, après une intervention dans le sud marocain, plus exactement à la frontière entre le Maroc et le Rio de Oro. Pas de réponse, mais le sentiment d'avoir agi avec humanité, de s'être comporté en être responsable, respectueux de la vie humaine.

Possession espagnole à l'époque, le Rio de Oro était revendiqué par le royaume chérifien, qui entendait récupérer ce territoire situé au sud du Maroc, notamment parce qu'il recelait des richesses minières importantes. L'Espagne avait montré de manière indubitable qu'elle ne s'accrocherait pas indéfiniment à cette étendue de désert, mais elle voulait que la transition s'effectuât dans les règles, non sur un coup de force des Marocains. Les accrochages entre ces derniers et les troupes de Madrid étaient fréquents. La France, engagée en Algérie, et soucieuse de ne pas laisser le champ libre aux rebelles algériens qui utilisaient le Maroc comme sanctuaire de repli, prêtait la main aux Espagnols, notamment sous la forme d'un appui de son aviation pour surveiller la zone frontalière et s'opposer aux incursions des Marocains, ou de ceux qui travaillaient pour eux.

Un détachement de B-26 avait été envoyé à Fort-Trinquet (aujourd'hui Bir Moghrein), au nord-ouest de la Mauritanie, sur une voie de circulation qui reliait l'Algérie au Maroc. D'autres B-26 avaient été détachés à Colomb-Béchar, plus au nord, pour y effectuer le même genre de mission. Fort-Trinquet avait été choisi pour sa proximité avec la frontière algéro-marocaine, pour l'existence d'un semblant d'aérodrome, suffisant en tout cas pour des avions de type B-26, pour son isolement aussi, propre à décourager les éventuels curieux, journalistes et autres. Mais les conditions de vie y étaient plutôt rudes. Vents de sable à profusion… et à tous les repas, froidure la nuit et chaleur le jour, installations rudimentaires, qui obligeaient par exemple les mécaniciens et les équipages à effectuer les pleins d'essence à partir de bidons, avec des pompes Japy: rien de facile ni de confortable.

Les avions effectuaient régulièrement des reconnaissances à vue (RAV). Au milieu de l'étendue désertique, il leur arrivait de temps à autre de survoler des nomades en transhumance depuis leur dernier campement vers les zones de pâturage. Hommes, femmes, enfants, animaux de bât et bétail composaient de longues files, qui se signalaient de loin par la poussière que soulevait leur marche lente, au rythme des chameaux.

Parfois, cependant, le B-26 en navigation à basse hauteur tombait sur un groupe suspect. Lorsque le soleil est déjà haut sur l'horizon, il ne laisse aucune parcelle de désert dans l'ombre et révèle tout ce qui bouge : des animaux lourdement chargés, quelques hommes pour les accompagner, un trajet sinueux permettant à la petite caravane de profiter des moindres accidents de terrain pour tenter de se dissimuler entre les dunes ou les amas de rochers. Le doute n'était guère permis quant à l'identité et aux intentions véritables de la troupe. Armes, munitions, équipements divers transitaient ainsi d'un endroit à l'autre, d'un pays à l'autre, à travers des frontières impossibles à distinguer avec précision, au sein d'un paysage désespérément uniforme.

Le B-26 se trouvait alors livré à lui-même, en une sorte de face à face avec un ennemi improbable.

Mais avant de pouvoir s'en prendre à ce dernier, il lui fallait d'abord obtenir l'autorisation de tir.

L'avion reprenait de la hauteur, afin d'améliorer la portée de son poste radio, pour contacter l'autorité qui, seule, était à même de lui accorder cette autorisation. Le pilote volait en spirale au-dessus de la troupe suspecte, afin de ne point la perdre de vue, pendant que le navigateur soignait son repérage et calculait avec précision les coordonnées géographiques de l'endroit. Un bref dialogue, un temps d'attente, pendant que, à 100 kilomètres de là, des hommes se concertaient, confrontant les renseignements fournis par l'équipage avec ceux en provenance d'autres sources, signalant des infiltrations dans tel ou tel secteur. Puis l'ordre arrivait: « Autorisé au tir... » ou: « Négatif pour le tir... »

Ce jour-là, l'équipage de F. obtint l'autorisation de tirer. Le sergent F. faisait équipage avec un lieutenant navigateur qui présentait la particularité d'être pied-noir d'origine. Son frère, colon de la Mitidja, avait été enlevé et abominablement torturé, puis exécuté par le FLN. Autant dire que le lieutenant vouait une haine féroce à ce qui touchait de près ou de loin à ce que l'on appelait alors la rébellion. Un ordre comme celui qu'ils venaient de recevoir ne pouvait que le réjouir.

F. arme donc ses mitrailleuses, effectue sa passe de tir, fait feu sur les chameaux bâtés et chargés de grosses caisses enveloppées dans des couvertures, chameaux qui se sont immobilisés au pied d'une dune, pendant que, voyant l'avion leur plonger dessus, les trois ou quatre silhouettes humaines qui les accompagnent se dispersent aux alentours. Les chameaux, foudroyés par les balles de 12,7, se figent sur place.

Ces animaux-là, en effet, encaissent les coups et meurent sans tomber. Pour le pilote, impossible de savoir s'il les a tués ou non.

F. renouvelle sa passe, essayant de viser les chameaux l'un après l'autre, posément. Au troisième passage, l'un des chameaux lui explose littéralement au visage.

C'est en tout cas l'impression que lui donne la déflagration, avec les morceaux et les débris qui s'éparpillent en avant de l'avion. Là, du moins, le doute n'est plus permis. C'étaient bien des munitions, peut-être des obus de mortier, ou des grenades, que transportait la bête.

– *Beau boulot, gars ! Aux mecs, maintenant !* lance le navigateur dans l'interphone qui permet aux membres de l'équipage de communiquer entre eux.

Les « mecs » en question, quand ils ont vu le B-26 plonger, n'ont pas demandé leur reste. Ils se sont dissimulés dans les buissons, très nombreux en cet endroit, touffes d'épineux ou de plantes rabougries qui survivent on ne sait trop comment et par quel miracle dans cet univers désolé. F. entreprend donc de mitrailler un à un les buissons, sans grande conviction : il faut dire qu'il lui est impossible de savoir lesquelles de ces cachettes possibles abritent des hommes. Il estime d'ailleurs que l'essentiel de sa mission est accompli. L'interception du convoi est réussie, les armes sont détruites et, mis à part un dernier chameau qui trottine et tourne en rond, affolé par le bruit des mitrailleuses et le fracas de l'avion le survolant à quelques mètres, avant d'effectuer la ressource qui le propulse vers le ciel, il n'y a plus aucun signe de vie.

Eh bien si ! Soudain, une silhouette surgit, elle jaillit littéralement d'un buisson, se met à courir dans le sable, en direction d'un autre buisson. Le pilote et le navigateur l'aperçoivent quasiment en même temps.

De toute évidence, il s'agit d'un gamin. La taille ne peut les tromper. Un gamin ! La dernière rafale lâchée par l'avion a dû frapper très près de l'endroit où il se cachait. Seul survivant, sans doute, du massacre qui vient d'avoir lieu, il n'a plus personne pour le calmer, lui dire de ne surtout pas se montrer, de ne pas bouger, et que le monstre du ciel finira par l'oublier. « Le couillon ! pense F. Il ne pouvait pas se tenir tranquille et rester planqué ?... »

– *Ne le rate pas !* ordonne le navigateur. *Tu l'as vu, hein ?*

F. fait un signe négatif de la tête. Bien sûr qu'il l'a vu. Comment ne l'aurait-il pas vu ? Mais pour lui, homme de vingt et quelques années, encore imprégné des principes moraux que lui ont enseignés les bons pères dans le village de Savoie d'où il est originaire, jeune homme chez qui la guerre et la vie n'ont point encore balayé toute humanité, il ne ressent en réalité aucune haine contre les hommes qu'il combat. Il est hors de question qu'il s'en prenne à un gosse. Cette idée le révulse. Tirer sur un enfant ? S'il le faisait, il se comporterait d'une manière pire que celle des fellaghas et des terroristes qui ont torturé, émasculé le frère de son navigateur, et l'ont laissé crever sur place, comme une bête.

Donc, il n'a rien vu. De la même manière qu'il se refuse à voir le chameau encore vivant qui trottine sur place. Une chance de survie pour le gosse. Car dans un désert comme celui-ci, un homme seul, et en plus un gamin, n'a aucune chance de s'en tirer s'il ne dispose pas d'une monture. Mais avec quelques provisions qui auront échappé au mitraillage, une poignée de dattes (l'expression est venue spontanément à l'esprit de F.), dans le désert on survit toujours si on en croit les livres d'aventure !... Avec une outre d'eau en peau de chèvre et un chameau, le gosse pourra rejoindre une palmeraie. Pour la navigation, F. lui fait confiance ! Les nomades du désert, même âgés de dix ans, savent se repérer n'importe où !

Le gosse va s'en tirer, c'est sûr. Oui, mais, devenu grand, il prendra à son tour place parmi les rebelles, et, une arme à la main, tirera sur les soldats français ? Peut-être balancera-t-il des grenades sur des civils innocents à la terrasse d'un bistrot, en pleine ville, ou déposera-t-il des bombes dans la poubelle d'une gare routière, comme cela se passe de plus en plus souvent en Algérie ? Peut-être ? Mais alors, il sera temps d'aviser. Pour l'heure, le gosse est un gosse, qui accompagnait probablement son père au cours de ce transport d'armes... Donc, F. n'a rien vu.

– *Tu vas me faire le plaisir de flinguer ce salopard !* lance le navigateur.

Mais comment savoir où le gamin se cache, maintenant ? Dans ce jeu de la vie et de la mort, il a filé, tel un fennec, sans laisser de traces. Il se tapit quelque part, sous l'un de ces buissons parsemant l'étendue de sable sous l'avion.

– *Je ne vois rien,* dit F..

– *Tu vas me le trouver, et tu lui règles son sort. C'est un ordre !*

– *Ordre ou pas, je te dis que je ne vois rien !*

– *Tu le fais exprès. Tu vas me le payer ! Je te ferai passer en conseil de guerre pour refus d'obéissance. Tu peux dire adieu à ta carrière dans l'armée de l'air !*

Sur la route du retour vers la base d'Oran-La Sénia, pilote et navigateur ne desserreront pas les dents : pas une parole, pas un regard. Pourtant, jusqu'à ce jour et cet épisode, ils s'entendaient plutôt bien. Le navigateur appréciait la dextérité professionnelle du jeune pilote avec lequel il faisait équipage : c'est plutôt rassurant, lorsqu'on se trouve installé à droite d'un gars dont on est strictement tributaire, de constater qu'il se débrouille sacrément bien aux commandes, que ce soit lors d'arrivées difficiles sur un aérodrome, par conditions météorologiques dégradées ou lors d'opérations et d'attaques. Quant au pilote, il admirait l'extraordinaire capacité de son navigateur à se repérer d'instinct et à n'importe quel endroit. Comme si ce pied-noir portait en lui l'image de cette terre sur laquelle il était né, et pour laquelle il combattait. Ce pays, il le connaissait sur le bout des doigts et l'aimait jusqu'à l'excès.

Le vol du retour leur donna pourtant à l'un et à l'autre le temps de digérer leur différend. Le navigateur ne mit jamais sa menace à exécution. Quant à F., il avoue aujourd'hui ne nourrir aucun regret à propos de sa décision d'épargner un gamin des sables. Même s'il y repense souvent, tournant et retournant dans sa tête les arguments pour et les arguments contre, avec tout le loisir d'y réfléchir calmement, alors qu'il lui fallut, à l'époque, prendre sa décision en quelques secondes. Cette scène et l'altercation qui s'en suivit ne se sont jamais effacées de sa mémoire…

LE COUP DE GRÂCE

Été 1952.

La guerre de Corée dure depuis deux ans. Elle avait débuté le dimanche 25 juin 1950. Ce jour-là, près de 100 000 hommes venus de la Corée du Nord communiste franchirent le 38e parallèle, qui marquait la frontière avec la Corée du Sud, sous obédience et occupation américaines, et envahirent le pays. Ils ne rencontrèrent guère de résistance.

Face aux troupes bien entraînées du Nord, équipées d'artillerie lourde et de l'excellent char d'origine soviétique T-34, les Coréens du Sud ne firent pas le poids. Ils n'étaient dotés que d'armes légères et étaient démunis de tout moyen pour s'opposer aux chars. Quant à leur aviation militaire, elle se résumait à une douzaine d'avions de liaison ou d'entraînement. Les Coréens du Nord, eux, disposaient de plus de 120 appareils, également d'origine soviétique, des intercepteurs Yak-7, des avions d'attaque au sol Stormovik, vétérans de la Seconde Guerre mondiale, ou des Yak-9. En dépit des préparatifs de l'invasion, des signes avant-coureurs de l'agression, des rapports alarmistes transmis par les observateurs et les agents doubles, les Américains avaient en effet refusé jusque-là de croire à pareille éventualité. Une attitude qui n'est pas sans en rappeler d'autres du même genre, de leur part, que ce soit avant ou après la guerre de Corée.

Après leur victoire sur le front européen et sur le front du Pacifique, les États-Unis s'étaient très vite rendormis, persuadés qu'ils en imposaient désormais au monde entier et n'avaient plus rien à craindre de quiconque.

Deux exemples, presque caricaturaux, de cette espèce d'inconscience, de ce refus d'envisager une réalité désagréable, de cette inertie face à la montée du péril.

Pourtant ils auraient dû prendre les mesures qui s'imposaient ! Lorsque des P-51 Mustang, avions monomoteurs à hélice, vétérans de la Seconde Guerre mondiale, furent utilisés comme avions d'appui au sol, au début du conflit, leurs pilotes portaient parfois des casques de football américain comme casques de vol, faute de disposer de vrais casques de protection. Et les trous des impacts de la DCA nord-coréenne dans le fuselage étaient réparés par les mécaniciens avec des plaques de métal découpées dans des boîtes de bière ou de conserve, par manque de pièces de rechange. Il faut dire que les Mustang en question avaient d'abord été fournis aux Sud-Coréens, à leur demande instante, et qu'ils sortaient quasiment de cimetières d'avions où ils étaient en train de pourrir. On les en avait extraits pour calmer ces Sud-Coréens qui criaient au loup en pointant le doigt sur leur voisin du nord et leur état laissait pour le moins à désirer.

Mais les pilotes sud-coréens, qui en étaient encore à s'entraîner sur des North American T-6, se révélèrent vite incapables de piloter des avions à hautes performances comme les Mustang, aussi difficiles à dompter que les chevaux sauvages, dont ils portaient le nom. Des pilotes américains aguerris durent prendre leur place. Alors, pour ce qui était des casques, ou des pièces de rechange… !

Le partage de la péninsule coréenne en un secteur nord et un secteur sud, avec le 38e parallèle comme limite, résultait de l'accord passé entre les Américains et les Soviétiques à la conférence de Yalta en 1945. Pour vaincre plus rapidement le Japon et terminer la guerre du Pacifique, particulièrement meurtrière et qui risquait de s'éterniser, les Américains estimaient avoir besoin de l'appui de Staline, le dictateur soviétique.

La Corée, sous tutelle japonaise depuis le milieu du XIXe siècle, faisait partie des dépouilles que les deux partenaires se partageraient. Un troisième larron s'invita plus tard au banquet, la Chine, devenue communiste, après que Mao Zedong eut vaincu les armées «nationalistes» de Chang Kaï-Tchek.

*

*   *

C'est donc peu dire que l'attaque du 25 juin 1950 prit les Américains par surprise. Les troupes nord-coréennes foncèrent droit au sud, repoussant devant elles les réfugiés qui fuyaient les combats, et semant la panique parmi les femmes et les enfants des personnels américains ou des corps diplomatiques en poste à Séoul, la capitale, que l'on n'avait même pas songé à mettre à l'abri. Cependant, des avions de transport militaires, venus du Japon, se mirent aussitôt en place sur l'aéroport de Kimpo, à une vingtaine de kilomètres de la capitale, qui était déjà transformée en champ de bataille. Les avions de transport étaient enfin là pour procéder à l'évacuation des civils. Mieux vaut tard que jamais...

Dès le lundi 26, une paire de Yak-9 arriva par surprise sur l'aéroport, mitrailla un dépôt de carburant, qui prit feu, et détruisit au sol un quadrimoteur C-54. Quant à la tour de contrôle, elle fut réduite en un informe tas de débris, après le passage des deux avions nord-coréens. Les pilotes pouvaient tirer comme à l'exercice, sans opposition aucune. Personne n'étant là pour s'interposer, ils arrosèrent à loisir l'aérodrome de projectiles divers.

Devant la tournure que prenaient les événements, les Américains se décidèrent alors à réagir. Le 27 juin, ils mirent en l'air des patrouilles de protection en altitude, pour parer à une possible nouvelle incursion des Nord-Coréens.

Il s'agissait de F-82, avatar du fameux P-51 Mustang. D'abord avion d'appui feu, le Mustang fut reconverti en chasseur à long rayon d'action pour escorter les bombardiers stratégiques, durant la Seconde Guerre mondiale. Ce sont les Britanniques qui sont à l'origine de cette reconversion. Ils équipèrent l'avion de réservoirs à plus grande capacité, d'un moteur Rolls-Royce Merlin de 1650 chevaux (malheureusement refroidi par liquide, ce qui le rendait vulnérable), et d'une hélice quadripale. Des Mustang furent donc engagés en Corée, mais les Américains, pour accroître leurs performances opérationnelles, eurent également l'excellente idée de les transformer en bimoteurs, avec un rayon d'action et une capacité d'emport en armements divers largement améliorés. Rebaptisé « F-82 », il fut donc lui aussi utilisé au début du conflit coréen.

Les Américains disposaient encore du F-80 Shooting Star, fabriqué par Lockheed, premier avion de combat à réaction américain. Le F-80 était armé de six mitrailleuses de calibre 50 (un demi-pouce, soit 12,7 millimètres) disposées dans le nez. Propulsé par un réacteur de 3850 livres de poussée, soit environ 1750 kilos, il pouvait aussi emporter jusqu'à près d'une tonne de bombes, ou des roquettes, grâce à des points d'accrochage disposés sous les ailes.

Le 27 au matin, cinq Yak se présentèrent pour une nouvelle séance de mitraillage de l'aéroport. À peine survolèrent-ils la zone que les F-82 plongèrent sur eux, et en abattirent trois. Les deux autres, sans demander leur reste, mirent cap au nord et disparurent. Une heure plus tard, huit Stormovik apparurent à leur tour. Cette fois, ce furent les Shooting Star, en attente à 15000 pieds d'altitude au-dessus de l'aéroport, qui entrèrent dans la danse.

Au «top !...» donné à la radio par le leader de la formation, le capitaine Raymond Schillereff, ils basculèrent sur la tranche et se laissèrent tomber les uns derrière les autres vers leur proie, ouvrant le feu à bonne distance, crachant leurs rafales de balles explosives et de balles traçantes des six mitrailleuses calibre 50 placées dans le nez de leur appareil. Chacun s'était choisi une cible. Le leader tira le premier, puisqu'il se trouvait en tête. Il fut donc crédité de la première victoire aérienne jamais remportée par un avion à réaction américain.

Chacun de ses trois équipiers fit feu à son tour.

L'engagement dura tout au plus une poignée de secondes. Quatre appareils nord-coréens, dans l'incapacité d'échapper aux agiles F-80 en dépit de leurs manœuvres désespérées, étaient déchiquetés par les projectiles qui hachaient leur fuselage, perforaient leurs réservoirs, mettaient hors service leurs moteurs. Quatre Stormovik s'écrasèrent au sol, les autres préférèrent imiter les Yak et s'enfuirent. Les pilotes américains ne se lancèrent pas à leur poursuite, non que l'envie ne leur en manquât ! Ils n'en avaient simplement pas l'autorisation. Leur rôle, en ce début du conflit, se bornait à la défensive...

Les Américains, à leur corps défendant, venaient d'entrer dans la guerre de Corée.

Début juillet, soit une semaine plus tard, une opération aérienne américano-britannique contre un aérodrome militaire situé non loin de Pyongyang, capitale de la Corée du Nord, détruisit au sol la quasi-totalité des appareils de l'armée de l'air nord-coréenne. Les forces communistes, qui bénéficiaient d'un indiscutable avantage au sol, étaient en revanche dominées dans les airs et disparurent du ciel, du moins jusqu'à ce que des Chinois, puis des Soviétiques, viennent les suppléer, quelques mois plus tard.

Quoi qu'il en soit, la supériorité aérienne des Américains, même temporaire, leur offrit le laps de temps nécessaire pour réagir à l'agression nord-coréenne et mettre en branle leur machine de guerre. Une guerre qui allait se poursuivre durant trois ans. Une guerre meurtrière : des dizaines de milliers d'Américains, mais aussi de soldats d'autres pays, lorsque l'ONU s'en mêla, des centaines de milliers de Coréens, de Chinois ou de Russes y laissèrent la vie.

Dans cette guerre, la maîtrise du ciel et la supériorité aérienne se révélèrent décisives pour la conduite des opérations, comme ce fut le cas pendant la Seconde Guerre mondiale, puis lors d'autres conflits ultérieurs. L'issue des combats aériens déterminera très souvent le succès ou l'échec des affrontements qui se dérouleront au sol, avec, pour les pilotes et les équipages, un lot quotidien d'actes de bravoure, de poursuites héroïques, mais aussi de sales besognes, de souffrances, de traumas psychologiques, de blessures physiques ou morales...

Dès août 1950, les communistes étaient devenus maîtres de la quasi-totalité de la péninsule. Leur poussée ne faiblissait pas. Les Américains ne disposaient plus que d'une seule base aérienne opérationnelle, à Taegu, non loin de la rivière Naktong, au sud-est du pays. Or, il apparut bientôt que, outre la menace continue des troupes nord-coréennes, une autre se profilait, qui risquait de submerger les dernières lignes de défense, ou du moins de les paralyser : le flot des réfugiés. L'exode de ces centaines de milliers de gens affolés, qui refluaient depuis les zones de combat et cherchaient refuge dans la poche de résistance, allait emporter les défenses.

Dans les faits, la menace était double. D'une part, des gens eux-mêmes, qui ne pouvaient comprendre qu'on voulût les empêcher de chercher à sauver leur vie, et refusaient de laisser le champ libre aux combattants du sud afin qu'ils puissent faire front. D'autre part, du fait que des Nord-Coréens, les Américains en étaient persuadés, s'étaient glissés parmi ces foules affolées et cherchaient de la sorte à s'infiltrer dans les lignes sud-coréennes pour contourner les lignes de défense.

Ordre fut donc donné aux pilotes de Mustang de s'opposer par tous les moyens au franchissement de la rivière Naktong, pratiquement à sec en certains endroits.

Mission déchirante. Mission qui constituait un véritable cas de conscience pour nombre de pilotes.

Une chose est de tirer sur des combattants armés, à même de riposter à votre attaque car le risque est partagé: c'est l'ennemi ou vous! Une autre chose est de faire feu sur des civils (cherchant seulement à se mettre à l'abri) en réglant son collimateur pour le tir à la mitrailleuse (six mitrailleuses logées dans les ailes de votre avion) et en positionnant le croisillon lumineux du viseur en plein dans le fourmillement de vieillards, d'hommes, de femmes, d'enfants – cibles parfaites et immanquables, avec leurs tenues légères d'été, blanches sur le fond plus sombre de la rive – et en soulevant le cache de sécurité qui recouvre le bouton de tir pour d'appuyer sur celui-ci… !!

Les pilotes de Mustang qui patrouillaient le long de la rivière usèrent donc de toutes les astuces possibles pour obéir aux ordres qu'ils avaient reçus, sans aller jusqu'à tirer dans la foule. Ils effectuaient des passages au ras du sol, à soulever les cheveux des femmes dans le vent de leur hélice quadripale tournant à plein régime. Leurs ailes déchiraient l'air alentour, pour effrayer les réfugiés et les obliger à refluer, à ne pas s'engager dans le lit de la rivière. Parfois, même, prenant la rivière en enfilade, ils tiraient. Les projectiles de leurs armes ricochant sur l'eau, ou sur la terre, le sable et les cailloux, en un piaulement lugubre, marquant ainsi la ligne à ne point franchir.

Les patrouilles se succédaient, avec leurs tirs de semonce et d'intimidation: opérations inhumaines, pour les pilotes.

Ce furent les pires qu'ils eurent jamais à effectuer de toute leur carrière et de toute leur existence, raconteront certains d'entre eux. Ces opérations furent épuisantes physiquement et nerveusement, mais tout était préférable plutôt que d'avoir à asséner le coup de grâce à de pauvres gens, complices involontaires des envahisseurs du Nord...

*

* *

Le coup de grâce, un pilote américain eut pourtant un jour à le donner. Et il le donna à l'un de ses adversaires, qu'il avait vaincu en un combat loyal. C'était en 1952, deux ans après le début de la guerre de Corée, à l'époque une guerre presque oubliée, alors que s'y affrontaient d'un côté Nord-Coréens, mais surtout Chinois communistes et Russes soviétiques, et de l'autre côté Sud-Coréens, mais surtout Américains, Britanniques, Français, soldats du Bénélux et Turcs, sous la bannière de l'ONU.

Le pilote américain s'appelait Harold Fischer. Il en était à son second « tour opérationnel » sur le front coréen. Durant le premier, il volait sur F-80; pour le second, il se retrouva aux commandes d'un F-86 Sabre. Illustration de l'évolution des conditions du conflit.

Les Américains avaient envoyé en Corée leur dernier-né, ce petit chasseur à aile en flèche qui tutoyait Mach 1 et s'affrontait aux MiG-15 soviétiques, tout au nord du pays, dans ce que l'on appela bientôt « l'allée des MiG », à la frontière entre la Chine (le long du fleuve Yalu) et l'URSS.

Ce jour-là, Fischer se trouvait en patrouille à 40 000 pieds, en compagnie de trois autres Sabre. La formation était assez lâche, de manière à permettre aux pilotes de surveiller le ciel et le sol et tout ce qui pouvait en surgir, notamment venant du côté du soleil. Ils se protégeaient les uns des autres. Les quatre avions « briquaient » le sud de la frontière, comme disent les pilotes, pour exprimer qu'ils vont et viennent sur zone, à l'instar de ménagères passant et repassant leurs chiffons à poussière sur le meuble qu'elles viennent de vernir à la cire.

Soudain, le contrôleur radar qui les avait en compte les appelle. Il leur ordonne de prendre un cap 270 degrés et, surprise, presque aussitôt les échos de quatre avions ennemis apparaissent sur le scope radar des Sabre ! Les MiG, ou ce que les pilotes américains supposent être des MiG, volent plein sud. Virage serré, en échelon refusé, les quatre Sabre se retrouvent bientôt derrière les quatre MiG.

Ceux-ci, en tout cas leur leader, les aperçoivent. Ils mettent plein gaz et cabrent, cherchant refuge dans l'altitude, car ils savent qu'en agissant de la sorte, ils ont des chances d'échapper à leurs poursuivants, à l'exception de l'ailier du leader, autrement dit le numéro 2 du dispositif – sans aucun doute un jeune, peut-être un gamin frais émoulu de l'école de chasse, un néophyte. Peut-être même effectue-t-il ce jour-là sa première sortie opérationnelle ? On l'a placé au centre, derrière le leader, avec deux équipiers plus aguerris pour le protéger. Le chef de patrouille lui a dit avant le départ, lors du briefing de la mission : « Et surtout, tu ne me quittes pas, tu me colles au train !... » Le voilà pourtant qui donne tous les signes de l'hésitation, oh ! cela ne dure pas longtemps, tout se joue en deux ou trois secondes : en fin de compte, il se décide à plonger vers le sol.

Fischer le suit, se rapproche, certes à une distance encore trop grande pour que le pilote américain puisse effectuer une visée au radar, mais suffisante pour utiliser son collimateur visuel, avec son cercle de repères en forme de diamants lumineux et son croisillon central qui ne quitte plus la silhouette de la cible. Première rafale. Apparemment sans effet. Les balles traçantes – qui alternent avec les balles explosives dans les bandes de chargement des mitrailleuses et permettent au pilote de vérifier la qualité de sa visée – paraissent pourtant indiquer que les trajectoires des projectiles convergent bien vers le MiG, si caractéristique vu de l'arrière, avec son fuselage un peu ventru, ses ailes en flèche au dièdre négatif, comme tirées vers le bas, sa très haute dérive, presque disproportionnée par rapport au reste de l'avion.

La distance entre le Sabre et le MiG se réduit petit à petit. Collé à sa proie, Fischer continue de lâcher de courtes salves, afin de ménager ses munitions. Il aperçoit enfin comme un éclair sur le fuselage de l'avion qu'il pourchasse, preuve que celui-ci a bien été touché. Le MiG continue néanmoins son plongeon vers la frontière chinoise, vers le fleuve Yalu que l'on distingue maintenant sur la droite, comme à portée de main.

Soudain, la queue du MiG s'embrase. Le feu gagne rapidement. Fischer se dit qu'il n'a plus besoin de gaspiller ses projectiles, il cherche plutôt à se rapprocher de l'adversaire vaincu, il arrive à sa hauteur, jusqu'à distinguer l'étoile rouge sur la dérive et le fuselage, les pièges à couche limite sur les ailes et les bosselages du canon de 37 millimètres et des deux canons de 23 sous le ventre, avec les tubes qui dépassent légèrement des carénages de protection. Il ne perd aucun détail du drame qui est sur le point de se jouer. Et ce qu'il voit le glace d'horreur.

Le pilote est en train de littéralement se bagarrer avec la verrière du poste de pilotage, qui refuse de s'ouvrir et de partir, l'empêchant ainsi de s'extraire de l'avion en perdition et de sauter. La poignée d'éjection de la canopée, sur le siège, n'a pas dû fonctionner. Et le pilote sait qu'il doit impérativement s'en débarrasser s'il veut avoir une chance sérieuse de survie à l'éjection. Il gesticule, pousse à droite et à gauche, tend les bras vers le haut pour repousser cette maudite bulle de plastique, actionne la manette de déverrouillage, mais en vain car tout est bloqué !

Un projectile a sans doute mis hors d'usage le mécanisme de largage ou celui-ci ne fonctionne plus. Mauvais entretien ? Effet du froid qui règne à cette altitude ? Qui sait ? Le cockpit est plein de fumée, le plexiglas se gondole, se déforme sous l'effet de la chaleur, mais rien ne se passe. Le pilote du MiG, dans ses mouvements désordonnés, tourne la tête sur le côté, aperçoit le Sabre qui vole en formation avec lui. Dans un dernier réflexe de combattant, il saisit son manche à balai, vire, tente de percuter celui qui l'a blessé à mort. Fischer l'évite sans peine, s'écarte un peu, se laisse glisser en arrière, au milieu des débris de métal qui se détachent du MiG et commencent à s'éparpiller, mêlés à la fumée noire et aux flammes rougeâtres de l'incendie.

En bonne position, à quelques dizaines de mètres de cet ennemi qu'il ne peut se résoudre à voir souffrir ainsi, dont il imagine l'angoisse, la rage, l'impuissance, Fischer lâche une longue rafale, mettant ainsi fin à l'agonie de l'avion venu du nord, dont il ne saura jamais si son pilote était coréen, chinois, ou originaire d'une des républiques de l'URSS…

*

*   *

Ce MiG-là était le cinquième que Fischer abattit en plein vol, dans le ciel de Corée. Une victoire qui lui laissera un goût amer dans la bouche, et comme une sorte de désespoir dans le cœur.

Au total, il remportera dix victoires homologuées, acquises lors de quelque soixante-dix missions de combat. Un beau score, et une sacrée moyenne. Jusqu'à ce jour du mois d'avril 1953 où, son avion en flammes, il dut s'éjecter, tomba dans les lignes chinoises, fut fait prisonnier. La guerre se termina officiellement en 1953, l'armistice consacrant la partition définitive de la Corée.

Mais Fischer ne fut pas libéré pour autant. Il se morfondit encore deux années dans les geôles communistes, ainsi que quelques autres combattants qui ne furent rendus à leur pays qu'en 1955. Pour quelles raisons, seuls Dieu et les Chinois (au moins certains d'entre eux) le savent. Les hasards des conflits désignent ainsi, parfois, des êtres auxquels ils réservent un sort particulier... !

LES AVIONS À PLUMES... OU LA FORCE DU DESTIN

1956.

L'Histoire, du moins celle de l'aviation, retiendra à coup sûr la date du 22 février 1956 comme celle où, pour la première fois, des hélicoptères furent employés directement pour une mission d'assaut. (Qui plus est par des Français.) C'était en Algérie. Ce jour-là, le lieutenant-colonel Bigeard, commandant le 3e régiment de parachutistes coloniaux, le 3e RPC, mène une opération dans les djebels Ifri et Erzen, les montagnes dominant à l'ouest la baie de la ville de Bougie.

Bigeard est un drôle de bonhomme. Aucun de ceux qui l'ont côtoyé n'a pu rester indifférent (on l'adore, on le déteste, il horripile ou séduit), ni insensible à son aura. Cet officier hors norme, issu du rang, a su s'imposer et faire parler de lui en Indochine : il vient d'être envoyé en Algérie et la lutte contre la rébellion algérienne va lui fournir l'occasion de mettre en avant une nouvelle fois l'image du guerrier, qu'il cultive avec beaucoup de soin. Bigeard aime à parler de lui-même à la troisième personne : un tic, une manie, une coquetterie qui iront en se renforçant au fur et à mesure qu'il prendra de l'âge et grimpera dans la hiérarchie. Il adore évoquer ses faits d'armes comme s'il parlait d'un de ses amis, ou de quelqu'un qu'il connaîtrait par ouï-dire. Il adore décrire les faits et gestes d'un personnage qui s'appelle Marcel Bigeard, officier parachutiste. Il finira par gagner ses étoiles de général, occupera, après la retraite, un poste de secrétaire d'État à la Défense nationale (1975-1976), puis sera élu député. Bref, il se fera un nom et sera très populaire.

Bigeard, donc, parle de Bigeard, et emploie des adjectifs qui sonnent bien, qui sonnent fort. Par exemple : manœuvrier. « Alors, Bigeard, rapide, prompt, manœuvrier… », glisse-t-il comme ça, en passant, au cours de l'évocation d'un fait d'armes auquel il a participé. Ce 22 février 1956, Bigeard mérita tout particulièrement ce terme-là de manœuvrier.

Il a monté lui-même l'opération, en étroite coopération avec le commandant Sagot, de l'armée de l'air, qui est à la tête d'un détachement de quatre hélicoptères H-19. Profitant de l'obscurité, les parachutistes de Bigeard sont arrivés en camions, tous feux éteints, puis, continuant à pied, se sont glissés dans la zone même où se trouvent les rebelles, selon les renseignements dont dispose Bigeard. La recherche des rebelles dure toute la matinée. En fin de matinée, un premier accrochage se produit. Les renseignements étaient donc bons !

Les fellaghas, surpris, cherchent à se disperser. La configuration du terrain s'y prête : vallées encaissées, pentes escarpées, forêts denses. Les hélicoptères sont en attente près du PC. Ils sont là pour assurer le ravitaillement en munitions et l'évacuation des blessés. C'est leur mission habituelle. Tout au plus les utilise-t-on parfois pour transporter des troupes à l'endroit du rassemblement et du lieu de départ d'une opération de bouclage, mais jamais encore ils n'ont été envoyés en première ligne !

Bigeard a pourtant décidé de changer l'utilisation des hélicoptères. Il donne des ordres. Les paras qu'il tenait en réserve embarquent à bord des hélicoptères, qui vont les déposer directement aux différents points choisis par le patron du 3e RPC. Il s'agit de près de cinq cents hommes. Ceux-ci vont couper la retraite aux rebelles surpris, occuper des positions en surplomb, depuis lesquelles ils feront feu sur les fellaghas. Voilà un bel exemple d'une projection de forces réussie. Le bilan: quelque cent cinquante rebelles neutralisés, morts ou prisonniers, et pas un seul blessé du côté des paras.

Bigeard renouvellera la manip' (la manœuvre) deux semaines plus tard. Cette fois, ce sera avec des hélicoptères de l'Aviation légère de l'armée de terre. Mais toujours avec le même succès. Il y ajoute même une touche supplémentaire: c'est du ciel qu'il dirige l'opération, à bord d'un hélicoptère léger Bell, mis à sa disposition. Le pli est maintenant pris. Les rebelles surnomment les hélicoptères les «avions à plumes»: bizarres machines volantes dépourvues d'ailes, et au-dessus desquelles tournent des espèces d'élytres battant l'air avec des flop! flop ! flop! Les «avions à plumes» prennent ainsi leur véritable place dans cette guerre d'Algérie, qui ne veut pas encore dire son nom. Bien des pilotes se sont déjà illustrés aux commandes des «ventilateurs», autre surnom familier. Beaucoup d'autres vont y glaner des titres de gloire, des médailles, des citations, des blessures, mais aussi, parfois, des éloges mortuaires.

*

* *

Parmi eux, un certain Jean-Louis Daroux, qu'*a priori* rien ne destinait à entreprendre une carrière de pilote militaire dans l'armée de l'air... Puis à continuer de voler, d'abord comme pilote professionnel d'hélicoptère, à la compagnie Héli Inter, durant dix années, ensuite comme instructeur en aéro-club après avoir quitté l'uniforme, après vingt-cinq années de bons et loyaux services, récompensés par des médailles et des citations. À son palmarès: 839missions de guerre sur hélicoptère et 51 missions sur avion. On l'eût sans doute bien étonné en lui prédisant qu'il totaliserait plus de 31000 heures de vol comme pilote un demi-siècle plus tard. Non, rien ne pouvait le laisser prévoir. On serait même fondé à dire, au contraire, que tout devait l'en détourner. Mais il est des destins qui se déroulent ainsi, sans que l'on sache exactement pourquoi. Le coup de pouce qui décide de tout. La force du destin n'est pas un vain mot...

En cette année 1956, comme le raconte aujourd'hui Jean-Louis Daroux, le «maintien de l'ordre» bat son plein en Algérie. Jean-Louis, orphelin de père depuis l'âge de onze ans, est élève de l'École nationale professionnelle de Tarbes, dans les Hautes-Pyrénées. Il envisage d'entrer aux Arts et Métiers, avec en point de mire une carrière d'ingénieur. Par ailleurs, à l'instar de beaucoup de ses camarades, il se porte volontaire à la préparation militaire supérieure.

Dans le cadre de cette préparation militaire, les jeunes gens suivent les cours de mécanique avion, dispensés par un monsieur d'aspect plutôt sympathique, dont ils apprendront plus tard qu'il a grade d'adjudant-chef. Passionnant, pour un garçon que la technique fascine ! Entre deux explications sur le retard à l'allumage ou le réglage du mélange carburé, la discussion s'installe.

L'époque est au service militaire de longue durée: normal avec les «événements» d'Algérie. Avoir un peu moins de vingt ans et se dire qu'on va passer trente ou trente-cinq mois dans les Aurès, la perspective n'a rien de très affriolant. Mais les échanges de vues et les conversations n'en font pas moins naître un espoir dans l'esprit de Jean-Louis Daroux: n'y aurait-il pas un moyen de concilier l'obligatoire (le service militaire) avec, ne disons pas l'agréable, mais au moins une façon pas trop désagréable de répondre à cette obligation? Joindre l'utile (au service de son pays, puisque les circonstances l'imposent) à une perte de temps pas trop importante et une formation intéressante : voilà un choix judicieux.

Le sympathique adjudant-chef comprend tout à fait les motivations de nos jeunes gens. «Pourquoi ne passeriez-vous pas un brevet de pilote?...» leur suggère-t-il. Un brevet de pilote??? C'est vraiment une surprise, pour un futur ingénieur ou cadre de maîtrise, tel que se voit Daroux ! Pour l'instant, Jean-Louis en est au stade du brevet de... dessinateur industriel! Personne n'oserait prétendre que la passion du vol soit sa motivation première. Il n'a même jamais imaginé ou envisagé de devenir pilote. Tout de même... Si on allait y voir? Par ailleurs, le contrat d'engagement de cinq ans est résiliable, pour ceux qui s'arrêteront en cours de route parce qu'ils auront été éliminés durant leur formation! Le risque n'est décidément pas grand. Daroux, quant à lui, n'a rien d'un va-t-en-guerre, il ne rêve pas de bouffer du rebelle en Algérie. Il veut seulement passer le moins désagréablement possible le temps qu'il doit à la nation, payer de manière pas trop désagréable «l'impôt du temps», alors... !

Alors, les trois lascars se portent volontaires et les événements prennent assez vite un tour beaucoup plus sérieux pour Daroux.

D'abord, il répond semble-t-il aux normes physiques requises des futurs élèves pilotes, ce qui n'est pas le cas de ses deux autres camarades. L'un d'eux porte des lunettes: éliminé! Le deuxième ne satisfait pas aux *minima* en sport: éliminé ! Le jeune Daroux, seconde étape de son chemin initiatique, se voit ainsi convoqué au Centre d'examen médical du personnel navigant de Bordeaux, sur lequel règne un certain médecin-colonel Chemin bien connu des navigants pour son air bougon, sa grande gueule et son sale caractère.

Daroux n'est pas pressé et puis il tient d'abord à passer les examens de fin d'année. Il se présente quinze jours après la date fixée sur sa convocation, sans même penser à prévenir. Le colonel, fidèle à sa réputation, l'engueule copieusement et le f… à la porte. Bon, eh ! bien, la carrière entrevue s'arrêtera donc là. Mais le destin veille. Chemin se ravise. Notre futur pilote est rattrapé sur le trottoir par une infirmière, qui le ramène *illico presto* au centre médical. Il en repartira en fin d'après-midi, nanti de la fameuse petite feuille jaune qui certifie qu'il satisfait aux normes physiques exigées d'un pilote d'hélicoptère.

Quand on parle de normes physiques sévères, on pense notamment à celles exigées des futurs pilotes d'avions à réaction, munis de siège éjectable. Pour supporter la très forte accélération lors de l'éjection, la colonne vertébrale des pilotes doit être en parfait état. Les élèves sont donc soumis à des radiographies qui permettent de voir si leurs vertèbres sont bien alignées, si la cambrure de la colonne n'est pas excessive, sinon il y aurait risque de rupture. Or, lors de la visite médicale, les radiologues constatent que l'aspect de sa colonne vertébrale rend Daroux inapte à la chasse. Il a donc le choix entre navigateur et pilote d'hélicoptère. Va pour l'hélicoptère, une machine dont il n'a encore jamais vu d'exemplaire !

Après la visite médicale arrivent les tests psychotechniques : l'armée de l'air veut s'assurer que les garçons, auxquels elle va offrir un enseignement coûteux, ont des chances raisonnables de le mener à son terme. Les tests vérifient, entre autres choses, la plus ou moins bonne coordination entre les membres supérieurs et les membres inférieurs puisqu'un avion se pilote avec les uns et les autres ! Ces tests se déroulent à Versailles, dans la caserne des « Petites Écuries ». Versailles, c'est près de Paris, non ? Et Paris, c'est Pigalle ? Tout cela aux frais de l'État. Le petit provincial en salive d'avance. Et il apprécie la manière dont se présente le pilotage d'un avion, si on en juge par les tests qu'il subit : un mélange d'habileté physique et de vivacité intellectuelle.

Cela lui convient parfaitement... et il réussit tous ses tests.

Puis la suite arrive : il est le convoqué à Aulnat, dans le Puy-de-Dôme, à côté de Clermont-Ferrand, pour le 6 septembre. Il pénètre sur la base aérienne ; la barrière du poste de garde claque derrière lui. Tout à coup, il se sent triste à pleurer. Une envie folle de repartir lui broie le cœur : jamais il n'a été interne, mais au contraire choyé par sa mère. Que vient-il faire dans cette galère ? Des baraquements en bois sinistres, posés sur un socle de béton, avec des alignements de lits où dorment des garçons aussi désemparés que lui, même si certains font semblant de jouer les «marioles». Le voilà prisonnier du système, lui, le gamin épris de liberté. On lui demande de signer son contrat d'engagement. Cinq ans. Bah! se dit-il, cinq ans, avec peut-être l'occasion de faire des choses intéressantes, ou trente-cinq mois de galère comme simple soldat, quelle différence? Il signe.

Les choses intéressantes commencent aussitôt.

Une vingtaine d'heures de vol comme élève sur SV4C Stampe, le fameux biplan d'origine belge dont est doté le SALS, le Service de l'aviation légère et sportive, organisme rattaché à l'Aviation civile qui a passé contrat avec l'armée de l'air pour la formation initiale de ses pilotes. Cet entraînement de base se déroule aussi à Aulnat, commune sur laquelle est situé l'aérodrome de Clermont-Ferrand. Le SALS est implanté au nord de la piste, la base aérienne où sont rassemblés les candidats pilotes, de l'autre côté, au bord de la nationale 89. Parmi les moniteurs figure un certain Léon Biancotto…

Après Aulnat, c'est Marrakech, au Maroc. Car Jean-Louis a franchi sans coup férir le premier obstacle. Hé ! Hé ! serait-il doué, ce petit ? On va bien voir…

Ce sera tout vu à Marrakech. La base aérienne de l'armée de l'air abrite l'école de début sur monomoteur à hélice, le fameux North American T-6. À l'issue du stage, on sélectionne en fonction du classement de sortie, mais aussi des *desiderata* des élèves pilotes et des normes physiques contraignantes : soit la chasse à réaction (direction Mekhnès, au nord du Maroc), soit le transport, direction Avord, dans le Cher, ou Chambéry–Aix-les-Bains, pour ceux qui seront affectés sur hélicoptère.

À Marrakech, la promotion dans laquelle figure Daroux comporte treize élèves, pour la formation de début sur North American T-6. Ils seront neuf à l'arrivée, après cent cinquante heures de vol. Aujourd'hui, Daroux se veut modeste: «Certains camarades ne supportaient pas le sirocco...», explique-t-il avec le sourire en coin qui ne le quitte jamais. Il est vrai que si, par beau temps, la région de Marrakech est splendide, avec sa dentelle de minarets, de remparts crénelés, de palmiers, de maisons en pisé, se détachant sur le fond de l'Atlas couronné de neige, par vent du sud et vent de sable, elle devient nettement moins hospitalière. Mais le beau temps domine. C'est même pour cette raison que l'armée de l'air a choisi Marrakech pour y implanter une école de pilotage qui accueille les élèves pilotes ne parlant pas suffisamment bien la langue anglaise pour être envoyés aux États-Unis ou au Canada. Plus tard, la France ayant décidé de quitter l'organisation militaire intégrée de l'Alliance Atlantique, tous les élèves pilotes seront envoyés à Marrakech.

Après l'école de début à Marrakech, vient l'école de spécialisation sur hélicoptères à Chambéry–Aix-les-Bains/Le Bourget du Lac. Le souvenir de Lamartine flotte dans les brumes matinales qui recouvrent parfois l'eau noire du lac tout proche, avant de se dissiper sous les rayons du soleil franchissant les crêtes des montagnes voisines. Le visage d'Elvire, la femme qu'a aimée le poète, hante ces lieux quasi hors du monde. De quoi rêver, pour un garçon romantique tout juste âgé de vingt ans. C'est pourtant ici que l'on apprend à piloter des hélicoptères. La rêverie, la poésie, le sentiment, parfaits pour les soirées, après révision des cours au sol et préparation des vols du lendemain. Mais d'abord, il y a les cours au sol, et les vols.

On commence sur Hiller H-23 B, l'hélico qui a servi en Indochine et sur lequel volaient des pilotes comme M. Santini et le médecin-capitaine (qui deviendra général) Valérie André. En Indo, les hélicoptères étaient surtout utilisés pour les Evasan (les évacuations sanitaires), autrement dit le transport des blessés. On poursuit sur le «gros», le Sikorsky H-19, ou S-55, selon son emploi (civil ou militaire), familièrement appelé « l'Éléphant joyeux ». L'entraînement se fait en accéléré, la formation est rapide. On a besoin de pilotes d'hélicoptères en Algérie, le commandement ayant pris conscience des services que pouvait rendre ce genre de machines. Jean-Louis reçoit son brevet de pilote le 13 mai 1958.

Après accrochage du macaron sur la veste d'uniforme, cet insigne qui vous procure une telle fierté, avec sa couronne, son étoile, ses deux ailes dorées («L'étoile te guide, les ailes te portent, la couronne t'attend...», rappellent les anciens), il se prépare à partir en permission : une permission bien gagnée! Mais patatras! Le 13 mai 1958, la révolte éclate à Alger, les militaires, exaspérés par les atermoiements des hommes politiques français face à la situation en Algérie, prennent le pouvoir à Alger. Ils en appellent à de Gaulle. Celui-ci sera investi par l'Assemblée nationale le 1er juin suivant, et mettra en place la Ve République, dont il deviendra le premier Président.

Pour les jeunes brevetés, en ce 13 mai 1958, il n'est plus question de permission. Tout le monde est consigné. Et chacun noie sa déception dans l'alcool. Il est des « bitures » salutaires, à condition qu'elles ne deviennent pas une habitude, mais ce n'est pas le genre de Daroux.

C'est le départ pour l'Algérie avec un dernier au revoir à sa mère à Bordeaux, entre deux trains, et vogue la galère. Daroux est affecté à Boufarik, au sud d'Alger: c'est la base principale des hélicoptères de l'armée de l'air, qui a réorganisé sa flotte d'hélicos en deux escadres, l'une à Oran, l'autre à Boufarik. Pour l'armée de terre, qui se dote, elle aussi, d'hélicoptères, sous l'impulsion du lieutenant-colonel Crespin, la base d'implantation est Sétif Aïn-Arnat, sur le flanc sud de la Grande Kabylie. La concurrence sévit d'ailleurs entre les deux armées (sans parler de l'aéronavale, elle aussi dotée de « voilures tournantes »), l'une estimant que tout ce qui vole lui revient de droit, l'autre que, par souci d'efficacité, elle a besoin de sa propre « cavalerie aérienne », sa *« Sky Cavalry »*, selon l'expression américaine. La même situation, les mêmes problèmes se retrouveront dans toutes les armées du monde, lorsque, sous la pression des événements, elles décideront de s'équiper en hélicoptères.

Ces dissensions passent au-dessus de la tête d'un nouveau pilote comme Jean-Louis. Il est là pour faire son métier, point final ! Que les chefs se disputent si vraiment ils n'ont rien de mieux à faire ! L'hélicoptère est synonyme de liberté, dans toute l'acception du terme. Les cadres expérimentés sont rares et on a d'abord besoin de pilotes qui sont jugés et jaugés sur le terrain, aux commandes de leurs appareils. Toute la promotion de Daroux se retrouve là. C'est une bande de jeunes sous-officiers, dans leurs vingt ans et avec leur enthousiasme tout neuf. Les choses ne traînent pas. Quatre-vingts heures en tant que copilote en opérations, et les voilà promus commandants de bord, de jour comme de nuit, alors que la plupart n'ont même pas encore atteint la majorité légale !

Le H-34, ou S-58 : « merveilleuse machine » s'extasie Daroux. Il est plus gros, plus puissant et succédera bientôt au H-19. Evasan, transports de commandos, liaisons au-dessus des zones rebelles, missions d'appui feu se succèdent. Mais il y a un hic : les Evasan qui, par définition, se déroulent au plus près des lieux des combats et des accrochages, puisqu'il s'agit d'évacuer les blessés. Elles sont donc à portée de tir des rebelles. Or, les hélicoptères sont employés à toutes les sauces, selon les péripéties du moment. Lorsqu'ils transportent des blessés, rien ne les distingue des autres missions où ils interviennent en appui feu. Impossible de peindre une croix rouge pour la circonstance, qu'il faudrait gratter ensuite. Les rebelles n'hésitent donc pas à leur tirer dessus, dès que l'occasion s'en présente. Les hélicoptères, lents en approche ou au décollage, sont donc vulnérables. C'est même leur principal handicap, car, pour le reste, ils sont parfaits.

Le 1er avril 1959, en approche sur une DZ (*Dropping Zone*, zone de largage), une rafale de neuf balles abat l'hélicoptère que pilote Daroux. Des balles, il en avait déjà pris, mais jusque-là jamais encore dans les parties vitales de sa machine. Cette fois, c'est le crash, à quelques centaines de mètres des «fellouzes». L'équipage saute à terre et, avec la carabine américaine et des pistolets MAC 50 (9 millimètres) dont ils sont munis, les hommes font le coup de feu en attendant que la progression des troupes amies les soulage enfin et permette leur récupération.

Des épisodes plus drôles, ou moins dramatiques, alternent avec des incidents ou des accidents.

Le 9 juillet 1959, alors que le crépuscule tombe, Daroux, en détachement à Sétif[1], reçoit l'ordre d'aller ravitailler en eau une compagnie de harkis, ces supplétifs musulmans qui combattent aux côtés des Français de métropole. Il calcule la charge que son H-19 peut emmener en fonction des conditions du moment et communique au mécanicien de bord, responsable du cargo, le nombre de litres à embarquer, puis s'installe dans le poste de pilotage. Son copilote est un nouvel arrivant, un adjudant-chef, venu du transport aérien militaire. C'est un quasi

1. *Base mère des hélicoptères de l'armée de terre, Sétif possède des «bananes volantes», (machines de bonne taille avec deux rotors), qui doivent leur surnom à leur forme particulière. Il y a aussi des Sikorsky H-19, ce qui se révélera utile par la suite…*

néophyte vis-à-vis des opérations de « maintien de l'ordre » : il y a une sacrée différence entre les vols « paisibles » aux commandes d'un bimoteur Nord 2501, et ceux qu'effectuent les pilotes d'hélicoptères en Algérie... !

Sur Sikorsky, les deux hommes sont haut perchés et n'ont aucune vue sur ce qui se passe derrière et en dessous d'eux. Ils communiquent par l'interphone avec le mécano qui se trouve dans le cargo. Le nouveau pilote est aux commandes.

Lors du décollage, Daroux s'étonne quand même un peu du comportement de la machine. Il trouve que le nouvel arrivant n'est pas très adroit, mais cela ne l'inquiète pas outre mesure. Après tout, le gars est là pour apprendre et s'aguerrir ! Le trajet se déroule vaille que vaille, et les voilà au-dessus du point où bivouaquent les troupes au sol qu'ils sont en charge de ravitailler. Celles-ci allument un fumigène, l'hélico effectue un passage de reconnaissance sur le piton rocheux où les attendent les harkis. Daroux se rend compte que l'endroit est particulièrement escarpé et dépourvu d'une surface plane suffisante pour y effectuer un atterrissage complet en toute tranquillité. Il leur faudra donc se contenter de poser deux roues (le H-19 en comporte quatre) à flanc de pente, porte de soute ouverte vers celle-ci, et se mettre en vol stationnaire pour livrer l'eau qu'ils transportent. De plus, sur la pente, le vent souffle en tourbillons ! L'hélicoptère est lourd, très lourd !

Il est tellement lourd qu'il s'enfonce irrémédiablement, même à pleine puissance. Daroux a repris les commandes: la machine se trouve en contrebas plaquée sur une butte de terre. Il tourne la tête vers l'extérieur et que voit-il? Deux officiers en tenue de l'armée de terre jaillir comme des furies de la soute et sauter au sol! Ces deux-là avaient embarqué à Sétif, usant de leurs galons pour en imposer au sous-officier mécanicien, qui n'avait pas osé s'y opposer... et avait omis de prévenir le pilote de la surcharge qu'ils représentaient! Allégé, l'hélicoptère redevient plus docile.

Daroux le hisse en haut de la butte, mais la machine vibre, comme une boîte de conserve ou une caisse à clous que l'on secouerait, à tel point que la lecture des instruments du tableau de bord est devenue impossible, et pour cause: dans l'affaire, le rotor de queue a reçu un projectile ! Un morceau de pale a dû partir. Les voilà en panne, alors même que des coups de feu claquent de tous les côtés.

Pour un bel accrochage, c'est un bel accrochage, et il dure toute la nuit.

«Une nuit d'horreur...», se souvient aujourd'hui le pilote. Planqués sous le ventre du H-19, carabines pointées droit devant eux, les protagonistes de cette équipée nocturne assistent à l'affrontement qui se déroule, à la lueur des «lucioles», bombes éclairantes qui descendent au bout d'un parachute, larguées depuis les bimoteurs Nord 2501 qui tournent au-dessus de leur tête. Elles permettent ainsi d'illuminer le terrain. L'incertitude est totale: lorsque des hommes apparaissent dans le cercle de lumière délimité par les lucioles, tiraillant à qui mieux mieux, comment reconnaître les amis des ennemis, faire le distinguo entre les harkis et les fellaghas, puisque les uns et les autres ont même aspect et même allure ? Ils sont habillés quasiment de la même manière et utilisent quasiment les mêmes armes ? Les aviateurs sont pourtant très contents de voir arriver vers eux ces harkis qui vont les protéger.

Dès les premières lueurs de l'aube, un H-34 de dépannage arrive, mais le secteur est mal pavé. Le pilote essaie de se poser sur la crête: raté et impossible. L'hélicoptère crève même deux de ses réservoirs d'essence sur une souche qui dépasse du sol. Il renonce à atterrir et repart pour ne plus revenir. Adieu donc au dépannage ! Il n'y a plus grand espoir de recevoir une quelconque aide extérieure, étant donné les circonstances.

Daroux a cependant sa petite idée.

– *Aurais-tu dans ta caisse à clous un mètre et une scie à métaux ?* demande-t-il à son mécanicien.

– *Affirmatif !* répond celui-ci, un peu surpris.

– *Te sens-tu capable de grimper là-haut, sur le cône de queue ?* questionne encore Daroux.

Regard ébahi du mécanicien.

– *Là-haut ?*

– *Oui, là-haut. Tu vas y aller, mesurer les deux pales du*

rotor et couper la plus longue à la même longueur que la plus courte. Si nous ne nous débrouillons pas nous-mêmes, notre H-19 va servir à fabriquer les casseroles dans lesquelles les «fells» nous feront cuire à petit feu !

Ce dernier argument emporte la décision. La perspective de rôtir au-dessus d'un feu de bois est un argument de poids. Le mécano grimpe aussitôt sur la queue de l'hélicoptère et se met au travail. Après avoir mesuré les pales, il s'active à la scie à métaux pour répondre aux consignes et indications données par le pilote.

Il faut savoir que le rotor de queue constitue un élément essentiel et indispensable pour un hélicoptère. Cette petite hélice plantée à la queue et qui tourne sur son axe horizontal contrecarre le couple engendré par le rotor de sustentation, faute de quoi le fuselage de l'hélicoptère tournerait en sens inverse du sens de rotation du rotor principal ! Avec ses commandes, c'est-à-dire avec le palonnier, le pilote ajuste la force anti-couple en fonction de la puissance affichée sur le rotor principal. Il peut de la sorte contrôler en permanence sa machine, particulièrement en vol stationnaire, c'est-à-dire lorsque l'hélicoptère n'est animé d'aucun mouvement vers l'avant. Dans ce cas, la vitesse de vol étant nulle, aucun vent relatif n'agit sur le stabilisateur ni sur la dérive, située à l'arrière, ni sur les autres surfaces verticales de l'hélicoptère... Le rotor de queue endommagé, avec deux pales d'inégale longueur, le pilotage risquait de devenir très vite impossible, comme la veille au soir. Tout en regardant son mécanicien travailler, Daroux réfléchit : si les deux pales sont raccourcies, la force développée sera moindre et le pilotage beaucoup plus délicat. Il faudra compenser ce handicap en maintenant l'hélicoptère en translation permanente vers l'avant, la vitesse d'avancement venant aider le rotor anticouple. Cela devrait pouvoir marcher... !

Son copilote se demande si avec de pareilles idées le jeune sergent Daroux n'est pas complètement inconscient, follement téméraire, ou alors sacrément débrouillard. Pendant ce temps, le mécanicien scie et lime, puis redescend de son perchoir et annonce : « Elles sont pile de la même longueur, maintenant !... Avec quand même 20 centimètres de moins !... » Daroux applique un baiser discret à la médaille de Saint-Christophe qu'il porte en sautoir et procède à la mise en route du moteur Wright.

Puis il embraye le rotor entraînant la machine dans un dandinement bien connu des hélicoptères, et ce jusqu'à ce que le régime de rotation du rotor augmentant, le mouvement latéral alternatif se transforme en une oscillation presque imperceptible. Daroux affiche la puissance de décollage. La machine vibre de partout mais, du point de vue du pilote, cela reste acceptable...

À côté de lui, scotché sur son siège, l'adjudant-chef du transport aérien militaire ne dit mot. La peau de son visage est quasiment verte. En son for intérieur, il doit être en train d'invoquer cette fois tous les saints du paradis, de jurer qu'on ne l'y reprendra plus, ou peut-être même d'agonir d'injures ce jeune blanc-bec de sergent, fort de sa déjà longue expérience de quelques mois au feu et assez fou pour tenter une pareille aventure. Quant au mécano, il se demande si son bricolage hors norme va les sortir de ce guêpier.

Daroux se demandait si, avec 20 centimètres de moins, le rotor de queue serait suffisant pour qu'un pilote puisse contrôler l'hélico? Il fut vite renseigné. Même avec le palonnier braqué à fond, pied bloqué à s'en coller des crampes, à peine l'hélicoptère décolle-t-il qu'il commence à tourner sur lui-même. Qu'à cela ne tienne ! Daroux laissa la machine effectuer un demi-tour (il serait bien en mal de l'en empêcher) et plongea dans la vallée, toujours palonnier enfoncé pour contrer le couple du mieux qu'il le pouvait. Avec l'effet du vent relatif (dû à la vitesse) sur le stabilisateur et les parties verticales de la machine, cela marchait! Certes, celle-ci regimbait toujours, vibrait de partout, protestait de toutes ses tôles, mais cela marchait!

À l'arrivée à Sétif, Daroux se garda bien d'effectuer un atterrissage classique. Il se posa en roulant sur la piste, comme un avion, afin de profiter au mieux de l'effet stabilisateur de la vitesse, et vogue la galère !

Aucun compte rendu, de quelque ordre que ce soit, ne sera jamais adressé aux instances supérieures de l'armée de l'air pour expliquer l'accident.

Les mécaniciens de l'Aviation légère de l'armée de terre changeront le rotor de queue du H-19, gardant en trophée les deux pales tronquées de l'ancien rotor.

Et personne ne viendra jamais s'excuser auprès de

Daroux de l'embarquement illicite des deux officiers de l'armée de terre, cause de la surcharge, et donc de l'accident. Un officier n'a pas à adresser des excuses à un simple sergent, même si celui-ci est chef de bord !

*

* *

Pendant les opérations en Algérie, le transport de vivres ou de boissons ne constituait certes pas la seule tâche des hélicoptères. Ces merveilleuses machines étaient également et très souvent employées pour les évacuations sanitaires, les Evasan, lors des accrochages sur le terrain.

Jean-Louis Daroux en réalisera personnellement 833 pendant son séjour outre Méditerranée. À raison de trois blessés en moyenne par voyage, faites le compte. Sans distinguo d'appartenance, soldats côté français ou rebelles, Daroux aura ainsi contribué à sauver un grand nombre de vies. « La plupart d'entre eux avaient mon âge... », ainsi qu'il aime à le rappeler en se souvenant des hommes qu'il a transportés depuis les lieux de combat jusqu'à un hôpital ou une infirmerie. Il n'oublie pas non plus de remercier la Providence, qui lui a permis de prendre la décision de devenir pilote d'hélicoptère, et ainsi de se sentir plutôt utile et efficace dans le contexte particulier du « maintien de l'ordre », et puis cela ancra définitivement en lui la passion du pilotage, « Au service de ma patrie... », ajoute-t-il *mezzo vocce,* avant de nuancer son propos : « Je comprendrai bien plus tard que je servais aussi les intérêts des politiques, mais cela ne changera rien à ma motivation. On ne se refait pas... »

Le 23 mars 1959, le voilà justement en Evasan primaire (au feu) dans la région de Bou Saada. Les troupes françaises sont accrochées par les rebelles. On compte déjà des morts. Daroux arrive sur les lieux, repère la DZ où il doit se poser, descend en zigzags pour éviter autant que faire se peut les tirs adverses, effectue son poser, tout en gardant au moteur la puissance de décollage, prêt à quitter la place en urgence. En effet, avec leur casque de vol Guéneau, blanc et lisse comme un miroir, les deux pilotes constituent des cibles de choix pour les tireurs d'en face. Les hautes autorités n'avaient tout simplement pas encore pensé à ordonner que ces casques soient recouverts d'une peinture de camouflage !

Une fois au sol, toujours aux aguets, Daroux lève machinalement la tête. Il aperçoit alors, sur le mamelon en face duquel il se trouve, une alignée de fusils pointés vers l'hélicoptère: un véritable peloton d'exécution, qui ne demeure pas inactif car les coups partent sans discontinuer. Daroux distingue parfaitement leurs départs. Impression fort désagréable, mais que faire, sinon attendre le cri que lancera le mécanicien lorsque l'embarquement des blessés sera terminé: « OK Cargo !... » ? Ces secondes durent une éternité ; le temps se traîne, la trotteuse de la montre de bord semble musarder sur son cadran. En bref, l'attente est interminable !

Un capitaine et un lieutenant se trouvent à la porte

de soute, le capitaine a même le pied posé sur l'une des roues. Daroux se tourne de temps à autre vers eux pour voir où en sont les choses, attendant toujours le signal, le cri libérateur qui lui permettrait de repartir, de sauver la machine, mais aussi et surtout ceux pour lesquels il est là. Il ne pense pas ainsi sous l'influence de la peur : au feu, il n'a pas peur, mais raisonne simplement en professionnel, quand soudain… le capitaine paraît chanceler. Le regard de Daroux va de son tableau de bord à la soute et voit tout à coup « quelque chose » jaillir de la nuque de l'officier. Celui-ci tombe en arrière, sur le sol. Son visage apparaît en pleine lumière. L'œil droit à disparu, le sang commence à couler depuis le creux de l'orbite. Le lieutenant et le mécanicien de bord se précipitent, le hissent dans la soute. « Décolle !… Décolle !… » hurle le mécano.

Daroux s'exécute, mais ne se hâte pas particulièrement. Il a compris. Après le décollage, il effectuera même un passage au-dessus des rebelles embusqués. Il a compris que si les rebelles avaient voulu les tuer, lui et son copilote, ils auraient pu le faire tout à loisir. Les cibles étaient parfaites, les casques bien visibles, c'eût été presque comme au stand de tir. Aussi facile ! Pourtant, de propos délibéré ils ne s'en sont pas pris à l'équipage. Daroux en est persuadé. Il en a même tout à coup l'absolue certitude, alors que leur hélicoptère ne porte pas de croix rouge qui indiquerait ouvertement à quel genre de mission il est affecté. Cela est impossible, puisque les hélicoptères ne sont pas affectés à un type de mission particulier et qu'ils passent d'une Evasan à un transport de troupes et *vice versa*, dans la même journée, parfois même plusieurs fois par jour.

Mais les fellaghas ont des yeux pour voir. Ils savent à quoi s'en tenir. Ils savent que les hélicoptères en Evasan ne font pas le tri parmi les blessés. Ils embarquent ce qui se présente, troupes du maintien de l'ordre et rebelles. Savoir ce que ces derniers deviennent, une fois qu'ils ont été remis en mains propres (si l'expression peut être utilisée...), est une tout autre histoire, qui ne concerne plus les équipages des hélicos !

Début septembre, Jean-Louis Daroux change de machine. Il passe du H-19 au H-34. Le H-34 n'est pas seulement utilisé pour les Evasan, il est également capable d'effectuer de l'appui feu direct, grâce à ses deux mitrailleuses de 12,7 millimètres (une de chaque côté) et à son canon de 20 millimètres, à tribord.

Les H-34 constituent la troupe des fameux « Mammouths » ou des « Pirates » (leur indicatif radio en vol) du colonel Brunet et du lieutenant-colonel Chantier.

Daroux sert sous les ordres de ce dernier. À bord d'un « Pirate », le rôle de chaque membre d'équipage est bien défini. Le pilote... pilote, le chef de mission décide du tir et le tireur d'élite (très souvent un appelé du contingent) exécute les ordres.

C'est là que se place l'épisode qui a marqué durablement Jean-Louis Daroux.

Le 3 avril 1960, il se trouve en détachement opérationnel à Sidi Aïch, non loin de Bougie. L'intervention du jour consiste à neutraliser une zone sur laquelle doivent ensuite se poser six H-34, chargés chacun de huit commandos, constituant la première vague de l'opération en cours. Neutraliser signifie en clair que l'on « traite » la zone à la mitrailleuse et au canon de bord, tirant sur les anfractuosités de rocher, les buissons, les broussailles, le couvert des arbres, afin de débusquer et si possible d'éliminer les combattants adverses qui pourraient attaquer les hélicoptères de transport.

Près du douar de Souk el-Tnine, alors que l'hélicoptère vole au ras du sol, le tireur signale qu'il a vu deux fellaghas s'échapper en courant. Le bruit produit par le moteur de 1525 chevaux et les battements du rotor a dû leur ficher la frousse et les pousser à quitter l'abri de leur cachette. Le chef de mission ordonne de faire demi-tour pour aller voir de quoi il s'agit. En entendant l'hélicoptère revenir sur eux, les fuyards courent de plus belle : ce sera leur perte car le chef de mission ordonne le tir.

Le tireur, le caporal-chef M..., est particulièrement adroit. Il n'en est pas à son coup d'essai. « Je me souviendrai toujours n'avoir entendu qu'un seul départ de coup, un seul tir au canon de 20 millimètres, se rappelle Daroux. Puis l'ordre du chef de mission : "On passe à l'autre"... » L'un des deux fellaghas a donc été touché. Il court encore, mais de façon bizarre, il perd du terrain sur son compagnon, il zigzague, titube. Daroux pense avoir vu quelque chose de blanc rester en arrière de l'homme, comme si celui-ci avait abandonné un objet qui l'encombrait, pour s'alléger. Le pilote signale le fait à son chef de mission. « On y reviendra !... Fais demi-tour !... Une bonne rafale de 12,7 millimètres... », répond le chef de mission. « OK ! » lance en écho le caporal-chef tireur.

L'hélicoptère ne tarde pas à retrouver le fellagha blessé. Il est à genoux, dans l'attitude de la prière (prélude à la mort ?). Derrière lui, une large tache de sang. Dix à quinze mètres plus loin, une autre tache, blanche celle-là, avec à côté quelque chose de noir. Du ciel, on distingue mal, et l'expression « quelque chose » exprime souvent l'incertitude de l'observateur. Pourtant, Daroux ne tarde pas à identifier très vite le « quelque chose » en question. La tache blanche est une jambe, celle de l'homme, arrachée par l'obus du canon de 20 millimètres. La tache noire, sa sandale...

Avec son sang qui s'écoulait de sa plaie béante, il mourra très vite. Sur le moment, Daroux éprouve surtout le sentiment de la disproportion des moyens mis en œuvre pour abattre un homme. La disproportion des moyens, avec la machine de guerre qu'il pilote, puissante, armée d'un canon et de deux mitrailleuses... et le résultat.

Un tel étalage de technique pour estropier et tuer un combattant adverse, quelle dérision ! Mais son sentiment se transforme très vite en une impression désagréable, quasi insupportable. Et il se jure sur-le-champ de tout faire pour à l'avenir ne plus participer à ce genre d'interventions.

Il a tenu parole, s'est arrangé pour être désormais systématiquement désigné pour le transport de commandos ou les évacuations sanitaires. Toujours flanqué d'un nouveau pilote en instruction opérationnelle, il pouvait ainsi transmettre à celui-ci l'art du pilotage des hélicoptères en conditions difficiles, et parfois sauver des vies, au lieu d'en détruire !

OPÉRATION « DINGO » AU MOZAMBIQUE

1977.

L'attaque contre le camp rebelle de Chimoio avait été programmée pour débuter à 7 h 30 du matin. Elle eut lieu à l'heure prévue, en dépit de conditions météorologiques qui, décrites plus tard par les équipages qui participèrent à l'opération, pouvaient se résumer en une expression qu'emploient tous les pilotes de combat de par le monde, et qui est comprise de tous, quelle que soit la langue employée: « Un temps de merde... »

Dans la langue de Shakespeare, puisque les pilotes parlaient cette langue-là, cela donnait: *« A filthy weather... »*

Les prévisions annonçaient pourtant une amélioration pour ce matin-là, par rapport aux conditions des derniers jours. Mais, comme d'habitude, l'optimisme avait aveuglé les météorologistes. De quoi susciter l'ironie des pilotes, une ironie sans acrimonie, une ironie de bons camarades, puisque tous étaient embarqués dans la même aventure. Il est vrai que l'on se trouvait à la fin de la saison des pluies, en Afrique du Sud, et que le temps a des caprices déroutants, en ces périodes de changements. On pouvait donc excuser les météorologistes !

Quoi qu'il en soit, à 7 h 30 tapantes, les monoréacteurs Hawker Hunter qui naviguaient jusque-là sous la couche de nuages, à 300 pieds au-dessus du sol et 450 nœuds de vitesse indiquée au badin, pour jouer à fond l'effet de surprise, jaillirent vers le ciel à travers les barbules grisâtres qui traînaient au ras des arbres. Ils grimpèrent jusqu'à 1 500 pieds, afin de bien identifier leurs cibles, juste en dessous d'eux, basculèrent sur le côté, avant de plonger, dans le rugissement de leurs réacteurs, vers le camp de Chimoio. Chacun des avions largua ses bombes dans un piqué à 60 degrés, puis dégagea, soit par la droite, soit par la gauche, en virage serré, à frôler les constructions du camp, pour éviter les éclats et les débris des déflagrations.

Les Hunter constituaient le fer de lance de la vague d'assaut. C'étaient des avions rustiques et fiables, que la Royal Air Force britannique, qui les avait utilisés elle aussi, retirait peu à peu du service. Ils étaient dépourvus d'équipements électroniques sophistiqués, comme encore beaucoup d'appareils de l'époque, dans le monde. Leur utilisation, leur efficacité dépendaient d'abord de l'habileté des pilotes aux commandes. Des avions d'hommes, diraient les tenants d'une certaine idée du combat aérien, qui répugnent, dans la perspective d'un affrontement, à se reposer sur des gadgets dont le fonctionnement échappe le plus souvent au cerveau humain.

Leur rôle principal consistait à marquer la cible, afin de faciliter la tâche des autres appareils qui allaient se succéder sur le camp. La fumée des explosions servirait de repère. Travail accompli, ils se rassemblèrent en formation, comme lors du trajet aller, et prirent le cap inverse, vers Thornhill, leur base de stationnement en Rhodésie.

Dès leur atterrissage, les mécaniciens et les armuriers les ravitailleraient à nouveau en carburant et en projectiles. Ils seraient alors prêts à repartir, si la nécessité s'en faisait sentir. La danse mortelle pouvait maintenant commencer...

*

* *

Exaspérés par les incursions répétées en territoire rhodésien des guérilleros venus du Mozambique voisin, les responsables militaires de la Rhodésie indépendante avaient décidé de frapper un grand coup, en ce 23 novembre 1977.

Les escarmouches, les affrontements, les embuscades, les attentats duraient depuis des années. En fait, ils avaient débuté peu de temps après que la minorité blanche, qui détenait les pouvoirs politiques et économiques (moins de 200 000 personnes, sur une population totale de 3,3 millions d'habitants) dans l'ancienne Rhodésie du Sud (aujourd'hui le Zimbabwe), eut proclamé l'indépendance du pays en 1965.

L'Afrique du Sud avait fait de même quatre ans plus tôt. Le Commonwealth britannique partait en lambeaux.

La majorité des Rhodésiens de race blanche, pour la plupart d'origine britannique, n'était sans doute pas hostile à une lente transformation de la vie politique, contrôlée par eux, bien entendu, qui eût permis aux Noirs d'accéder peu à peu à des responsabilités. Mais le comportement du gouvernement de Londres, qui négociait en sous-main avec les leaders nationalistes africains et paraissait réagir au jour le jour, sans ligne politique ferme et bien définie, acheva d'exaspérer les Rhodésiens blancs. Après que le Congo ex-belge eut acquis son indépendance en 1960, que le Katanga, la région la plus riche et la plus prospère de la nouvelle République congolaise (qui deviendrait le Zaïre), se fut déclaré lui-même indépendant, nul ne pouvait plus être sûr de rien, dans les anciennes colonies occidentales d'Afrique.

Le 11 novembre 1965, le Premier ministre de Rhodésie, Ian Smith, signait la déclaration unilatérale d'indépendance, imité par tous les membres de son gouvernement. Quasiment tous étaient nés en Grande-Bretagne et possédaient la double nationalité, britannique et rhodésienne. Comme les colonies d'Amérique, peuplées de colons souvent venus d'Europe, le plus souvent de Grande-Bretagne, qui se révoltèrent contre la mère patrie au XVIIIe siècle et menèrent avec succès leur guerre d'Indépendance, une ancienne colonie britannique faisait sécession. Cette fois, c'était en Afrique.

Symboliquement, la signature eut lieu sous le portrait de la reine, pour souligner la fidélité de cœur des Rhodésiens à la couronne britannique, mais bien marquer leur défiance vis-à-vis du gouvernement au pouvoir à Londres.

De fait, la Rhodésie fut bientôt soumise à l'embargo imposé par Londres et mis en œuvre par la Royal Navy et la Royal Air Force. À l'intérieur, les actions de la guérilla des nationalistes noirs, les Shona et les Ndebele, qui voulaient conquérir le pouvoir, se firent de plus en plus féroces. Et les incursions des guérilleros depuis les pays voisins qui les abritaient, de plus en plus nombreuses. Notamment depuis le Mozambique, à partir de 1975, lorsque les ex-colonisateurs portugais abandonnèrent le pays aux guérilleros du Frelimo (Front de libération du Mozambique), menés par Samora Machel. Le Mozambique devenait une base arrière de premier ordre pour s'en prendre à la Rhodésie blanche.

La situation était difficilement supportable.

Il s'agissait donc de frapper dur, pour proclamer, confirmer la volonté du gouvernement de Salisbury de se présenter en position de force lors des éventuelles et inévitables négociations ultérieures...

Le camp de Chimoio, au Mozambique, à proximité de l'ex-agglomération portugaise de Vila Pery, dont le nom fut bientôt banni, avait en fait les dimensions d'une véritable ville. Il mesurait quelque 7 kilomètres de long sur 4 de large. Implanté à 80 kilomètres de la frontière avec la Rhodésie, sur la route qui reliait Salisbury, la capitale rhodésienne, à Beira, au Mozambique, il abritait quelque 8 000 personnes, dont la quasi-totalité était composée de guérilleros ou de jeunes recrues en formation. Il abritait aussi le commandement des forces Shona. Certes, des familles de guérilleros, avec femmes et enfants, logeaient aux alentours. Ce qui permettait aux Shona, et à leur leader, Robert Mugabé, de présenter les installations comme un camp de réfugiés. En réalité, le véritable camp de réfugiés, qui rassemblait 20 000 personnes, se situait à Doeroi, à plus de 50 kilomètres de là.

Il semble que les hommes de Mugabé tiraient de la situation un sentiment de quasi-impunité, bien que les Rhodésiens aient à plusieurs reprises exercé leur droit de poursuite au Mozambique, en représailles des incursions menées par les Shona. Mais à Chimoio, les Shona se croyaient à l'abri, et leur comportement s'en ressentait. La discipline était rien moins que stricte.

Tout cela, les Rhodésiens le savaient parfaitement. Leurs avions d'observation Canberra avaient pris de nombreuses photographies de l'endroit, des environs, des axes d'approche possibles. Ils possédaient même des sympathisants dans la place, qui leur fournissaient des renseignements. L'attaque du camp, baptisée « Opération Dingo », fut mise sur pied par le Quartier général des opérations combinées, nouvellement créé afin de mieux coordonner les actions des différentes forces armées contre la guérilla.

*

* *

Après le marquage de l'objectif effectué par les Hunter, ce fut au tour des bombardiers biréacteurs Canberra de passer à l'action. Les Canberra et les Hunter avaient d'ailleurs navigué de concert depuis peu avant la frontière jusqu'à quatre minutes de Chimoio. À ce moment, le patron du dispositif, s'adressant aux Hunter, avait lancé simplement à la radio: « Section rouge, *go !...* » Les Hunter avaient mis plein gaz, pour foncer en avant et devancer les Canberra. Ceux-ci avaient besoin du travail préparatoire de désignation de l'objectif par les Hunter, car leur propre mode d'attaque, en piqué à 10 degrés seulement, presque en vol horizontal, après une approche de l'objectif à 300 pieds, rendait le repérage difficile pour eux.

Leur chargement était composé de bombes antipersonnel Mark II Alpha. Une munition qui imposait le mode d'attaque à faible piqué, si l'on voulait « traiter » une surface importante.

Les Rhodésiens avaient perfectionné ce type de bombes, de manière à accroître son efficacité létale. Chaque bombe se présentait sous la forme d'une sphère d'un peu plus de 15 centimètres de diamètre. L'enveloppe extérieure emprisonnait des boules de caoutchouc très dur. Les Canberra larguaient les bombes à basse altitude, selon un angle de piqué très faible (10 degrés), à une vitesse précise de 350 nœuds, et, comme elles n'étaient pas munies d'un empennage, elles se dispersaient au hasard.

Mais, à l'impact, les boules de caoutchouc les faisaient rebondir, vers l'avant (les bombardiers visaient donc un peu en avant de leur objectif) et vers le haut, quelle que soit la nature du terrain, et un dispositif de mise à feu commandait l'explosion de la charge placée dans l'enveloppe intérieure six dixièmes de seconde après le toucher. Le rebond atteignait alors 3 mètres de hauteur. L'effet était dévastateur sur tout ce qui se trouvait aux alentours. On estimait que près de la moitié de la masse totale du projectile se transformait en éclats et rasait tout, déchiquetant hommes et végétation dans un rayon de 15 mètres.

Chaque Canberra emportait trois cents bombes Alpha dans sa soute interne, rassemblées par grappes de cinquante dans des conteneurs spéciaux. Au largage, les conteneurs s'ouvraient et libéraient les projectiles, qui descendaient et s'éparpillaient comme des feuilles dans le vent.

Au moment de l'attaque des Canberra, une sorte de brume, formée par la fumée des premières explosions qui se mêlait à la bruine, recouvrait les installations, les maisons et les huttes du camp. Les navigateurs-bombardiers n'eurent pourtant aucun mal à effectuer leur visée. Certains éprouvèrent après coup quelque embarras, lorsqu'ils apprirent (par le récit de leurs camarades de l'armée de terre, qui investirent le camp), que plusieurs des cases et des huttes qu'ils avaient détruites, servaient en fait de lieu de repos pour des guérilleros blessés ou convalescents. «Mais, racontera l'un des membres d'équipage des Canberra, nous l'ignorions, ce matin-là, et aucun signe distinctif, qui aurait pu nous en avertir, n'était apposé sur les constructions en question. Pas de marque de la Croix-Rouge, ou autres symboles. Les cases que nous avons attaquées ressemblaient à toutes les autres...»

Les Canberra n'essuyèrent apparemment aucun tir de DCA. En tout cas, les équipages ne remarquèrent rien. Le camp était en principe protégé par des armes automatiques et par des batteries de missiles SA–7 d'origine soviétique, mais il semble que les serveurs de ces pièces de défense aérienne soit aient été complètement pris par surprise, soit été absents de leur poste de combat. Il faut dire que l'attaque des Canberra eut lieu quelque trois minutes seulement après celle des Hunter. Ce qui ne laissait guère dc temps aux défenseurs pour se mettre en position. L'heure matinale du déclenchement de l'opération avait été choisie judicieusement: les Rhodésiens savaient que les guérilleros vaquaient à des occupations plus ou moins domestiques, ou se livraient à des exercices d'apparat militaire, revues et appels, à ce moment de la journée. Le minutage précis des interventions faisait partie de la tactique des Rhodésiens et ne souffrait aucun laisser-aller.

Leur travail effectué, les Canberra revinrent se poser sur leur base de New Sarum, pour y être réapprovisionnés en carburant et en bombes Alpha. Ils redécollèrent dans la foulée, grimpèrent à 15000 pieds, hors de portée des SA-7, et se mirent à orbiter, en circuit d'attente, au-dessus de la région de Chimoio. Ils se tenaient prêts à intervenir à nouveau si les troupes au sol, qui devaient compléter le nettoyage du camp après les différentes interventions aériennes, avaient fait appel à eux. Ce ne fut pas le cas.

Car l'attaque se poursuivait, afin de parachever la neutralisation du camp.

Après les Hunter et les Canberra, des avions de transport devaient amener des troupes sur le site, où elles recevraient l'appui aérien des Vampire, six au total, armés de leurs quatre canons de 20 millimètres dans le nez, et de roquettes sous les ailes. Ils étaient chargés notamment de détruire les points d'appui et les emplacements de mitrailleuses, selon les demandes des troupes au sol.

Ces monoréacteurs à la silhouette si particulière, avec un fuselage en forme d'œuf au milieu des ailes, et deux poutres arrière qui, à leur extrémité, supportaient les empennages, les Rhodésiens en possédaient de deux sortes : des monoplaces et des biplaces. Les pilotes, pour dire la vérité, n'aimaient guère voler à bord des premiers, surtout en opérations anti-guérilla. La partie ventrale du fuselage du Vampire monoplace était en effet construite en bois. Mais, oui ! Cet avion à réaction, conçu lors de la

Seconde Guerre mondiale, faisait encore appel au contreplaqué ! De plus, il ne possédait pas de siège éjectable. L'évacuation d'un Vampire en perdition se révélait périlleuse. Le pilote, s'il quittait l'appareil, risquait fort de percuter le plan fixe horizontal et de s'y fracasser.

Mais rien de tel ne se produisit ce matin du 11 novembre 1977. « Peu de temps après mon arrivée sur zone, se rappellera l'un des pilotes, je fus sollicité par nos gars au sol, une section de troupes d'élite, pour attaquer un emplacement d'armes automatiques. Je reconnus deux mitrailleuses lourdes, quelque chose comme du calibre 12,7, un bi-tube d'origine soviétique. Le poste de tir était enterré, bien protégé, avec ses serveurs à l'abri. Je réglai mon collimateur pour le tir aux roquettes et entamai ma passe de tir, à 15 degrés de piqué. J'avais décidé de lancer mes roquettes par paires. Les deux premières partirent comme prévu. L'une tapa en plein dans le mille. Mais l'autre fit long feu, et tomba court, très en avant de l'endroit visé par moi. Pas loin de nos gars, et même en plein dedans, si j'en jugeai bien, avant d'effectuer une ressource et de virer serré par la droite. Je ne pus m'empêcher de lancer un "Merde !..." retentissant dans mon masque, donc à la radio, mais une voix venue du sol me rassura aussitôt : "Pas de souci, mon vieux ! Nous sommes toujours là, toujours entiers. C'était juste un peu près..." Nos roquettes n'étaient pas de la première jeunesse, et nous n'étions jamais pleinement à l'abri de telles déconvenues... » Du point de vue des Vampire, l'attaque qu'ils menèrent fut un succès total. Du moins pour le côté purement opérationnel. Car le raid des antiques monoréacteurs à double poutre fut hélas endeuillé par un accident. Le moteur de l'un des appareils rendit l'âme alors qu'il survolait la Rhodésie sur le chemin du retour. Le pilote, le lieutenant P.W. Haig, effectua un parfait atterrissage en campagne sur le ventre. Manque de chance, son avion glissa dans une ravine due à l'érosion, difficilement visible d'en haut, se fracassa sur cet accident de terrain et explosa, tuant le pilote.

L'une des principales raisons du succès de l'opération «Dingo», on l'a compris, tenait à la parfaite coordination des moyens aériens et au minutage précis des attaques en fonction des moyens employés. Les Rhodésiens savaient que l'effet de surprise n'aurait qu'un temps, et que les guérilleros ne manqueraient pas de se rebiffer à un moment ou un autre. Il leur fallait agir vite, avec efficacité. Aussi avaient-ils mis en place un système de commandement adapté.

Le responsable de l'opération, l'air commodore Norman Walsh – c'est à peu près le seul nom, avec celui du lieutenant Haig, qui se tua en Vampire, dont on ait eu officiellement connaissance ensuite, parmi tous ceux qui participèrent à l'attaque – se trouvait un peu en retrait de Chimoio, à bord d'un Dakota, qui jouait le rôle de PC volant. Pour le suivi rapproché, l'observation à vue du déroulement de l'attaque, les Rhodésiens firent appel à des appareils que rien, *a priori*, ne paraissait destiner à un emploi comme celui qui leur fut dévolu. C'est-à-dire l'appui feu des troupes au sol. Il s'agissait des bimoteurs à hélice Reims Cessna FTB-337 Skymaster, bimoteurs *«push-pull»*, un moteur à l'avant, l'autre à l'arrière.

Les Rhodésiens leur avaient donné le nom de code (ou de guerre) de Lynx. Les avions, fabriqués en France, avaient été convoyés jusque sur le théâtre des opérations.

Cet appareil conçu pour le transport, la liaison, et qui, pour cet usage, pouvait accueillir six personnes, avait été reconverti en avion d'appui feu. Il avait été armé de deux pods, deux nacelles, dont chacune abritait une mitrailleuse d'un calibre d'un tiers de pouce (environ 8 millimètres), et placées sur le dessus de l'aile haute, de part et d'autre du fuselage. Sous l'aile étaient montés deux paniers à roquettes SNEB, d'un calibre de 37 millimètres, un de chaque côté. Les roquettes servaient soit à l'attaque, soit au marquage des objectifs. Dans le premier cas, la charge explosive avait été renforcée par du TNT. Dans le second, on y avait ajouté du phosphore, afin d'augmenter le volume de la fumée émise à l'impact, pour que les pilotes attaquants puissent mieux voir le marquage.

Le Lynx ne pouvait cependant renier ses origines. Avion de liaison, sa structure limitait son facteur de charge maximum à 3 g. Un sacré handicap pour ses pilotes, lorsqu'ils devaient évoluer au ras du sol, après avoir tiré, pour éviter les tirs de la DCA. D'autant que la tôle du fuselage, les équipements, les circuits divers n'étaient absolument pas étudiés pour résister à l'impact des projectiles...

Cependant, le 11 novembre 1977, les Lynx qui se

succédèrent au-dessus de Chimoio ne furent pas employés pour des missions d'appui feu. Ils se cantonnèrent dans un rôle de relais radio et d'observation. Crucial pour la bonne conduite des opérations menées par leurs compagnons de lutte. Cependant, si au moins deux d'entre eux furent touchés, ils rentrèrent tous à leur base.

Le succès militaire de «Dingo» ne fait donc aucun doute. Selon les responsables de Salisbury, qui présentèrent un premier bilan peu de temps après, quelque mille deux cents guérilleros furent éliminés; un seul Rhodésien fut tué, et huit autres blessés. En fait, ce ne sont pas mille deux cents guérilleros qui furent mis hors de combat, le chiffre officiel (et prudent) sous-estimait la réalité. Selon des sources officieuses, le chiffre des pertes subies par les guérilleros atteignait en fait trois mille.

Trois jours plus tard, un autre camp des guérilleros du mouvement Shona menés par Robert Mugabé subit le même sort. Les Blancs de Rhodésie du Sud bénéficièrent ainsi d'un répit dans leur lutte sans espoir pour conserver le pouvoir dans le pays.

Aujourd'hui, Robert Mugabé occupe le poste de chef d'État du Zimbabwe, ex-Rhodésie.

BAPTÊME DU FEU

Décembre 1977.

À 20 000 pieds au-dessus du désert, les quatre Jaguar français de l'escadron 3/11, appartenant à la 11e escadre de chasse viennent de se ravitailler en carburant. Ils se laissent glisser en arrière du C-135 F qui leur a livré le kérosène, prêts à exécuter les instructions qui vont suivre, avec ordre d'ouvrir le feu.

Parmi les quatre pilotes, le capitaine Hervé Longuet. Il est né le 13 janvier 1948 à Mont-de-Marsan (Landes) où se trouve implantée l'une des plus belles bases aériennes de l'armée de l'air, région favorable à l'éclosion de vocations aéronautiques. Il est entré à l'École de l'air en septembre 1969 et a été breveté pilote de chasse le 12 janvier 1973. Il a ensuite été affecté à l'escadron de chasse 3/11 de Toul-Rosières dans l'est de la France, et breveté chef de patrouille en 1977.

À l'instar de ses trois camarades, le capitaine Longuet attend l'arrivée du message qui les autorisera à plonger, 6000 mètres plus bas, sur leur objectif. Le Bréguet Atlantic de surveillance maritime, qui orbite dans le secteur, vient de localiser la colonne de véhicules du Front Polisario, le mouvement qui combat les forces marocaines et mauritaniennes dans l'ancien Sahara espagnol, un territoire désertique que le Polisario revendique comme sien, alors que le Maroc et la Mauritanie affirment qu'il est leur.

Le désert ressemble à l'océan. L'expression «océan des sables» n'est pas seulement une métaphore qu'affectionnent les littérateurs en mal de pittoresque ou les rédacteurs de dépliants touristiques, elle reflète très exactement la réalité. Les moyens de détection de l'Atlantic, conçus pour la surveillance maritime, se révèlent parfaitement adaptés au repérage et au suivi des files de 4x4 et de jeeps qui foncent dans l'immensité plate ou les dunes du Rio de Oro, afin de prendre leurs distances avec leurs éventuels poursuivants. En ce moment, les hommes qui composent la colonne, s'accordant quelques instants de répit, se sont regroupés et arrêtés. Mais peut-être sont-ils occupés à enterrer leurs morts selon leur rituel, après le furieux accrochage qui les a opposés à leurs ennemis marocains et mauritaniens.

Quoi qu'il en soit, ils constituent pour l'heure une

cible idéale pour les Jaguar. Il est rare en effet de pouvoir les surprendre ainsi, immobiles. Certes, lors des premiers engagements, les véhicules du Polisario se contentaient de fuir à la queue leu leu devant les avions, longue ligne de points bien visibles dans la traînée de sable et de poussière que soulevaient leurs roues. Les pilotes visaient posément avec leur collimateur, avant de déclencher le tir. Il n'en est plus de même aujourd'hui : dès le début de l'attaque, dès la première rafale, les conducteurs se dispersent à droite et à gauche. Ils connaissent le pays, leur pays, savent mettre à profit le moindre «kéké», le moindre buisson d'épineux, pour s'y dissimuler. Par ailleurs, dès qu'ils en ont la possibilité, ces guerriers de tradition pointent leurs mitrailleuses de 12,7 millimètres et font feu sur les avions. Quelquefois, ils constituent de véritables barrages de projectiles: ils utilisent leurs armes légères, posées à la verticale, pour tirer tous ensemble vers l'avant des Jaguar qui foncent sur eux. Ces hommes-là ont du courage et de l'astuce à revendre. Ils ont très vite appris à faire face aux avions et à se défendre contre eux. Les pilotes le savent.

Chargés chacun de leurs 4,2 tonnes de pétrole, ne portant en charges extérieures que l'énorme réservoir ventral de 1200 litres (une tonne) qui accroît leur autonomie, sans autre armement que leurs deux canons de 30 millimètres et leurs trois cents obus, les quatre avions attendent l'ordre d'attaque.

Un ordre qui leur viendra après approbation de l'intervention par les plus hautes autorités politiques du pays, selon la formule consacrée. Compte tenu du contexte très particulier, seules celles-ci en effet peuvent autoriser le tir.

Dans leur cabine, cependant, les quatre pilotes ont hâte d'intervenir. La veille au soir, ils ont participé à un « repas de cohésion » réunissant à Dakar l'ensemble des personnels du détachement français qui participe à ce que l'on appelle l'« Opération Lamantin ». Leur chef, le général Michel Forget, en place à Nouakchott, capitale de la Mauritanie, les avait rejoints. Nul, parmi les hommes qui se trouvent réunis à cette occasion, ne saurait sans doute dire pourquoi le nom du lamantin (ou lamentin) – mammifère herbivore de l'ordre des siréniens au corps massif atteignant parfois 3 mètres de longueur et qui vit dans les estuaires des fleuves d'Afrique et d'Amérique tropicales – a été choisi, dans le silence feutré des bureaux de l'état-major des Armées, pour désigner une opération sur laquelle plane le secret, à tout le moins la plus grande discrétion.

Ceux qui s'y trouvent impliqués, à quelque titre que ce soit, ont pour consigne d'en parler le moins possible autour d'eux. Bien mieux. Au tout début de l'« Opération Lamantin », quand citations et décorations furent décernées à certains des acteurs, suite à leurs faits d'armes, la remise des médailles et des diplômes eut lieu presque en cachette. La France intervenait avec ses avions de combat dans le désert, aux confins assez flous des frontières marocaines, algériennes et mauritaniennes, mais il convenait de faire silence sur cette affaire, de ménager les susceptibilités et de sauver, si faire se peut, les apparences. La France, se plaçant aux côtés du Maroc et de la Mauritanie, combattait un mouvement soutenu par l'Algérie, le Front Polisario se présentant comme un mouvement de libération. Il y a de quoi y perdre le sens des rapports habituels entre nations ! La politique a ses raisons que la raison ignore. C'est ce qu'en bon militaire, respectueux de son obéissance au pouvoir politique, se dit et se redit le capitaine Hervé Longuet, qui, aux commandes de son biréacteur Jaguar, attend l'ordre de tir, tout comme ses trois autres collègues...

L'« Opération Lamantin » a démarré voici quelques mois, à l'issue de manœuvres combinées, périodiquement organisées à partir de Dakar, au Sénégal, en vertu des accords de défense liant la France à certains pays d'Afrique, notamment le Gabon et la Côte d'Ivoire. La force aérienne est constituée d'avions de combat Jaguar, les plus aptes à « traiter » des objectifs au sol, d'avions ravitailleurs C-135F, de Transall servant de postes de commandement volants, de Bréguet Atlantic de surveillance et de repérage. Dès cette époque, les armées françaises avaient mis au point l'embryon de ce qui deviendrait un jour la structure très élaborée d'un dispositif d'intervention à longue distance. Si le dispositif de départ devait, par la suite, être affiné dans son mode d'action, perfectionné, amélioré, il fonctionnait déjà fort bien. Après les manœuvres, le gros du détachement était rentré en France, laissant sur place quatre Jaguar et les avions qui leur servaient de soutien. L'« Opération

Lamantin» commençait, du moins sur le papier à en-tête du ministère de la Défense et de la présidence de la République. Car longtemps rien ne se passa ! Et pour ceux qui attendaient en rongeant leur frein, il était terrible de voir les avions cloués au sol pour préserver leur potentiel d'emploi. Enfin, sans avertissement, l'opération démarra: les Jaguar prirent l'air pour la première fois, ravitaillèrent en vol, foncèrent et tirèrent sur les colonnes du Polisario, ravitaillèrent encore et rentrèrent à Dakar, une fois la mission accomplie. En attendant la suivante. Les pilotes de la 11e escadre vécurent ainsi leur baptême du feu, ce à quoi les avaient préparés des centaines et des centaines d'heures de vol, de séances de tir aux canons de bord sur des cibles au sol et de ravitaillements en vol. Cette fois, c'était «pour de vrai».

Pour comprendre ce qui avait conduit à son déclenchement, peut-être convient-il de se reporter quelque temps en arrière. Deux ans, très exactement...

Le 6 novembre 1975, 350000 Marocains franchissaient symboliquement la bande frontalière qui séparait le sud de leur pays du Rio de Oro, possession espagnole, afin d'affirmer ce qu'ils estimaient être les droits intangibles du Maroc sur les quelque 252000 kilomètres carrés du Sahara occidental. Rabat revendiquait ce territoire depuis des années. Au cours des semaines précédentes, les «envahisseurs», venus des quatre coins du Maroc, avaient été acheminés sur place par camions, voitures, autobus et véhicules divers.

L'armée encadrait la foule, mais demeurait quasiment invisible. L'invasion se voulait pacifique. Le peuple tout entier, dans cette «Marche verte», aux couleurs du Maroc, exprimait sa volonté de voir revenir sous la couronne chérifienne une terre qui lui appartenait. C'était l'image qu'en retiendraient les journalistes présents et que répercuteraient les journaux, radios et télévisions du monde entier.

Au matin du 6 novembre, brandissant le livre rouge du Coran au-dessus de leurs têtes, à tel point que l'on eût dit une brusque floraison de coquelicots en pleine nature hostile avec les you-you et les invocations à Allah, hommes, femmes et enfants passèrent le poste de Tarfaya, l'ancien cap Juby de Saint-Exupéry dans *Courrier Sud.* C'était la dernière position occupée par les Marocains avant de poursuivre vers la frontière, encore tenue par les soldats de Madrid. L'opération avait été montée de main de maître par le royaume chérifien et le roi Hassan II, bien qu'officiellement il se tînt au-dessus d'une telle levée en masse. On murmurait même qu'il avait été conseillé en l'occurrence par des spécialistes américains des relations publiques.

Pour Hassan II, il s'agissait de forcer la main au gouvernement de Madrid et de l'obliger à retirer au plus vite les troupes espagnoles qui tenaient garnison dans les forts et les points d'appui de la région. Mais il s'agissait également, en proclamant solennellement la souveraineté marocaine sur cette immense étendue de désert, de couper l'herbe sous les pieds des Algériens, qui rêvaient de s'en emparer afin d'ouvrir à leur pays un débouché sur l'Atlantique. Tout cela serait défini lors des accords de Madrid, quelques semaines plus tard, entre Marocains, Mauritaniens et Espagnols.

Immense étendue de désert ? Pas seulement. Ce désert renferme en effet l'une des plus importantes réserves mondiales de phosphates. Le site de Boukara contient plusieurs milliards de tonnes de phosphates dont on sait l'importance pour l'agriculture et l'agrochimie. S'y ajoutent quelques gisements métallifères de moindre importance et la façade maritime sur l'Atlantique est très poissonneuse, sans oublier le pétrole *« off shore »*. On comprend que les ambitions des pays voisins, Maroc, Algérie, Mauritanie, ne fussent pas seulement d'inspiration politique ou souverainiste.

Pour contrecarrer celles du Maroc, allié à la Mauritanie, l'Algérie apportait son soutien à un mouvement qui avait pris naissance en 1973 sous la dénomination de Front Polisario, Front pour la libération de la Saguia el-Hamra et du Rio de Oro. Le premier nom désignait la partie septentrionale du pays, avec la ville d'El Ayoun, le second la partie méridionale, avec la ville de Dakhla, la *« Villa Cisneros »* des Espagnols. Encore un nom qui court au hasard des pages écrites par Saint-Ex. Décidément, on n'en sort pas...

Les représentants de la République arabe sahraouie démocratique avaient trouvé appui et accueil à Alger. Le Front Polisario se voulait le défenseur et le représentant légal des tribus nomades qui vivent et pâturent dans la région, sans grand souci des frontières issues de la colonisation. À tel point que les recensements de ceux que l'on appelle par commodité les Sahraouis allaient de 70 000 personnes, niveau bas (*dixit* le Maroc) à 1 million, pour le plus haut niveau (Polisario et Algérie), selon les autorités qui prétendaient avoir procédé à des études démographiques. Mais il est de notoriété publique que certaines cultures ne nourrissent pas la vénération quasi mystique que l'Occident voue aux chiffres et aux statistiques !

Une ligne de chemin de fer reliait le gisement de phosphates de Boukara au port d'El Ayoun, sur la côte Atlantique. Les attaques du Front Polisario se concentraient sur cette voie ferrée, sur le train minéralier transportant les phosphates. Il était aussi procédé à l'enlèvement de ressortissants étrangers, notamment français, qui étaient emmenés comme otages, afin de donner un avertissement au gouvernement de Paris qui soutenait avec plus ou moins de discrétion le Maroc et la Mauritanie. Les Sahraouis en revenaient ainsi aux habitudes de leurs ancêtres, ceux que l'on appelait les Maures, lorsqu'ils se livraient à des razzias ou capturaient les équipages de l'Aéropostale aux temps glorieux des Mermoz, Saint-Exupéry, Guillaumet ou Reine. Deux Français avaient ainsi été enlevés début 1976 et ne seraient libérés qu'à la fin de cette même année. Au mois de janvier 1976, de violents combats avaient opposé les forces marocaines et algériennes à Amgala. Le 19 décembre, l'armée mauritanienne entrait à Dakhla. En réplique, au mois de mai 1977, le Front Polisario enlevait six Français à Zouerat, en territoire mauritanien.

C'est dans ce contexte que Paris se décida à intervenir de façon directe dans le conflit. Tout en essayant de préserver un semblant de neutralité. En ce jour de décembre 1977, nos quatre pilotes se trouvaient prêts à foncer sur la colonne du Polisario que venait de repérer le Bréguet Atlantic. Ils étaient prêts, fin prêts, même si leurs organismes se ressentaient du repas de cohésion de la veille !

Rien de mieux que ces agapes en commun, au cours desquelles les barrières entre les grades et les diverses spécialités professionnelles s'abaissaient quelque peu, ou tombaient complètement. Rien de tel pour souder un groupe ! La hiérarchie et les nécessités opérationnelles reprendraient leurs droits dès le lendemain matin, mais on se connaîtrait un peu mieux, on s'apprécierait davantage encore entre pilotes et mécaniciens, armuriers et soutiers et l'efficacité opérationnelle y gagnerait à coup sûr.

Le repas avait été bien arrosé, rien ne laissant supposer qu'un ordre de décollage jetterait tout ce petit monde à bas du lit au petit jour ! À 1 heure du matin, les hommes étaient allés se coucher, bouche pâteuse et paupières lourdes. Leur chef, le général Michel Forget, en place à Nouakchott, capitale de la Mauritanie, depuis le début de ce que l'on désigne du nom de code « Opération Lamantin », les avait rejoints pour participer avec eux à ce repas de groupe.

À 5 heures du matin, branle-bas de combat, réveil en fanfare et mise en alerte. Tout d'abord, les hommes du détachement ont cru à une mauvaise plaisanterie, à une facétie d'un de leurs camarades, mais pas du tout. Les quatre Jaguar ont décollé à 8 h 30, tout comme le C-135 F de ravitaillement en vol et le Bréguet Atlantic. Maintenant, les quatre Jaguar volent en patrouille, gorgés de kérosène. Ils attendent. Il ne manque que l'autorisation de feu pour que, guidés par l'Atlantic, ils plongent du ciel comme des rapaces et foncent vers la colonne immobilisée dans le désert: une proie idéale pour les Jaguar et leurs canons de 30 millimètres !

En ce milieu de matinée, malgré la saison, il doit déjà faire chaud en bas. Il conviendra de faire attention, lors des passes de tir, de ne pas se laisser emporter par une fougue hors de propos et de résister à l'espèce de fascination qui guette les pilotes lorsque leurs armes crachent leurs projectiles en direction de l'objectif bien positionné au centre du collimateur. Il faudra casser la trajectoire suffisamment tôt et effectuer la ressource en souplesse, ne serait-ce que pour ne point risquer de récupérer une balle ricochant sur les cailloux. Les balles des 12,7 du Palisario suffisent! Le capitaine Hervé Longuet se souvient que, lors d'une précédente intervention (c'était en plein été et une chaleur torride régnait dans le désert), il avait bien failli «aller au tas», son Jaguar chargé de pétrole s'enfonçant à plat lorsqu'il avait tiré sur le manche à la fin de la passe de tir. C'est que le réservoir pendulaire accroché sous le ventre de l'avion n'est pas cloisonné. En termes clairs, qu'il n'est pas muni, à l'intérieur, de cloisons (ou de mousse, comme sur les réservoirs des Mirage...) qui empêchent que le carburant se balade d'avant en arrière, ou d'arrière en avant, au gré des accélérations, créant ainsi un balourd des plus gênants. Sans même parler du poids supplémentaire que représente ce carburant...

Donc, on fera attention...

Mais l'ordre de tir n'arrive toujours pas. Entre le désert et Paris, la distance ne se mesure pas seulement en kilomètres. Les avions qui tournent dans le ciel sont sous la dépendance des autorités françaises, qui leur tiennent les rênes courtes. Elles entendent bien conduire en direct chaque intervention, après avoir pris les avis de conseillers et posément mesuré toutes les implications d'un tir sur les soldats du Polisario, auxquels sans doute se mêlent quelques «ressortissants» d'autres nations, en particulier des Algériens. Or, les moyens de transmission n'ont point encore atteint la qualité, la disponibilité, la fiabilité et la rapidité que l'on connaît aujourd'hui avec les satellites. Entre la demande des aviateurs qui tournent dans le ciel africain et la réponse des « plus hautes instances », *via* le ministère de la Défense, il peut s'écouler des minutes, des demi-heures, des heures, parfois.

En fin de compte, ce matin-là, les avions auront décollé pour rien. L'ordre ne leur parvenant point, ils sont renvoyés vers leur base de Dakar. Un réveil aux aurores, quatre heures de vol et du pétrole dépensé pour rien, sans parler de la fatigue des pilotes!

Ceux-ci ne rêvent que d'une bonne sieste. Cela leur permettra de se remettre des excès de la veille, du manque de sommeil, de l'engourdissement qui noue les muscles des jambes et des bras, après le stress du ravitaillement en vol et de l'attente, après les heures passées dans l'étroitesse de leur cabine, installés sur le coussin pas très confortable du siège éjectable.

De sieste, il n'y en aura point. Le nouvel ordre de décollage arrive en début d'après-midi. Cette fois, Paris paraît décidé à autoriser le tir. Décollage à 14 heures, montée, ravitaillement, attaque : enfin ! Mais entre-temps, les conditions ont changé du tout au tout. La colonne s'est remise en mouvement. Elle ne se trouve plus rassemblée sur l'étendue de l'erg et des sables, mais dispersée en plein reg, au milieu des rochers qui se dressent comme des arbres squelettiques, des obstacles aux Jaguar en passe de tir, ou des écrans derrière lesquels les véhicules se dissimulent. Plus question d'exécuter une noria classique, les avions se suivant à bonne distance, afin de laisser le moins de répit possible aux gens du Polisario. Il faut s'en prendre aux Land Rover une par une, de même pour les jeeps. « L'attaque de la diligence ! pense le capitaine Longuet. Nous sommes les cowboys d'un western !... » Une diligence qui, non contente de répliquer par toutes les armes à feu de ses occupants, décochera même un missile sol-air SAM 7 en direction des cowboys, lequel missile ratera sa cible.

Caissons d'armes vidés de leurs munitions, les Jaguar remontent en altitude pour se ravitailler auprès du C-135 F avant le vol de retour vers Dakar. La manœuvre s'effectue cette fois au crépuscule : sous ces latitudes, la nuit tombe tôt. Jamais encore auparavant les Jaguar de la 11e escadre de chasse n'avaient effectué de ravitaillement nocturne. Cela, après quatre heures de vol éprouvantes le matin, et autant l'après-midi…

En dépit de leur épuisement, les pilotes mettront pourtant longtemps avant de s'endormir ce soir-là, rejouant dans leurs têtes le scénario de l'attaque, ou plutôt des attaques sur les véhicules éparpillés dans le décor du reg, mais à leur âge, ces jeunes hommes finissent toujours par se laisser aller au sommeil. La tension retombe peu à peu, l'assoupissement les gagne et petit à petit leurs yeux se ferment sur des rêves autres que guerriers, en attendant de se voir sollicités à nouveau pour d'autres missions, d'autres interventions, d'autres attaques dans le désert. N'est-ce point pour cette raison que l'on dit parfois qu'un pilote qui dort est un pilote qui travaille ? Tout simplement parce qu'il se prépare ainsi à affronter le stress du vol qu'il effectuera le lendemain.

Le général Longuet a commandé la Force aérienne de combat du mois d'août 2000 à juillet 2003.

PILOTE ESPION

1960.

Un choc. L'avion qui s'ébroue, comme s'il était pris dans une sorte de souffle, de tourbillon monstrueux qui le pousserait en avant. Une intense lueur indéfinissable supplante la lumière de cette fin de matinée, se reflète dans le cockpit, inonde l'habitacle, au point de rendre illisibles les indications des cadrans, de masquer les manettes et les boutons. Quand il retrouve la perception visuelle de son environnement, que ses yeux peuvent lire à nouveau les chiffres et les aiguilles, le pilote constate que ceux qui concernent le moteur sont normaux. Nombre de tours, température, pression carburant, RAS (rien à signaler). Alors, fausse alerte ? Fausse alarme, de sa part ?

Non !

Doucement, l'aile droite de l'avion s'enfonce. Le pilote réagit d'instinct en braquant le manche vers la gauche. L'aile se redresse. Mais alors, c'est le nez de l'avion qui se met à plonger, lentement, sans à-coups, comme attiré par le sol, 20000 mètres plus bas. Le pilote tire sur le manche, pour corriger cette tendance. Peine perdue. Résultat nul. L'assiette à piquer de l'avion augmente, inexorablement. Le pilote en a perdu le contrôle, comme si les mouvements du manche avaient lieu dans le vide, sans liaison avec la gouverne de profondeur.

Puis soudain, l'appareil bascule cul par-dessus tête, il vibre au point de projeter le pilote d'un côté à l'autre de l'étroite cabine dans laquelle il est enfermé. Il part en vrille. Une vrille bizarre. Au lieu d'avoir le nez dirigé vers le sol, comme dans une vrille normale, le nez pointe vers le ciel. Le pilote pense que des parties essentielles de l'appareil ont dû être arrachées par le choc de tout à l'heure. Mais il ne sait pas lesquelles depuis sa place, compte tenu de la forme de la verrière, car il ne peut voir que vers l'avant et pas sur les côtés. Il est ballotté de droite à gauche et de gauche à droite. Il n'a pas le réflexe de jeter un coup d'œil dans son rétroviseur.

Les secousses et les accélérations qu'il subit sont d'une telle violence qu'une force incroyable le tire vers l'extérieur, tend à l'extraire de l'avion. Alors son instinct d'ancien militaire reprend le dessus : obéir aux ordres reçus et suivre les consignes en pareille situation ; tout d'abord, avant de quitter l'avion en perdition, actionner le dispositif de destruction des équipements secrets, caméras, bobines de films, systèmes d'écoute. Ne rien laisser subsister qui puisse servir à prouver quel type de mission il était en train d'effectuer, avant le choc d'avec il ne sait quoi. Un missile, sans doute. Destruction!... Destruction!... Il parvient à soulever les petits volets rabattables qui protègent les contacts du système, situés le côté gauche du cockpit. Mais il lui faut d'abord adopter la bonne position sur son siège éjectable, avant d'utiliser celui-ci.

Puis, soudain, une évidence s'impose à lui: pas besoin de faire appel au siège éjectable! La force qui le tire vers le haut – au point de lui plaquer la tête contre le dôme en plexiglas du cockpit – est amplement suffisante pour l'extraire de l'épave qui continue de tournoyer.

Donc, d'abord, larguer le dôme. Facile! Étant donné sa position, à peine a-t-il à lever la main pour atteindre la poignée d'ouverture que celle-ci une fois actionnée, le dôme s'arrache et s'envole, emporté par le vent. Il éprouve la satisfaction d'avoir choisi la bonne solution. Il n'a jamais aimé l'idée d'avoir à utiliser un jour le siège éjectable pour évacuer un avion en perdition.

Trop d'exemples ont montré que le pilote qui avait recours à ce moyen encore rudimentaire était souvent blessé, parfois gravement, ou même tué lorsqu'en sortant il heurtait les montants du cockpit, ou la manette des gaz, ou la base du tableau de bord. Donc, la bonne solution, c'est celle-là.

Mais d'abord : *destruction !*

Pourtant, avant d'actionner enfin les contacts qui feront exploser les équipements secrets, les réduiront en pièces détachées, il juge qu'il doit d'abord déboucler les sangles, bretelles et ceinture de sécurité, qui le maintiennent sur le siège. Ce qu'il fait.

Erreur de sa part ! Car sans les sangles, la force qui le tire hors de l'avion l'en extrait à moitié. Et, quasi instantanément, la visière de son casque se couvre de givre. Il voit l'altitude avant de devenir aveugle : 34000 pieds, 10000 mètres, et les aiguilles de l'altimètre qui continuent de se dévider, égrenant les chiffres de la chute de son avion en vrille.

Il essaie de contrer la force qui l'aspire hors de l'habitacle, de se rapprocher du siège, de regagner quelques centimètres vers le bas. Peine perdue. Sa main gauche tâtonne vers le bas, vers les boutons dont il connaît la position exacte, là, à portée de ses doigts gantés. En vain. Il glisse inexorablement, fouetté par le vent, dans le vacarme de l'air qui le gifle, il s'éloigne petit à petit du siège, mais très lentement, retenu encore par il ne sait trop quoi. Si, il sait : les tuyaux d'alimentation en oxygène, qu'il a oublié de déconnecter. Et l'avion continue de tourner et de plonger.

À quelle altitude se trouve-t-il maintenant ?

Impossible à dire, puisqu'il ne voit rien.

Alors, au diable les contacts !

Il se met à gigoter, à se débattre, donne des coups

de pied frénétiques sur tout ce que touchent ses chaussures, poussé par un instinct de survie qui se moque des consignes de destruction. D'abord, sauver sa peau !

Et d'un coup, le voilà libéré. Les embouts métalliques des tuyaux ont dû céder, se séparer des tulipes du circuit d'oxygène de l'avion. Il flotte, sensation ineffable, après ce qu'il vient de vivre. Plus tard, il se rappellera avoir pensé que cette sensation, sur le moment, lui parut plus agréable que celle que l'on éprouve lorsqu'on fait de la planche à voile. La planche à voile, la natation, il aimait à pratiquer ces sports de détente durant les vacances qu'il partageait avec sa femme, Barbara.

Pour l'instant, il ne rêve pas de vacances. Il se dit seulement que ce qui lui arrive confirme les appréhensions qui l'ont assailli, quelque trois heures plus tôt...

*
* *

Ce n'était qu'une impression, en tout point semblable à d'autres du même genre qu'il avait éprouvées en pareille circonstance, même si ce vol-là était différent par sa durée : près de neuf heures au total. Une impression qui défiait la raison ou le simple bon sens. Mais son cœur battit un peu plus vite, le rythme de sa respiration s'accéléra sous le casque à visière. Il aspira goulûment une bouffée d'oxygène, cherchant à contrôler le rythme de sa respiration. Un petit frisson parcourut la peau de son dos, de ses jambes, de sa poitrine, sur laquelle se plaquaient les sous-vêtements et l'épaisse et roide combinaison de vol à haute altitude, qui en fait est une sorte de scaphandre autonome, étroitement lacé, qu'il portait pour ce genre de mission. En cas de perte de pressurisation de la cabine, le scaphandre devait lui permettre de survivre dans l'atmosphère raréfiée des très hautes altitudes, afin que les gaz dissous de son sang ne se mettent à bouillir et que l'azote ne déclenche une embolie mortelle. Survie temporaire, rémission de la mort jusqu'à ce qu'il regagne une altitude où il pourra respirer normalement.

Pour l'instant, sa tenue le gêne. Les sous-vêtements sont encore imprégnés de la sueur, qui a jailli de son corps pendant qu'il attendait au soleil (sanglé dans sa cabine) que l'ordre ultime de décollage ne lui fût donné.

Il se penche légèrement en avant, toussote, comme pour meubler sa solitude, entendre un son autre que le grésillement de la radio dans ses écouteurs. Depuis plus d'une demi-heure, il respecte un strict silence radio, afin de ne signaler sa présence à quiconque. Son dernier contact avec sa base de départ s'est fait sans paroles. Il a simplement appuyé une fois sur son bouton d'émission, pour signifier ainsi que tout allait bien à bord, qu'il poursuivait son vol. Son interlocuteur avait répondu de la même manière, code convenu pour dire : «OK. Bien reçu. Tu continues...» Le : «Bonne chance, à plus tard...» était implicite.

Dans le monde qui était le leur, celui du secret, on se comprenait sans se parler. Puis, c'est la solitude dans le ciel, absolue. Le plus dur à supporter est ce silence, ce sentiment de quasi-abandon, la certitude d'être livré à soi-même, sans aide à attendre de qui que ce soit.

Il reprit sa position initiale sur le dossier du siège éjectable sur lequel il était assis et sanglé. Le calme lui revint peu à peu, bien qu'un voile d'angoisse persistât dans son esprit. Un sentiment (et là encore, il le savait par expérience) qui ne disparaîtrait complètement que lorsque l'avion aurait atterri à Bodö, en Norvège, son point de destination finale, non loin du cercle polaire. Un long, un très long périple, depuis son décollage de Peshawar, au Pakistan. Peshawar avait été choisi pour sa relative proximité avec la frontière sud de l'URSS, alors que la base de rattachement des avions se situait à Incirlik, en Turquie.

En ce 1er mai 1960, Francis Gary Powers venait en effet de franchir la frontière qui séparait l'Afghanistan de l'URSS, pour une mission d'espionnage qui lui ferait traverser le territoire soviétique du sud au nord. Une mission dont seuls quelques hommes, dont le président des États-Unis, savaient qu'elle avait lieu, puisqu'ils l'avaient programmée et ordonnée. Comme de nombreuses autres auparavant, même si la plupart de ces autres missions se contentaient d'incursions en pays hostile d'une durée beaucoup moins longue.

Mission inavouable aux yeux du monde. Les

bonnes âmes, sans parler des sympathisants du «paradis socialiste», de la «patrie des travailleurs», se seraient offusquées si on leur avait appris que, depuis des années, des avions espions américains survolaient le territoire soviétique pour y photographier les sites d'essais de fusées, les installations nucléaires, les silos de missiles balistiques en construction, les bases militaires, et qu'ils fournissaient aux services de renseignement de l'oncle Sam les témoignages irréfutables des plans stratégiques soviétiques.

Quant aux Soviétiques eux-mêmes, ils détectaient au radar les avions espions survolant leurs bases stratégiques, ils ne pouvaient faire état de ces violations de leur espace aérien, lesquelles se renouvelaient depuis quatre ans déjà. Ils ne pouvaient rien dire, faute de preuves tangibles, tout d'abord, mais aussi pour ne pas avoir à avouer qu'ils étaient dans l'incapacité absolue de les empêcher, car ils n'avaient pas à leur disposition les missiles capables de grimper jusqu'à l'altitude à laquelle évoluaient les U-2, (même si ces derniers se contentaient de voler à vitesse largement subsonique...).

Mais Francis Gary Powers était payé et grassement pour exécuter ce genre de vols interdits. Il travaillait pour le compte de la CIA, Central Intelligence Agency. Celle-ci l'avait engagé, ainsi que quelques autres pilotes, quatre ans plus tôt. Les photographies permettaient de confirmer, ou d'infirmer, les renseignements fournis par les agents occidentaux présents en URSS, attachés militaires ou faux attachés culturels des ambassades en poste à Moscou, ou par les transfuges qui demandaient l'asile politique en Occident. Les satellites d'observation n'existaient pas encore. Seule l'observation aérienne – sous la forme d'écoutes électroniques par des avions patrouillant le long des frontières du Rideau de fer et captant tous les messages qui s'échangeaient au-delà de ce que les Occidentaux appelaient le «rideau de la honte», ou sous la forme de photographies, permettant de recueillir les informations indispensables – était utilisée.

Les vols photographiques s'effectuaient à bord d'avions U-2, construits spécialement pour ce type de missions par la firme américaine Lockheed. Avions à la silhouette ô combien caractéristique, lorsqu'elle serait enfin révélée (car à l'époque, l'avion faisait partie des fameux *«black programs»*, des programmes secrets du Pentagone, le ministère américain de la Défense), avec une immense aile droite, d'une envergure de quelque 25 mètres, deux fois plus longue que le fuselage de l'avion lui-même. La silhouette d'un U-2 rappelait celle d'un planeur moderne, dont les ailes à grand allongement lui permettent de profiter au mieux des courants atmosphériques ascendants, et de se maintenir en vol durant des heures et des heures.

Un planeur que l'on aurait doté d'un moteur à réaction pour atteindre les altitudes exceptionnelles auxquelles il évoluait, avec une autonomie de neuf heures, hors d'atteinte des moyens de défense antiaérienne de l'époque. En tout cas (le croyait-on!) les Américains, et notamment les pilotes de U-2, en étaient convaincus; Francis Gary Powers en tout premier lieu! Lors de ses missions au-dessus de l'URSS, il lui arrivait fréquemment d'apercevoir, beaucoup plus bas que lui, les traînées de condensation des appareils de chasse soviétiques dont il ne savait s'ils se trouvaient là par hasard, ou si, un radar ayant détecté le U-2, le contrôle militaire envoyait un intercepteur pour le suivre et le harceler de sa présence. Déstabiliser autant que faire se peut le pilote, l'énerver, rendre son vol moins précis, sans doute aussi, attendre la panne toujours possible, qui aurait obligé l'avion espion américain à quitter la sécurité inviolable de la haute altitude, dans le voisinage de la stratosphère, là où la pression atmosphérique atteint tout juste quelques pour cent de la pression au niveau du sol, pour regagner des altitudes plus humaines. Donc se trouver alors à portée de tir des chasseurs.

Tout cela, les pilotes d'U-2 le savaient. Francis Gary Powers comme les autres. Ils se doutaient aussi du sort que leur feraient subir les Soviétiques si l'un d'eux avait le malheur, la malchance, de tomber entre leurs mains. Car ces pilotes, sous contrat avec la CIA, étaient des civils, même s'ils avaient effectué leurs «classes» de pilote sous l'uniforme, puisque seuls l'US Navy (la marine), l'US Air Force (l'armée de l'air), les marines (arme spéciale américaine, possédant ses propres bateaux et ses propres avions) étaient à même de former des pilotes d'avion à réaction à hautes performances.

Les pilotes d'U-2 n'avaient donc pas le statut de

combattants. Même dans le cadre de la guerre froide, cet affrontement était idéologique autant que stratégique, entre les deux blocs antagonistes: celui de l'Est et celui de l'Ouest. Ils étaient des espions dans toute l'acception du terme. S'ils étaient pris vivants, ils seraient à coup sûr torturés, afin de les faire parler, de les obliger à révéler le pourquoi et le comment de leur mission, d'où ils étaient partis, où ils étaient censés atterrir, c'est-à-dire quels pays fournissaient aux Américains une assistance pour ce genre de vols. Ensuite, une balle dans la tête, après un séjour plus ou moins long et pénible dans les sous-sols de la Loubianka, la prison moscovite, et l'on n'entendrait plus jamais parler d'eux, puisqu'ils n'avaient aucune existence légale. Pourquoi prendre des gants pour les faire disparaître ?

Même si, au-dessous de lui, 20000 mètres plus bas, les montagnes ne portaient aucun signe tangible du changement qui venait de s'opérer dans son trajet, même si les garde-frontières – et pour cause – étaient invisibles, même si... Gary Francis Powers ne pouvait s'empêcher d'évoquer ces perspectives-là.

Dieu merci, le pilotage de l'avion lui occupait l'esprit, le contraignait à se concentrer sur sa tâche. L'U-2 n'était pas une monture facile. À l'altitude où il évoluait, la vitesse du son (Mach 1) est beaucoup plus faible qu'au niveau de la mer : elle varie en fonction inverse de la température, et à près de 70000 pieds, plus de 20000 mètres, la température avoisine –50 °C, –60 °C. Les perturbations engendrées par l'approche de cette vitesse (ce que l'on appelle le Mach critique) sur l'aile droite de l'U-2, une aile conçue pour fournir une excellente portance, pas du tout pour aller taquiner la «barrière» sonique (comme dans le cas d'une aile en flèche), se manifestaient très rapidement, avec vibrations et autres signes de mauvaise humeur, diminution de l'efficacité des gouvernes et augmentation importante de la traînée, donc de la consommation de carburant. Gênant, quand on accomplissait un vol qui s'étirait jusqu'à la limite de l'autonomie de l'avion...

Dans le même temps, à cette altitude lui assurant une certaine impunité, l'U-2 volait à une vitesse indiquée, lue sur le badin (l'indicateur de vitesse), très proche de celle du décrochage. Les pilotes parlent parfois d'un avion se pilotant «sur une tête d'épingle», pour souligner la difficulté de la chose.

C'était exactement le cas.

L'U-2 évoluait en permanence entre le Mach critique et la vitesse de décrochage. Ce qui requerrait une attention constante de la part de son pilote. Certes, l'avion était équipé d'un pilote automatique (neuf heures de vol seul à bord, il y a de quoi épuiser son homme...), mais, comble de malchance, le pilote automatique de Powers se montrait récalcitrant, alternant les périodes de bon fonctionnement avec d'autres plus fantaisistes. Au point que Powers se décida purement et simplement à le débrancher. Piloter dans ses conditions tenait de la performance. Mais il s'y résigna, plutôt que de faire demi-tour et de retourner à Peshawar.

Il avait déjà parcouru plus de 2000 kilomètres au-dessus du territoire soviétique lorsqu'il prit cette décision. Après avoir franchi la frontière, il avait survolé Douchambé, était passé au nord-est de Samarcande, puis à la verticale du cosmodrome de Tiouratam, la base de lancement des fusées et missiles, à quelques dizaines de kilomètres à l'est de la mer d'Aral. Il avait pris des photos, noté ses observations sur ce qu'il voyait au sol, recopié les indications des cadrans de son tableau de bord. Car son compte rendu d'arrivée, à l'issue du vol, tenait à la fois du rapport d'espionnage et du bulletin de relevé mécanique. Pas d'enregistrement automatique des paramètres du moteur ou des équipements : on n'en était pas encore là, à l'époque.

Il avait aussi assuré sa navigation, se repérant sur le relief et la configuration du terrain, dans les déchirures de la couche nuageuse qui recouvrait le sol, s'aidant de son radiocompas qui lui permettait de capter les émissions des stations de radio soviétiques. Moyen pratique, mais incertain. Les Soviétiques pouvaient facilement brouiller les émissions, s'ils se doutaient que les U-2 les utilisaient.

Habituellement, pour ce type de mission en territoire hostile, il naviguait au sextant, un navigateur au sol lui ayant mâché le travail et précalculé les points astronomiques en fonction de l'itinéraire à suivre. Manque de chance, les calculs avaient été faits pour un vol dont le décollage était prévu à 6 heures du matin, ce 1er mai 1960. Et Powers avait dû attendre plus longtemps que d'habitude l'autorisation de décoller, ce jour-là, venant de la Maison Blanche, à

Washington, si bien qu'il avait décollé avec une demi-heure de retard. Les calculs préalables étaient devenus inutilisables !

Cela faisait beaucoup de contraintes, alors qu'en temps normal l'essentiel de son travail consistait à s'intéresser à ce qu'il apercevait au-dessous de lui, à prendre des notes, à brancher ou débrancher les appareils de prises de vues. Mais bah ! Powers était un pilote d'exception. Cet homme était fait pour voler. Il n'avait jamais eu d'autre idée en tête, depuis le jour où, à bord d'un petit monomoteur Piper Cub, il avait eu la chance d'effectuer son baptême de l'air. Devant l'enthousiasme qu'il manifestait, le pilote, ou plutôt *la* pilote, avait prolongé la séance bien au-delà que ce que prévoyait la somme versée par son père. En descendant, le jeune Francis, tout juste quatorze ans, se tourna vers son père et lui dit : « J'ai laissé mon cœur là-haut... »

Ce n'était pourtant pas ce dont rêvait son père, mineur du Kentucky. Pour son fils, Oliver Powers était prêt à se saigner aux quatre veines afin qu'il n'ait pas à descendre dans la mine, qu'il puisse suivre des études de médecine. Les médecins gagnent bien leur vie. Ils n'ont pas à trimer sous terre. Francis deviendrait donc médecin, il n'y avait pas à y revenir. Il suivit donc le cycle préparatoire. Mais la carrière militaire et le pilotage le tentaient toujours. Lorsqu'il atteignit sa majorité, en 1950, il put se libérer de la tutelle paternelle, et prit un engagement de quatre dans l'US Air Force, l'armée de l'air des États-Unis. Il y suivit le cursus normal des élèves pilotes de l'époque : T-6 en école élémentaire, T-33 en école de chasse, F-80 monoplace. Brevet de pilote, avec les ailes d'argent accrochées au-dessus de la poche de sa chemise d'uniforme. La voie d'une carrière militaire, ou peut-être d'une carrière de pilote de ligne, s'ouvrait devant lui, toute tracée.

Mais si la pratique du vol en escadre lui donnait satisfaction, elle ne le comblait pas vraiment. Un peu trop routinière. Il rêvait d'autre chose. D'un engagement plus complet au service de son pays. C'est alors qu'il fut contacté par la CIA et se vit proposer un job d'un genre différent. Un boulot secret et qui rapportait bien.

Dix années plus tard, il s'était ainsi retrouvé aux commandes d'un avion U-2, sans pilote automatique, naviguant à l'estime et en vol à vue, survolant le territoire soviétique du sud au nord, en mission d'espionnage…

Après l'explosion d'un missile quelque part derrière son avion (région centrale de Sverdlovsk vers les monts de l'Oural), il était en train de piquer vers le sol…

*

*   *

Il n'eut même pas à tirer sur la poignée d'ouverture de son parachute : celui-ci se déploya de lui-même. La capsule barométrique, qui devait commander l'ouverture automatique pour le cas où le pilote, sonné par l'éjection, n'eût pas été en état de réagir, avait parfaitement fonctionné. Elle était réglée pour déclencher l'ouverture à l'altitude de 15000 pieds (4500 mètres). Powers se trouvait donc en atmosphère respirable. Telle fut sa première pensée consciente depuis sa sortie de l'avion. Il la traduisit en se débarrassant de son masque à oxygène, alimenté par la petite bouteille de secours accrochée à son harnais de parachute. Il pouvait maintenant respirer librement.

On mesure ce que l'expression peut comporter d'ironique, en ces circonstances…

Powers se doutait de ce qui l'attendait.

Par précaution, il sortit de sa poche et réduisit en confettis la carte d'évasion censée lui fournir des itinéraires de repli vers le Pakistan et la Turquie. Inutile de révéler ce genre de plan aux Soviétiques. Il sortit également le dollar d'argent qu'on lui avait remis avant le départ et qui dissimulait une aiguille empoisonnée au curare, s'il avait voulu l'utiliser, au cas où....

Une fois l'aiguille plantée dans la chair d'un homme, la mort survenait en une minute et demie. Powers tenait au creux de sa main la pièce gravée de l'aigle américain. Réflexion faite, il ôta l'aiguille, protégée par son fourreau, qu'il remit dans sa poche, et jeta le dollar.

La suite fut conforme à ce qu'il pouvait escompter. Mais, contrairement à ce qu'il avait craint, il ne fut pas molesté par les paysans qui le capturèrent, ni par les policiers.

Le reste appartient à l'Histoire.

Avec Francis Gary Powers, les Soviétiques tenaient enfin la preuve dont ils avaient besoin.

Devant le Soviet suprême de l'URSS, Nikita Khrouchtchev se gaussa de ces imbéciles d'Américains. Il brandit avec ostentation une photographie des pièces d'or que renfermait le paquetage de survie accroché au parachute du pilote, et qui devaient servir à ce dernier «à corrompre des citoyens soviétiques...». Il ironisa: «Camarades, je vais vous confier un secret: nous tenons l'avion, ainsi que le pilote, et il gigote !...» Sous-entendu: il est bien vivant. Les débris de l'U-2 furent exposés place Gorki, à Moscou, avec panneaux explicatifs, photographies et guides patentés.

Khrouchtchev tira argument de la capture de Powers, preuve irréfutable que les Américains se livraient à l'espionnage au-dessus de l'URSS, pour annuler la conférence au sommet entre les Soviétiques et les Américains, conférence qui devait se tenir à Paris.

Après de longs interrogatoires par les hommes du KGB, la police d'État soviétique, à la prison de la Loubianka, Powers fut jugé publiquement à Moscou en août 1960 et condamné à dix ans de «privation de liberté». Pour lui qui redoutait la peine de mort, ce fut un soulagement. Durant le procès, son avocat commis d'office, Mikhaïl Grinev, avait déclaré au cours de sa plaidoirie: «C'est la clique des militaristes qui devrait se trouver au banc des accusés...»

Francis Gary Powers ne purgea jamais l'intégralité de sa peine. En février 1962, il fut échangé contre l'espion soviétique Rudolf Abel, sur le pont de Glienicke, à Berlin. Échange inégal: Abel avait beaucoup plus nui aux États-Unis que Powers à l'URSS. Abel fut fêté comme un héros, pour les services rendus durant des années, sous la couverture d'un simple citoyen américain.

Ce ne fut pas tout à fait le cas de Powers. Revenu en Amérique, il dut subir pas mal de tracas, de soupçons, voire de calomnies, avant de voir reconnus ses mérites et la droiture de son comportement durant toute cette affaire.

Il vola encore sur U-2, mais cette fois pour le compte du constructeur Lockheed... Et sans jamais avoir à franchir d'autres frontières que celles des améliorations techniques dont on lui demandait de contrôler le bien-fondé...

MISSION SANS RETOUR

1982.

Il est des lieux qui paraissent voués à entretenir les ambitions et les revendications des nations, au mépris de tout intérêt véritable, qu'il soit stratégique, politique ou économique. Au nom d'un principe dit de souveraineté, expression pompeuse pour désigner l'orgueil à l'échelon international, tel ou tel pays va ainsi réclamer la possession d'un îlot ou d'une terre plus ou moins désolés, se battre pour les conserver ou les reprendre. Des hommes, généralement jeunes, mourront pour cela. D'autres accompliront des actes qui pourront être qualifiés ensuite d'héroïques, dont le récit parsèmera les livres d'Histoire ou prendra la forme de véritables légendes, mais les décennies, les siècles passeront, sans que rien changeât jamais.

Tel est le cas des îles Malouines, petit archipel de l'Atlantique Sud, au large des côtes argentines. L'endroit tire son nom des marins de Saint-Malo, sous les ordres de Bougainville, qui le colonisèrent en 1764. Les Espagnols, qui les nomment Malvinas, en expulsèrent les Français en 1766. Une colonie britannique s'y établit. Pour les Anglais, les îles s'appellent Falkland. Reprises par les Espagnols, qui les abandonneront en 1811, elles furent récupérées par les Argentins en 1820. Les Anglais les en chassèrent en 1833, et les placèrent sous la souveraineté de sa Très Gracieuse Majesté. L'énumération de ces dates, pour fastidieuse qu'elle soit, illustre à quel point ces îles figurent dans la catégorie des lieux évoqués plus haut.

Sans doute les Britanniques peuvent-ils se réclamer de leur antériorité sur place pour prétendre y conserver leur drapeau. L'archipel avait été effectivement découvert en 1592 par John Davis, visité en 1690 par John Strong, avant d'être colonisé par les Malouins de Bougainville. Mais les Argentins n'ont jamais cessé d'affirmer que les Malvinas, la Grande et l'Occidentale, y compris quelques petites dépendances proches, demeurent terres argentines. Les îles qui composent cet archipel ne totalisent pourtant pas plus de 12000 kilomètres carrés. À l'époque moderne, elles abritent quelque deux mille habitants. Le sol est composé pour l'essentiel de tourbières. Le climat y est froid et humide, parfois glacial. L'élevage des moutons en constitue la ressource principale. Elle a servi aussi de lieu de relâche pour les pêcheurs de baleines. On se demande encore pour quelle(s) raison(s) des humains s'acharnent à y vivre... ?

Quoi qu'il en soit, le 2 avril 1982, les forces de Buenos Aires s'emparent sans coup férir de Port Stanley, la capitale, ou le chef-lieu, si l'on préfère. La junte militaire au pouvoir à Buenos Aires, sous la direction du général Leopoldo Galtieri, a décidé de reprendre ce qu'elle estime appartenir à l'Argentine. Face à cet acte d'agression, du point de vue britannique, Londres obtient du Conseil de sécurité des Nations unies que soit votée une résolution réclamant le retrait des troupes argentines.

Une force imposante appareille très vite des ports d'Angleterre. Première surprise pour les dirigeants argentins, qui avaient tablé sur les atermoiements de Londres, peut-être même le renoncement des dirigeants britanniques. C'était mal connaître Margareth Thatcher, qui dépêche vers l'Atlantique Sud une force imposante. Seconde surprise pour les Argentins. Au total, quelque 27000 hommes, une centaine de bâtiments, dont deux porte-aéronefs, les fameux porte-avions à pont incliné, en forme de rampe ascendante pour les appareils à décollage et atterrissage vertical ou très court, comme les Harrier. Cette armada est complétée par des sous-marins d'attaque à propulsion nucléaire. La force de dissuasion par excellence. Ces submersibles sont capables de rester immergés des jours et des semaines, grâce à leur réacteur nucléaire qui fournit énergie, eau douce, oxygène. Rien moins que ça ! Les Falkland n'ont décidément pas de prix !

De leur côté, les Argentins organisent la défense

des Malvinas avec l'envoi de 10000 hommes sur l'archipel. Pour ce qui est des moyens navals et aériens en soutien de leurs troupes, ils disposent d'une Task Force, une force d'intervention dont le navire amiral est le porte-avions *25-de-Mayo*, l'unique porte-avions argentin, sur lequel peuvent être embarqués des A-4Q Skyhawk, d'origine américaine et des Super Étendard, d'origine française. Ces derniers sont armés de missiles air-mer Exocet, de provenance française, qui allaient acquérir, ou plutôt conforter, leur réputation d'efficacité à l'occasion de cette guerre. On se souvient sans doute de la stupeur générale lorsque l'un de ces Exocet, tiré par un Super Étendard, frappa et envoya par le fond le destroyer *Sheffield*, orgueil de la Royal Navy, le 4 mai 1982. Mais les autres appareils, Mirage, Dagger (Mirage modifiés par les Israéliens et revendus aux Argentins), prirent aussi une part importante aux succès des Argentins: six bateaux britanniques envoyés par le fond...

Super Étendard et Exocet sont récents, à la fois en âge et en conception. On ne peut en dire autant des A-4 Q Skyhawk. Il s'agit d'appareils déjà anciens ayant servi dans l'US Navy avant d'être cédés aux Argentins. Remis en état par le constructeur américain Douglas, ils sont arrivés en Argentine au mois de mai 1972 à bord du *25-de-Mayo*. Le premier contingent de pilotes et de mécaniciens spécialistes a été formé aux États-Unis. L'ensemble compose une escadrille autonome, la 3ra Escuadrilla Aer. Caza y Ataque. Au moment où va se déclencher la guerre des Malouines, début 1982, l'escadrille comprend dix appareils. Huit sont opérationnels. On compte douze pilotes. En plus de leur armement de base (des canons), ces avions peuvent emporter des bombes Mk 82 Snakeye (six au total, destinées à l'attaque des navires arborant les couleurs de l'Union Jack ou des missiles air-air Sidewinder, en configuration de défense aérienne).

Les deux forces aéronavales britannique et argentine sont donc présentes dans l'Atlantique. Elles font route l'une vers l'autre. Mais la confrontation directe n'aura jamais lieu. Qu'en fût-il advenu ? Nul ne le sait. Au lieu de quoi, les bâtiments de la Royal Navy entreprennent un mouvement vers l'est. Le commandement argentin, de son côté, modifie ses plans : les huit Skyhawk opérationnels regagnent le continent le 9 mai 1982 et s'installent en Terre de Feu, sur la base de Rio Grande, à l'extrême sud du pays.

Les récits des navigateurs qui ont franchi le cap Horn ont abondamment décrit les conditions météorologiques et maritimes de la région. C'est dans ces conditions-là que les combats, notamment aériens, vont se dérouler.

La distance est considérable entre Rio Grande et les Malouines. Les avions travaillent à la limite de leur autonomie en carburant pour un vol aller et retour. De plus, l'absence de moyens de renseignement s'ajoute aux aléas du ciel et de la mer. Repérer un objectif tenait de la gageure ou du hasard, l'attaquer de l'inconscience ou de la témérité. L'atteindre et lui infliger des dégâts relevait purement et simplement de l'exploit.

Les Skyhawk argentins effectuèrent pourtant une trentaine de sorties. Avec des fortunes diverses et des résultats inégaux. Une certitude demeure : les pilotes surent se montrer à la hauteur du rôle qui leur était dévolu. Mais que pouvaient-ils, face au déploiement britannique ? Les récits des protagonistes, témoins ou acteurs, portent témoignage de leur courage et de leur professionnalisme.

Le 21 mai 1982, le capitaine de corvette Jorge Philippi décolle ainsi de Rio Grande, à la tête d'une formation de trois appareils, les deux autres étant pilotés par le lieutenant de vaisseau Arca et l'enseigne de vaisseau Marquez, le plus jeune pilote de l'escadrille. Indicatif radio : « Tabano ». Leur mission est d'attaquer une corvette britannique supposée se trouver quelque part au sud du détroit de San Carlos, en guet radar. On suppose aussi que des Harrier britanniques « traînent » dans le coin, selon les rares informations dont dispose le commandement.

Plus tard, notre capitaine se souviendra avoir pensé à cet instant qu'il volait à bord d'un avion dont le longeron de l'aile droite était fragilisé par des criques, des fissures, ce qui ne laissait rien augurer de bon s'il devait lui imposer des accélérations un peu fortes, d'autant que les ailes étaient chargées de quatre bombes Mk 82 de 500 livres chacune ! La fusée de son siège éjectable avait depuis longtemps dépassé sa date de péremption. Quant aux deux canons de 20 millimètres qui armaient son avion, l'expérience prouvait que leur taux de fonctionnement ne dépassait guère 10 % et qu'ils avaient donc toutes les chances (au sens statistique du terme !) de s'enrayer, s'il devait les utiliser.

Avant de décoller et de s'engager au-dessus de l'océan, il plaça tous les interrupteurs d'armement sur *«on»*, ne laissant sur *«off»* que le *«master»*, l'interrupteur général du système d'armes. Il le passerait sur *«on»* avant l'attaque. Philippi se méfiait de la tension inhérente au combat qui risquait de l'amener à oublier un détail important: brancher ces fameux boutons d'armement par exemple. En procédant de cette manière, il minimisait le risque d'un oubli !

Le scénario théorique de la mission était simple et le profil de la mission serait classique : haut/bas/haut. Le trajet vers l'archipel des Malvinas, soit 385 milles nautiques (un peu plus de 700 km), représentait une petite heure de vol et s'effectuerait d'abord à l'altitude de 27000 pieds, de manière à économiser le carburant. La navigation se ferait à l'estime et au radiocompas. À une centaine de milles nautiques de l'objectif, les avions descendraient à basse altitude. Les pilotes basculeraient le *«master»* d'armement sur *«on»*, et adopteraient la vitesse de 450 nœuds. Ils voleraient au-dessus de l'eau à 100 pieds (30 mètres), puis à 50 pieds de hauteur, pendant le *«run»* de bombardement, la partie terminale de l'attaque. Ils espéraient qu'en procédant ainsi les radars anglais ne les détecteraient pas, ou tout du moins juste au dernier moment!

À un mille de l'objectif, les trois avions monteraient à 300 pieds (100 mètres), repéreraient leur cible et piqueraient vers elle: tir au canon, pour gêner les serveurs des pièces de DCA puis largage des bombes (lorsque le repère du viseur arriverait sur le bâtiment britannique). Après cela, réacteur à plein régime et manœuvres évasives pour dérouter les contrôleurs des radars d'acquisition et de conduite de tir.

La règle était le silence radio total pendant tout le trajet: chacun des trois pilotes savait ce qu'il avait à faire, sans qu'il fût nécessaire de le lui rappeler en vol.

La formation passa à proximité de Bird's Island, au sud-ouest de la Gran Malvina (la Grande Malouine), avant de prendre la direction du cap Meredith. Une couche de stratus bas recouvrait la zone. Des averses de pluie réduisaient la visibilité. Les deux ailiers se rapprochèrent au plus près de leur leader, pour ne pas risquer de le perdre de vue. Au cap Meredith, Philippi effectua un virage par la gauche pour franchir le détroit. Le ciel bas et la mer, de couleur sombre, paraissaient se rejoindre pour former un mur. Les nuages coiffaient les sommets des rochers. Vu les conditions météorologiques, le repérage de l'objectif serait difficile voire impossible. Les radars anglais pouvaient détecter la formation avant même que les pilotes n'aperçoivent le bâtiment à attaquer. Ils ne sauraient même pas s'ils avaient été détectés, ne disposant pas de détecteur d'ondes radar. Ils volaient en aveugles, alors que des hommes au regard aiguisé par l'utilisation de moyens modernes les guettaient quelque part. Les missiles de la marine britannique leur arriveraient dessus sans qu'ils aient pu en détecter le point de départ !

L'idée de renoncer à la mission et de faire demi-tour traversa l'esprit de Jorge Philippi. Après tout, personne ne songerait à le lui reprocher: à l'impossible nul n'est tenu! C'est ce qu'avait estimé le leader d'une précédente formation de Skyhawk, les ayant précédés sur zone. «C'est vraiment long...», lança Philippi à la radio, peut-être pour détendre un peu l'atmosphère, pour prouver à ses pilotes qu'il comprenait leurs sentiments à ce moment-là de la mission et à soulager sa propre angoisse. La traversée du détroit ne leur prit pourtant que quatre minutes. Mais ne dit-on pas qu'en certaines circonstances, le temps compte double? Ici, le temps ne se mesurait même plus en termes humains. Les pilotes volaient au ras des flots, serrés les uns contre les autres, sous un ciel bas et noir, à la recherche d'un objectif improbable.

Ils ne l'aperçurent d'ailleurs pas. Philippi décida donc de se reporter sur l'objectif secondaire. C'est-à-dire les bateaux à l'ancre dans le port de San Carlos, tout au fond du détroit: gibier plus modeste mais disponible, et pas négligeable, somme toute! Quitte à transporter des bombes et des obus de 20 millimètres, autant essayer de s'en servir à bon escient. Cap au nord-nord-est, à 50 pieds d'altitude et à 450 nœuds au badin, les Skyhawk en formation d'attaque foncèrent vers leur proie. Une embellie paraissait se dessiner devant eux, au fur et à mesure qu'ils remontaient le détroit entre les rives escarpées. La couche nuageuse commença de se disloquer. Des pans de ciel bleu apparurent et soudain le mât et l'antenne radar d'un navire, caché par un gros rocher situé au nord de la baie, leur sautèrent à la figure : il s'agissait de la frégate *L'Ardent,* dont les pilotes reconnurent la silhouette, mais sans encore en connaître l'identité exacte. « Objectif droit devant !... indiqua Philippi. On attaque !... »

Son intention première était d'attaquer directement, en se camouflant le plus longtemps possible derrière le rocher, et en surgissant sur le navire au dernier moment. Il dut cependant changer de tactique lorsqu'il s'aperçut que le bâtiment britannique, sans doute alerté, avançait à grande vitesse et tentait de gagner les eaux profondes. De propos délibéré, Philippi effectua un virage à droite vers le rivage, ses ailiers toujours collés à lui, puis un virage à gauche, pour survoler la côte, afin de se fondre dans ce que les techniciens appellent le « fouillis de sol », des échos parasites provoqués par le relief qui brouillent les écrans des radars. Il espérait que les échos des avions de sa formation se confondraient ainsi avec ceux du sol, rendant plus difficile la détection par les opérateurs britanniques. Avant l'instant fatidique, il jeta un dernier coup d'œil à la jauge de carburant. Il lui restait un peu plus que nécessaire pour rentrer à la base, car à l'aller il avait bénéficié d'un fort vent arrière, qui malheureusement le pénaliserait pendant le trajet retour : il était cependant « du bon côté du trait » !

Lorsqu'il s'estima en bonne position pour attaquer, il vira serré à gauche vers l'objectif. Lorsqu'il arriva face à lui, il pressa la détente des canons, située sur la poignée du manche. Quelques obus partirent, puis les armes s'enrayèrent. Les statistiques ne mentaient décidément pas ! Dieu merci, les quatre bombes de 500 livres se détachèrent comme prévu. La séquence de largage ménageait un intervalle de 250 millisecondes entre chaque projectile, soit une quarantaine de mètres d'intervalle à l'impact. Durant le piqué final, Philippi aperçut des lueurs de départ d'armes à partir du navire. Il pensa à des missiles. En fait, il s'agissait de leurres, destinés à brouiller le radar des avions qui attaquaient. Heureusement, ceux-ci procédaient à vue, l'œil des pilotes palliant les déficiences de l'électronique ! Dans ce genre d'attaque somme toute rudimentaire, à l'ancienne mode, à quoi l'électronique aurait-elle servi ?

Arca, l'un des ailiers, aperçut distinctement les bombes se détacher des points d'accrochage du ventre du Skyhawk de Philippi, et les empennages des Snakeye, qui allaient stabiliser la trajectoire des projectiles, s'ouvrir et déployer. La quatrième de la série toucha le navire à la poupe. À la radio, un des ailiers cria : « Vous l'avez touché, commandant !... » Arca suivait, se demandant s'il n'allait pas ramasser au passage des éclats de l'explosion. Il largua lui aussi ses quatre bombes, avant de traverser la colonne de fumée qui déjà s'élevait de l'objectif. Marquez, le troisième pilote, cria à son tour : « Un autre coup au but !... »

Ce fut le moment que choisirent les Sea Harrier britanniques pour leur « tomber dessus ». Les avions britanniques les poursuivirent alors qu'ils tentaient de s'éloigner à grande vitesse, le long du détroit de

San Carlos. Jorge Philippi fonçait devant, José César Arca sur sa droite, un kilomètre en arrière, et Gustavo Marquez sur sa gauche à peu près à la même distance. Cela ne dura que quelques secondes puis la voix angoissée de Marquez, celle d'un homme jeune, non encore aguerri et saisi par la peur, se fit entendre, leur glaçant le sang: « Sea Harrier ! Sea Harrier !... »

Arca tourna la tête et vit très distinctement un missile Sidewinder quitter le rail de lancement d'un Sea Harrier qui s'était placé dans la queue de l'avion de Philippi. Guidé par son autodirecteur infrarouge, l'engin pénétra directement dans la tuyère du réacteur. L'avion explosa, se coupa en deux, les empennages se séparant du reste du fuselage. Il volait à ce moment-là à 500 nœuds, en léger cabré, à l'altitude de 1200 pieds, selon les souvenirs de Philippi.

Le leader avait relevé auparavant les deux visières superposées de son casque de vol, la visière transparente et la visière colorée de sombre, pare-soleil, pour essayer de mieux voir à travers le rideau de pluie des averses.

La vitesse de 500 nœuds, la dernière que put lire Philippi sur son indicateur, était beaucoup trop forte pour lui ménager des chances de survie, en cas d'éjection. Il décida pourtant de s'éjecter, quand il aperçut un autre Harrier, ou peut-être le même qui lui avait décoché un Sidewinder, se préparer à effectuer une nouvelle passe de tir. Quitte à prendre une gifle magistrale en pleine g..., du fait de la vitesse, quitte à se disloquer sous l'impact de celle-ci, mur d'air aussi compact que du béton, mieux valait encore sortir de là le plus rapidement possible !

Philippi saisit la poignée basse du siège éjectable, entre ses genoux, et tira, tout en s'efforçant de rester le dos collé au dossier, bien droit, colonne vertébrale dans l'alignement, afin que l'accélération de quelque 10 à 12 g qu'il allait subir ne lui rompe pas les vertèbres, le tuant sur le coup. Telles étaient les consignes, en pareille circonstance. Mais Philippi n'est pas certain, *a posteriori*, de les avoir bien respectées. Il ressentit une épouvantable douleur au niveau de la nuque, et s'évanouit. Sa dernière pensée fut pour un de ses anciens copains, Pena, qui, dix ans auparavant, s'était tué en s'éjectant de son Skyhawk désemparé, nuque brisée...

Marquez n'eut même pas le temps de s'éjecter. Son avion, touché par un Sidewinder, se volatilisa littéralement. Le corps du pilote et les débris du Skyhawk disparurent dans l'eau du détroit.

Arca eut plus de chance. Au moment où il vit l'avion de Marquez se désintégrer, une première rafale d'obus de 30 millimètres perfora son aile droite. Il volait alors à quelques mètres seulement au-dessus de l'eau, avec l'idée de gêner ainsi la visée de ses poursuivants. Il faillit percuter la surface. Il pesa de sa main droite sur le manche et de son pied sur le palonnier pour redresser la course de l'avion. Une seconde rafale l'atteignit. Cette fois sur l'aile gauche, ce qui mit le circuit hydraulique hors d'usage: Arca en était réduit à piloter en direct, sans l'aide des servocommandes. Les circuits étaient détruits supprimant les aides au pilotage et les moyens de navigation. Le lieutenant de vaisseau Arca résolut cependant de ne pas jouer les gibiers passifs. Il vira en direction des Harrier qui l'attaquaient. Manœuvre d'intimidation ou de désespoir, coup de bluff, peu importe ! Au bout de moins d'une minute, les Harrier abandonnèrent le combat tournoyant et s'éloignèrent.

Arca n'a jamais compris pour quelle raison les Anglais ne l'achevèrent pas.

Se fiant aux repères de l'archipel qu'il apercevait encore, il décida de tenter un atterrissage de fortune sur la piste de Stanley, la capitale des Malvinas, tenue par les troupes argentines. Mais d'abord, il lui fallait échapper aux Harrier, s'éloigner de la zone dangereuse. Sa seule chance de salut résidait dans la fuite. Il poussa la manette des gaz à fond vers l'avant. À 500 nœuds, il savait que les Anglais le rattraperaient difficilement. En revanche, à cette vitesse, il allait épuiser très vite le carburant que contenaient ses réservoirs, avec un avion aussi mal en point. Le kérosène s'échappait des réservoirs troués par les obus de 30 millimètres. Il avait la chance de ne pas exploser en vol ni de prendre feu.

L'autre risque était que les défenses argentines ne le repèrent sans l'identifier comme un des leurs et se mettent à lui tirer dessus. Dieu merci, il put entrer en contact avec un hélicoptère qui évoluait dans le coin, et après s'être fait reconnaître, lui demanda de relayer son message vers le centre de contrôle de Puerto Argentino. Se référant à sa carte de navigation, il localisa la colonie de Fitzroy, non loin de Port

Stanley et de sa piste. Il appela de nouveau le centre de contrôle. Celui-ci lui indiqua qu'il avait repéré l'avion, et intima l'ordre au pilote de s'éjecter. Pas question, répliqua le lieutenant de vaisseau Arca. « Je veux d'abord arriver au-dessus de la piste..., précisa-t-il. – D'accord !... » répondit le contrôleur. Lequel guida le pilote pour l'amener pile au-dessus des installations.

Arca baissa la manette de commande du train d'atterrissage. Clac ! et la roue avant se positionna, clac! et la jambe droite du train se verrouilla en position basse. Les deux lampes vertes qui indiquaient la réussite de la manœuvre, une pour la droite, une pour l'avant, s'étaient allumées, mais pour la gauche, rien! Comme toujours en pareille circonstance, le pilote demanda à effectuer un passage à basse hauteur et à basse vitesse, devant la tour de contrôle, afin que les gens au sol puissent voir si les trains d'atterrissage étaient bien sortis. Une fois que l'avion fut passé, le contrôleur reprit son micro : « D'après ce que je vois, votre train gauche n'existe plus. On voit le ciel à travers votre aile gauche, tant elle a de trous. Allez vous éjecter au-dessus de la baie... »

C'était un conseil sensé. Arca n'avait aucune raison de ne pas le suivre. Il avait même toutes les raisons d'obtempérer. Il savait pertinemment qu'essayer d'atterrir sur la piste de Port Stanley, avec un avion détérioré, à peine contrôlable, l'aurait conduit à coup sûr à un crash sur la piste. Si le reste du Skyhawk avait été en bon état, mise à part l'absence de la jambe gauche du train, il aurait pu tenter l'aventure, sauver son avion qui, ensuite, aurait pu être remis en état de vol, mais là, c'était sans espoir. Jamais il ne parviendrait à poser la roue droite et la roue avant, puis à « tenir » l'avion en braquant les ailerons à fond jusqu'à perdre sa vitesse avant que l'aile gauche ne s'affaisse. Et ensuite, à Dieu va ! Oui, c'était sans espoir.

Il gagna donc la zone prévue, monta vers 2500 pieds, mit son Skyhawk en ligne de vol, et dégrafa son masque à oxygène. Il disposait d'un peu de temps, et pouvait se préparer calmement. Dégrafer le masque et s'en libérer totalement était recommandé : on avait vu des pilotes gravement blessés par l'embout métallique du tuyau d'alimentation en caoutchouc raccordé au masque. Au départ du siège éjectable, le tuyau s'était étiré et il leur revenait dans la figure avec la force d'une balle. Arca se félicita d'y avoir pensé !

Puis, s'estimant enfin prêt, il tira sur la poignée haute de son siège. Celle que le pilote doit utiliser de préférence, quand il est encore maître de son avion, non soumis à des accélérations démentes ou à des embardées et peut lever sans problème les deux bras au-dessus de sa tête. La poignée haute présente un avantage considérable : lorsque le pilote tire des deux mains sur cette poignée, coudes écartés pour ne pas les bloquer sur sa poitrine, il déclenche l'allumage de la fusée du siège éjectable, comme avec la poignée basse, mais, en plus, son mouvement de traction déroule devant son visage et sa tête un rideau qui le protège du choc de la vitesse à laquelle vole l'avion, lui évitant ainsi l'impact de l'air. Même si l'accélération de départ du siège rabat automatiquement la visière de son casque, conçue pour cela, au cas où le pilote aurait omis de le faire lui-même, couvrant ainsi les yeux, le rideau ajoute une protection supplémentaire sur la partie de son corps la plus fragile et la plus exposée…

Arca se retrouva ainsi pendu aux sangles de son parachute, la séquence automatique de séparation du siège et d'ouverture de la coupole de nylon s'étant déroulée sans anicroche. En pareille circonstance, les pilotes qui ont dû s'éjecter bénissent le Ciel… et le constructeur du siège qui a imaginé ce canon à éjection posé sur un rail, muni d'une charge explosive les propulsant hors de l'avion. Ensemble rudimentaire s'il en est, mais ainsi peu susceptible de faire montre de caprices qu'affichent trop souvent l'électronique ou les équipements plus sophistiqués !

Arca aperçut alors son Shyhawk qui continuait de voler. Soulagé du poids du siège et de son pilote, l'avion amorça une légère descente puis vira en direction d'Arca. Celui-ci se fit la réflexion que le Skyhawk, vexé d'avoir été ainsi abandonné à son triste sort, cherchait à se venger. Il évita pourtant le pilote et poursuivit sa descente en spirale lente, jusqu'à ce que la DCA au sol, prenant conscience du danger qu'il représentait, se décidât enfin à l'abattre.

Arca se rapprochait peu à peu de l'eau. Il en profita pour tirer sur les cordons de gonflage de son gilet de sauvetage, provoquant la percussion de petites bouteilles d'air comprimé. Puis il enleva ses gants, ce dont il se repentit par la suite, car il allait séjourner longtemps dans l'eau, une eau glacée en cette période de l'année. Mais il n'eut pas le temps de se libérer du *dinghy,* le canot de caoutchouc qui se trouve dans le paquetage de survie et constitue une bonne part du coussin de siège du pilote. Ce paquetage de survie est fixé au harnais de parachute par deux agrafes métalliques.

Lorsqu'il toucha la surface, il prit conscience de l'inconfort de sa situation. Il était engoncé dans sa combinaison de survie, hermétiquement close aux poignets, au cou et sur la poitrine. Cela lui assurait une certaine flottaison grâce à l'air qu'elle contenait. En revanche, le paquetage et le *dinghy* étaient toujours accrochés à son harnais et l'enfonçaient dans l'eau. Arca pouvait difficilement s'en tirer seul.

Heureusement, un hélicoptère de l'armée de terre approchait. C'était un hélicoptère armé de canons disposés latéralement. Ce n'était pas un engin de sauvetage muni d'un treuil et d'un câble qui auraient permis de hisser le naufragé à bord. Un des mitrailleurs lança donc une corde. Arca s'en saisit et s'y agrippa.

L'hélicoptère reprit un peu de hauteur, mais sous le poids du pilote et de son accoutrement, par deux fois, le filin se rompit. L'hélicoptère se tenait au plus près de la surface, jusqu'à tremper ses patins dans l'eau, jusqu'à toucher le naufragé. Peine perdue. Arca apercevait le rivage, à quelques centaines de mètres de là. Il décida donc de le gagner à la nage et, pour cela, se débarrassa de ce qui l'encombrait, y compris du gilet de sauvetage, dont les deux boudins gonflés le maintenaient sur le dos, sans qu'il pût basculer sur le ventre pour faire la brasse.

Il se trouvait à proximité de la côte quand on lui cria tout à coup qu'il ne devait pas aborder, car la plage était minée ! Sa seule planche de salut résidait dans l'hélicoptère. Celui-ci volait à côté de lui. À nouveau, il lui fit signe. Son pilote avait parfaitement compris l'urgence de la situation. Il plaça l'un des patins dans l'eau, devant Arca, qui put s'y accrocher des pieds et des mains, poussé par l'énergie du désespoir: «Maintenant ou jamais!...» lança-t-il au mitrailleur qui, le corps à moitié dans le vide, le soutenait comme il pouvait. Le pilote de l'hélicoptère ne perdit pas de temps, il prit la direction du rivage, avant de se stabiliser à faible hauteur au-delà de la zone minée. Arca lâcha prise, tomba sur le sol. L'hélicoptère atterrit près de lui, et l'équipage put enfin l'embarquer.

Tant d'efforts l'avaient épuisé, il était près de sombrer dans l'inconscience, près à se laisser aller, comme ces blessés qui refusent de lutter davantage une fois que leurs sauveteurs les ont tirés d'affaire, et meurent par refus de se battre encore, s'étant déjà trop battus. Le mitrailleur le comprit fort bien. Tous ceux qui ont eu à intervenir en situation d'urgence connaissent ces symptômes-là. Le mitrailleur gifla Arca au visage, le força à rester éveillé et conscient, en lui parlant et en l'obligeant de force à lui répondre. C'est ainsi qu'on le transporta à l'hôpital. Quelques jours plus tard, un bras dans le plâtre, mais ayant recouvré l'essentiel de ses moyens, le lieutenant de vaisseau José César Arca fut rapatrié en Argentine...

Pendant qu'Arca se débattait ainsi dans l'eau glacée de l'Atlantique, son leader, le capitaine de corvette Alberto Jorge Philippi, était lui aussi tombé à la mer. Il réussit cependant à nager sans trop de problèmes vers le rivage. Il demeura plusieurs jours tout seul, aussi seul qu'un Robinson Crusoë sur une île déserte, avant d'être recueilli par des gens du coin. Ceux-ci, bien que citoyens de Sa Très Gracieuse Majesté britannique, et que les Argentins fussent en quelque sorte des envahisseurs, le traitèrent fort bien, le soignèrent et le reconfortèrent. Un hélicoptère des forces armées argentines le récupéra enfin, et le transporta vers Port Stanley. Il rejoignit Rio Grande le 30 mai.

De la patrouille des trois Skyhawk conduite par lui, il ne subsistait donc que trois épaves au fond de l'eau des Malvinas. Quant aux pilotes... L'enseigne de vaisseau Marquez était mort. Philippi et Arca étaient blessés et inaptes à reprendre le combat dans l'immédiat. Pour tous, la mission avait été une mission sans retour, à la limite de l'absurde.

Pourtant, aux yeux des Argentins, notamment des militaires, elle témoignait de leur volonté d'aller jusqu'au bout de leur devoir, de se battre pour une cause qu'ils estimaient juste. Même si cette cause, d'inspiration très politicienne, était pour le moins discutable. Les hommes sont souvent meilleurs que les causes qu'ils assument. En l'occurrence, les dirigeants argentins auraient sans doute été bien inspirés de prendre l'exacte mesure de la possible réaction britannique à l'occupation des Falkland, ou des Malvinas, ou des Malouines, comme on voudra. Et de la disproportion des moyens qu'ils alignaient eux-mêmes.

L'exemple des Skyhawk est à cet égard significatif. Ces appareils déjà anciens et surtout mal entretenus, sujets à des pannes multiples, ne « faisaient pas le poids », particulièrement dans les conditions d'emploi du conflit et au pire moment de l'année. On ne comptait plus les pannes, qu'il s'agisse des systèmes électriques, de transfert de carburant ou d'armement.

Deux jours après la mission tragique de la patrouille de Philippi, une autre mission tourna elle aussi au drame.

Le 23 mai, le capitaine de corvette Carlos Zubizaretta subit une panne électrique alors qu'il attaquait à la bombe la frégate *Antelope.* Il ne put de ce fait larguer ses bombes et décida de regagner Rio Grande pour sauvegarder son avion et le préserver dans la perspective d'une autre mission. Pour cela, il devait atterrir en conservant les bombes sous son avion, plutôt que d'utiliser le largage de secours. Celui-ci lui aurait permis de se débarrasser des bombes, mais il aurait aussi largué les racks, les rails d'accrochage des projectiles, qui ainsi auraient été perdus.

À l'atterrissage sur la piste glacée de Rio Grande, lourdement chargé, il manqua le brin d'arrêt qui l'aurait freiné et sortit de la piste. Face au risque d'écrasement dans la zone non aménagée et face au risque d'explosion qui s'ensuivrait, il décida de s'éjecter. Vu sa faible vitesse et sa hauteur nulle, ses chances de réussite étaient minces. Les sièges éjectables capables de fonctionner en zéro/zéro (vitesse zéro et hauteur zéro) n'équipaient pas encore les Skyhawk. Son parachute ne put se déployer totalement et Zubizaretta retomba lourdement au sol. Conduit à l'hôpital, victime de multiples fractures et de traumatismes profonds, il décéda peu après. Son avion, en revanche, ne fut que légèrement endommagé, et put être réparé. *A posteriori*, bien sûr, on peut penser qu'il eût mieux valu pour lui rester à bord. Le Skyhawk s'était débrouillé tout seul pour s'en sortir, et ne pas exploser.

Mais *a posteriori*, on peut réécrire tous les comptes rendus de missions, y compris ceux des missions sans retour.

MYSTÉRIEUSE MUSARAIGNE

1985.

Le colonel Kadhafi avait décidément bien fait les choses. Vu depuis les satellites de reconnaissance, ou d'après les photographies rapportées par les Mirage IV français venus de Bordeaux et volant à très haute altitude, le site avait toutes les apparences de la base humanitaire dont le chef d'État libyen affirmait vouloir doter le pays.

On sait combien le bouillant colonel aime à se poser en bienfaiteur de l'humanité. Des champs verdoyants avaient surgi des sables alentour, du bétail paissait dans les prés, la première récolte de céréales ne tarderait pas. Un lac, même, un lac, alimenté par de l'eau puisée dans la nappe phréatique, miroitait au soleil. L'oasis de Ouadi Doum, à 150 kilomètres au nord-est de Faya-Largeau, prenait des apparences de canton suisse. Un canton suisse dans la partie nord du Tchad occupée par les Lybiens. Nous étions en 1985. Le hic était que, pour desservir cette base prétendument humanitaire, Kadhafi avait jugé bon de faire construire une piste dont les caractéristiques dépassaient de loin les nécessités affichées. Longue de près de 4 kilomètres, elle était constituée de plaques de métal d'origine est-allemande, posées sur le sol qui avait auparavant été compacté avec de l'huile, selon une technique largement employée en Afrique, ou ailleurs, pour stabiliser les sols mouvants. Du solide. Capable de supporter des avions de fort tonnage. Par exemple des bombardiers, ou des appareils gros porteurs. Des aires d'alerte, avec emplacements de dispersion, des « marguerites », étaient visibles à chaque extrémité. Un chemin de roulement joignait le milieu de la bande ainsi aménagée à la tour de contrôle. Mieux : on distinguait aussi trois sites de missiles sol-air SA6 de conception soviétique avec leur radar de conduite de tir Straight Flush, ainsi que ce qui semblait être des quadritubes antiaériens ZSU 23,4.

La base dite « humanitaire » était en réalité une base militaire, implantée là de toute évidence pour servir de point de départ à des raids sur N'Djamena, la capitale tchadienne, en vue de la conquête du Tchad. Kadhafi n'avait jamais fait mystère de son grand rêve de réunir le Tchad à la Libye, pour constituer le vaste État du désert dont la réalisation hantait ses nuits, surtout lorsqu'il les passait loin des villes, imitant ses ancêtres qui vivaient naguère de presque rien. Kadhafi aimait en effet à se retirer parfois sous la tente, entretenant le mythe du chef bédouin libre et fier, guerrier sans peur et sans richesses, régnant sur des étendues immenses. Les revenus du pétrole lui permettaient aujourd'hui de jouer à ces jeux un peu puérils, vus de l'extérieur, et d'aspect souvent dérisoire pour nos yeux d'Occidentaux, mais qui contribuaient à asseoir son image parmi les peuples arabes.

Garants de l'indépendance du Tchad en vertu des accords de coopération qui les lient à ce pays, les Français ne sont pas dupes. Ils connaissent les desseins de Kadhafi, et suivent en permanence les travaux d'extension de la base de Ouadi Doum. Pour affiner les informations ramenées par les Mirage IV photographiques, des missions de reconnaissance sont effectuées chaque mois par des Jaguar depuis Bangui, en Centrafrique. Missions secrètes, sous le nom de code «Musaraigne», dont personne ne fait état nulle part. Qui oserait avouer que des appareils français survolent la base «humanitaire» de Ouadi Doum? Ce serait reconnaître que l'on met en doute la parole du dictateur libyen, bienfaiteur de l'humanité, pour lequel certains hauts responsables politiques français ne cachent d'ailleurs pas leur admiration. Son anti-américanisme absout à leurs yeux tous ses comportements peu recommandables.

Missions secrètes, et missions à haut risque.

Pour recueillir des preuves irréfutables sous la forme de documents photographiques, les Jaguar doivent en effet survoler Ouadi Doum à 15 000 pieds (4 500 mètres) d'altitude seulement. Les Jaguar français, avions d'attaque au sol et d'appui feu, sont en effet dotés d'excellentes caméras Oméra 40 dans le nez. De plus, il est possible de les équiper d'un conteneur RP 36 photos sous le fuselage, sorte de bidon dont la partie avant reçoit des caméras Oméra 33, la partie arrière demeurant vide. Trois bidons RP 36 sont disponibles à Bangui. Le jour de la mission Musaraigne, on les monte sur trois Jaguar, nous verrons pourquoi un peu plus loin.

Oui, mais Ouadi Doum est loin, à quelque deux heures de vol de Bangui. Les Jaguar emportent donc aussi deux réservoirs supplémentaires de 1 200 litres, un sous chaque aile. Compte tenu du contexte... et des armements sur la base de Ouadi Doum, on les équipe en plus de moyens de contre-mesures électroniques Fimat et Barracuda, destinés à brouiller les radars de conduite de tir libyens, ainsi que de lance-leurres infrarouges. Ceux-ci sont constitués de sortes de feux de Bengale qui, une fois largués et allumés, se transforment en points chauds derrière l'avion, et sont censés attirer les autodirecteurs infrarouges des missiles ennemis... et les détourner de l'avion lui-même. Les lance-leurres sont installés dans la queue de l'avion, en lieu et place du parachute frein que les pilotes utilisent d'habitude à l'atterrissage pour ralentir leur course sur la piste. Aux pilotes de se d... sans parachute, quand ils reviendront se poser.

Oui, mais encore, la piste de Bangui est située à 1 500 pieds (500 mètres) d'altitude, et elle ne fait que

2700 mètres de longueur. Et la température est élevée, même en début de matinée. Elle frôle les 30 degrés. Ne parlons pas de l'heure de midi. Donc, pas question de décoller avec le plein de carburant complet. Les Jaguar décollent en plein partiel, et complètent celui-ci ensuite grâce à un avion ravitailleur Transall NG (Nouvelle Génération) à proximité, avant de mettre cap au nord vers le Tchad. Le Transall NG, grâce à un réservoir de 8 000 litres installé sur la partie supérieure du fuselage, entre les ailes, emporte beaucoup plus de carburant que le Transall de première génération. Il peut donc en refiler aux Jaguar. Seul problème, pour la manœuvre : il vole à faible altitude, vers 8000, 10000 pieds, c'est-à-dire en pleine zone de turbulence atmosphérique, en Afrique, et faible vitesse, 220 nœuds seulement. Pour ravitailler, les pilotes des Jaguar sortent donc les becs de bords d'attaque des ailes, et 20 degrés de volets. Une manœuvre qui réclame du doigté et des nerfs solides...

Afin de mettre toutes les chances de leur côté, et ne pas risquer de rater l'opération « Musaraigne » pour une quelconque cause mécanique, quatre Jaguar décollent *a priori :* les trois qui sont équipés du bidon ventral RP 36 et celui qui servira d'escorte au Jaguar de reconnaissance. Après s'être ravitaillés en carburant auprès du Transall, si aucune panne n'a été signalée, deux des Jaguar reviennent se poser, la patrouille chargée d'effectuer la mission continuant seule vers le nord.

C'est ainsi que le 7 décembre 1985, le capitaine

Pierre-Alain Antoine, Tonio pour les intimes et les camarades, décolle à midi de Bangui, aux commandes de son Jaguar, pour effectuer la mission « Musaraigne n° 4 ». La « Musaraigne n° 3 » a eu lieu le matin même. Les deux appareils chargés de celle-ci se sont reposés à 11 heures du matin. En une heure de temps, les mécaniciens, sous le cagnard, ont remis les avions en état, effectué les compléments de carburant et les petites opérations de maintenance nécessaires, afin que les avions puissent repartir dans la foulée.

Deux missions en une seule journée ? Eh ! oui... L'état d'avancement des travaux de la base de Ouadi Doum inquiète de plus en plus les autorités politiques et militaires françaises, qui veulent en avoir le cœur net. En réalité, elles préparent une riposte au défi que leur lance le colonel Kadhafi, et entendent lui adresser un coup de semonce, sous la forme d'une attaque contre la piste et les radars libyens. Marquer de manière claire et nette qu'elles ne laisseront pas s'implanter ainsi une base de départ pour une possible agression. L'affaire est déjà programmée. Les planificateurs y travaillent. Pour la mener à bien, les états-majors ont besoin de renseignements sûrs et concordants sur les installations de Ouadi Doum. Une mission le matin, avec le soleil encore sur l'horizon, une mission à la mi-journée, avec l'astre au zénith, les interprétateurs photographiques vont pouvoir travailler à leur aise...

Donc, après que les quatre Jaguar de « Musaraigne 4 » ont ravitaillé, et comme rien ne s'oppose à la poursuite de son vol, Tonio ordonne aux numéros 3 et 4 de la patrouille de rentrer à Bangui, et met cap au nord, escorté de son équipier, en la personne du capitaine Vinson. Vinson est un pilote d'élite. Après son temps en escadre, il entrera à l'Epner, l'École du personnel navigant d'essais et de réception, qui se trouve à Istres, dans les Bouches-du-Rhône, et deviendra pilote d'essai. Quant à Tonio, chef du détachement Jaguar à Bangui, il aligne déjà une solide expérience. Né en 1947, à Saint-Dié, dans les Vosges, il s'est engagé dans l'armée de l'air comme élève mécanicien en 1966, avant de bifurquer très vite vers la spécialité de pilote de chasse. Après quelques années en escadre, notamment sur Mirage et quelques autres sur bombardier nucléaire Mirage IV, il revient finalement à ses premières amours, et au Jaguar. Après avoir notamment occupé le poste de directeur des équipes de présentation de l'armée de l'air (dont la Patrouille de France) de 1990 à 1992, il quittera l'uniforme en 1995 avec le grade de lieutenant-colonel.

Mais pour lui, en ces années 1980, comme pour les autres pilotes, comme pour les mécaniciens de son escadre, les détachements de quelques semaines en Afrique alternent avec les entraînements classiques en France, campagnes de tir et autres réjouissances. Ainsi s'articule la vie des aviateurs. Et lorsqu'il faut convoyer depuis le Centrafrique vers la France les avions pour qu'ils y soient révisés, ou les ramener vers Bangui après révision, les pilotes assurent aussi ces missions-là, cinq heures et demie de vol, avec des ravitaillements derrière le C-135, le cul coincé sur le siège, les épaules à l'étroit, quand on a la carrure d'un Tonio. Sans même parler de l'envie de pisser qui vous prend parfois là-haut, et que l'on satisfait grâce à des moyens de fortune. Raffinement suprême: la mise à disposition pour ces chevaliers du ciel d'une poche en plastique, d'une capacité de rétention de 1,5 litre, dotée d'une éponge qui leur permettra de satisfaire leurs envies les plus pressantes. Alors, on boit peu, quand on sait que l'on doit mettre cap au sud depuis Istres, en direction de l'Afrique. Et même, on arrive à se retenir, à s'habituer à la vessie pleine qui alourdit le bas-ventre, et pèse sur le tissu de la combinaison de vol, et contre la sangle inguinale du harnachement du siège…

C'est cela aussi, la vie des pilotes de chasse, loin des clichés et des feuilletons…

Donc, Tonio et Vinson, Vinson et Tonio, une fine équipe…

L'un et l'autre ont ingurgité chacun plus de 3 tonnes de pétrole derrière le Transall, et rempli leurs deux réservoirs supplémentaires. De quoi s'en aller tranquillement jusqu'à la « ligne rouge » qui marque la limite entre le nord du Tchad, concédé pour l'instant aux Libyens et à leurs affidés, les rebelles tchadiens opposés au gouvernement de N'Djamena, et le sud, qui constitue le Tchad « légal », celui qu'entend protéger la France. Un peu en deçà de la « ligne rouge », le Boeing C-135 de ravitaillement en vol les attendra pour un dernier complément de plein avant l'entrée en territoire hostile et le survol de Ouadi Doum. Quand on dit: « tranquillement », c'est une manière de considérer le fait d'un point de vue technique. Humainement, à bord des deux Jaguar, il en va bien sûr tout autrement.

Pour parler de manière crue, comme aiment à le faire souvent les pilotes de combat qui se respectent (un peu par provocation, et peut-être pour masquer, derrière ce qui ressemble à des gamineries, leur implication et leur angoisse véritable...), et si l'on se réfère aux sentiments et sensations de Tonio : «On ne bandait que d'une...» En langage clair et courant: «On n'en menait pas large...» Cela se comprend. Il existe effectivement une différence énorme entre une mission d'interception air-air, ou d'attaque au sol, au cours de laquelle le pilote est pris par l'action à mener, tout entier concentré vers l'objectif à atteindre et à détruire, l'ennemi à éviter ou à vaincre, poussé, sous-tendu aussi par une certaine rage qui le motive, le fournit en adrénaline, et lui fait braver le danger, et une mission de reconnaissance à moyenne altitude, en plein dans le volume de détection des radars adverses, et le domaine de tir de leurs missiles.

Là, pas question de se montrer meilleur que l'adversaire que l'on affronte, de se savoir meilleur, d'être sûr de sa propre valeur. Il n'y a pas d'adversaire identifié, il n'y a qu'une menace latente. On s'offre en quelque sorte aux coups de ceux qui rêvent de vous descendre. L'œil aux aguets, scrutant le ciel, l'oreille à l'affût du couinement dans les écouteurs du casque qui vous préviendra qu'un radar de détection vous a repéré, qu'un radar de conduite de tir vous a «accroché», qu'un missile vient d'être lancé dans votre direction, on vole vers son objectif, la base de Ouadi Doum, à travers la barrière des radars installés par le sieur Kadhafi et ses alliés soviétiques ou allemands de l'Est. Les systèmes de contre-mesures électroniques montés sur l'avion, aussi élaborés soient-ils, les lance-leurres infrarouges, dont on sait l'efficacité, ne sont que des moyens de défense passifs, qui ne rassurent qu'à moitié. Normal, donc, que ce genre de missions soit plutôt réservé aux pilotes expérimentés. Et au chef du détachement, qui se doit de montrer l'exemple, bien entendu...

C'est en tout cas ce genre de missions qu'accomplissaient les pilotes de « Musaraigne », sans même la satisfaction de se dire que les camarades, en France, les proches et les amis, savent vraiment de quoi il retourne. Puisqu'on n'en parle pas.

Pour ce type de missions, les pilotes travaillent dans l'ambiguïté d'une action politiquement inavouable (et pas seulement pour des raisons de protection du secret militaire, tout à fait compréhensibles). Ils constituent le bras armé, parfois ont-ils aussi le sentiment d'être le jouet, des hommes politiques qui les emploient selon leur vision du moment, leur désignant un ennemi avec lequel, eux, les hommes politiques, se réconcilieront peut-être en grande pompe dans les jours qui suivront. Sans faire dans le pathos, ou la grandiloquence, les pilotes de combat, en ce XXe siècle qui s'achève, sont souvent comme le serviteur du maître de l'Évangile : « Je lui dis : "Va !..." », et il va. « "Viens !..." et il vient... », ainsi que le raconte le maître lui-même, puisque c'est ainsi que les maîtres se comportent, et que les serviteurs obéissent.

En ce 7 décembre 1985, on peut supposer que ce genre de pensées, et quelques autres encore, ne devait pas être tout à fait étranger à Tonio et à son équipier en route pour Ouadi Doum. La mission se déroula pourtant sans anicroche. Du moins pour ce que purent en savoir les deux pilotes sur l'instant. Après avoir survolé la base libyenne, pris des photographies de ses installations, les deux Jaguar prirent le cap de retour sans trop s'attarder. Ils retrouvèrent à point nommé le Boeing C-135 de ravitaillement en vol qui tournait en les attendant au sud de la « ligne rouge », complétèrent leur plein de carburant, et rentrèrent à Bangui. Mais le C-135 ne retourna pas à Libreville, son aéroport d'attache. Il gagna lui aussi Bangui. Son rôle dans l'opération « Musaraigne » n'était point encore achevé.

Les spécialistes photographes développèrent aussitôt les films ramenés par les caméras du capitaine Antoine. Dès que l'opération fut terminée, les documents ainsi obtenus furent embarqués à bord du Boeing, qui décolla dans la foulée en direction d'Orly, où il se posa en cours de nuit. Pour la petite histoire, l'itinéraire le plus court entre Bangui et Paris passait par l'Algérie. Une autorisation de survol de ce pays était donc nécessaire. La raison véritable d'une telle requête ne pouvait évidemment être formulée. Celle qui était présentée aux autorités algériennes permettait à celles-ci d'accorder le survol sans paraître prêter une aide quelconque à la France dans cette affaire du Tchad. Personne, sans doute, n'était dupe, mais les apparences étaient sauves.

À peine le Boeing avait-il atterri à Orly que des motards s'en approchaient, auxquels l'équipage remettait les films, qui étaient aussitôt transférés à Saint-Cyr-l'École, non loin de l'aérodrome, où se trouvait alors implanté le Centre d'interprétation photographique de l'armée de l'air. Les interprétateurs se mettaient à l'ouvrage. Et, aux premières heures de la matinée, les documents renseignés, vieux d'à peine une journée, pouvaient être présentés aux autorités civiles et militaires...

La mission de survol de Ouadi Doum s'était apparemment déroulée sans anicroche, du point de vue des deux pilotes qui avaient effectué la mission du 7 décembre 1985. Voire... Le lendemain, une dépêche de l'Agence France Presse faisait état d'une déclaration des rebelles tchadiens (toujours la fiction de la non-implication des Libyens dans cette affaire...) selon laquelle ils avaient, la veille, « intercepté » deux avions français qui avaient violé l'espace aérien au-dessus de Ouadi Doum, et lancé contre eux des missiles sol-air SA 2. Intoxication ? Manière, pour le colonel Kadhafi, de montrer que ses radars avaient bien repéré les appareils français, et qu'il n'avait tenu qu'à lui de ne pas les avoir descendus ? Qu'il avait donc parfaitement deviné ce qui se tramait, et ce à quoi préludaient les vols de reconnaissance sur sa base du désert ? Qui le saura jamais ?

Dans les jours qui suivirent, le 11 décembre, une nouvelle mission « Musaraigne », la n° 5, fut encore ordonnée et exécutée. Puis les choses s'accélérèrent. Le plan d'attaque sur Ouadi Doum se précisait. Une douzaine de Jaguar, escortés par des Mirage F1, devaient y participer, accompagnés de deux Boeing de ravitaillement en vol, de deux Bréguet Atlantic, et de Transall. Une répétition générale eut lieu, avec comme objectif d'entraînement la piste d'Awa Kaba, au nord de la République centrafricaine. Cette piste avait été construite quelques années auparavant pour complaire à un chef d'État féru de chasse aux grands fauves africains, et lui fournir une base de départ commode pour les séjours en brousse dont il raffolait. Elle était maintenant plus ou moins désaffectée, le club-house servant seulement de temps à autre de lieu de séjour à des notables africains qui venaient y faire ribote. Mais la piste de 3200 mètres figurait assez bien celle de Ouadi Doum que le raid devait détruire, en tout cas rendre inutilisable.

L'attaque serait menée selon la tactique appropriée, les avions se présentant à très basse altitude et à 15 degrés de l'axe de la piste, et larguant sur celle-ci leurs BAP, leurs bombes anti-piste. Il s'agissait de munitions de 100 millimètres de diamètre, qui, d'abord freinées par un parachute après avoir quitté l'avion, afin de leur faire adopter une trajectoire plongeante, étaient ensuite accélérées par une fusée. Elles perforaient donc le revêtement de la piste, pénétraient sous cette dernière, et explosaient à ce moment seulement, déstabilisant le sous-sol et compliquant les réparations à réaliser pour remettre la piste en état. Telle était du moins la théorie.

La réalité se révéla assez différente. En tout cas sous les latitudes et par les températures africaines. Les BAP 100 étaient des munitions relativement légères, qui, lorsqu'elles arrivaient à proximité de la surface, subissaient les effets de l'air chauffé par le soleil, et se trouvaient quelque peu déportées, se dispersant et perdant ainsi en efficacité, puisque beaucoup ne touchaient même pas la piste. Une éventualité aussi fâcheuse avait bien été soulignée lors des essais effectués par le CEAM, Centre d'expériences aériennes militaires, de Mont-de-Marsan, mais l'armée de l'air avait dû pourtant s'en équiper, se contenter d'acquérir des BAP 100, faute de pouvoir s'offrir, par manque de crédits, l'anti-piste Durandal de la société Matra. Paradoxe: Durandal avait dans le même temps été vendu aux Allemands et aux Américains, qui appréciaient le produit. Les États-Unis en avaient acheté... 20000.

Ce qu'avait prédit le CEAM se vérifia en tous points lorsque l'attaque sur Ouadi Doum fut exécutée, au mois de février suivant, et le bombardement se révéla beaucoup moins efficace que ce qu'il aurait pu et dû être. Tonio et ses camarades du détachement de Bangui n'y participèrent point. Cependant, ils avaient préparé la mission, le choix des pilotes, la composition de la formation avaient été arrêtés, avec ce que cela peut poser comme cas de conscience à celui qui rédige l'ordre final : qui placer en tête ? Et qui placer en queue, avec les risques que courront les derniers pilotes, qui ne bénéficieront plus de l'effet de surprise? Mais la décision finale traîna en longueur. Entre-temps, c'est-à-dire à la fin du mois de décembre 1985, le séjour des hommes du capitaine Antoine avait pris fin. Ils étaient rentrés en France et avaient été remplacés par des personnels d'un autre escadron. Ils se trouvaient en campagne de tir à Cazaux, en Gironde, lorsque la radio et les journaux français leur apprirent que le raid avait enfin eut lieu.

Avec des résultats mitigés, on l'a vu. Impossible de ne pas en tirer les leçons qui s'imposaient : les BAP 100 étaient mal adaptées à l'attaque de pistes par très forte chaleur. Des essais de Durandal furent donc organisés en France. Un morceau de piste fut construit avec les mêmes *impedimenta* que ceux utilisés par les Libyens à Ouadi Doum, sur le champ de tir de Captieux, dans les Landes, pour y tester Durandal. Avec une pleine efficacité. Ce serait donc Durandal, lorsque les autorités politiques décideraient un peu plus tard de « remettre ça » sur Ouadi Doum. Au mois de mars 1986, l'armée de l'air reçut enfin les armements qui allaient bien. Les Américains avaient consenti à en revendre quelques exemplaires à la France. Chaque Jaguar pouvait en emporter six sous les ailes...

OSIRAK SERA DÉTRUIT

1981.

Imaginons la surprise de celui que l'on appelait le « petit roi », Hussein de Jordanie, confortablement installé sur le pont de son yacht, dans le port d'Aqaba, et celle de milliers de touristes en train de se dorer sur les plages qui dessinent les pourtours du golfe du même nom, lorsque surgissent, au ras des toits de leurs bungalows et des mâts de leurs bateaux de plaisance, quatorze appareils marqués de l'étoile de David, en ce début d'après-midi du 7 juin 1981. Les huit F-16, lourdement chargés de leurs réservoirs supplémentaires et de leurs bombes accrochées sous les ailes, ainsi que les six F-15 porteurs de missiles et de réservoirs supplémentaires, ne s'attardent d'ailleurs pas et poursuivent leur route vers le nord-est.

Mais Hussein, pilote lui-même, les a parfaitement reconnus et identifiés.

Avec un tel chargement, il ne peut s'agir que d'une mission offensive, mais contre qui ? À tout hasard, il demande à ses aides de camp de faire prévenir les chefs d'État des pays arabes de la région, dont Saddam Hussein, le maître de Bagdad. Il ne nourrit pas une sympathie particulière pour le dictateur irakien, mais la solidarité passe avant tout ! Saddam Hussein enregistre, comme les autres. Il se trouve à ce moment-là sur le front irako-iranien, avec sans doute d'autres sujets de préoccupation. Comment pourrait-il savoir que les quatorze appareils ont mis le cap vers sa capitale, pour une opération qui restera dans les annales de l'aviation militaire comme un modèle du genre, tant au niveau de la planification que de l'exécution ?

*

* *

On se souvient de Caton l'Ancien, s'adressant aux représentants de l'oligarchie sénatoriale de Rome, quelque cent cinquante ans avant Jésus-Christ, terminait toutes ses interventions par l'apostrophe fameuse: «Delenda est Carthago !... Carthage sera détruite!...». Rome, qui régnait sur le monde méditerranéen, ne pouvait tolérer que sa primauté lui fût disputée par sa grande rivale de la partie orientale de l'Afrique du Nord, la cité de Carthage, près de l'actuelle Tunis. D'où l'inquiétude quasi obsessionnelle de Caton : « Carthage sera détruite !... », qu'il répétait à l'envi. Carthage fut effectivement détruite !

Toutes proportions gardées, on pourrait en dire autant des dirigeants israéliens de la fin des années 1970, à propos des ambitions nucléaires de l'Irak. Avec l'aide des Français, des Italiens, des Belges et des Russes, le régime de Saddam Hussein avait lancé un vaste programme nucléaire, qui devait se concrétiser par la mise en service d'un complexe atomique à Tuwaitha, sur les bords du Tigre, à une vingtaine de kilomètres de Bagdad, la capitale.

La France avait accepté de fournir un réacteur de recherche d'une puissance de 70 mégawatts, fonctionnant selon la technologie « uranium naturel et eau légère » mise au point par les atomistes français. Son nom de baptême : Tammuz 1, ou Osirak, et Tammuz 2 (baptisé « Isis »), un réacteur d'une puissance de 1 mégawatt, également de technologie française. Ils venaient rejoindre sur le site de Tuwaitha un réacteur d'origine soviétique de 2 mégawatts de puissance, fonctionnant depuis 1968, ainsi que l'unité d'enrichissement d'uranium, fournie par les Italiens et nommée « 30 juillet » (façon de célébrer l'anniversaire de la révolution menée par Saddam Hussein), et qu'un équipement de production d'isotopes à des fins plus ou moins médicales.

Les Iraniens, voisins et ennemis des Irakiens, ne voyaient pas d'un bon œil les progrès de ces derniers dans le domaine nucléaire. Il ne faisait de doute pour personne qu'Osirak produirait un jour ou l'autre du plutonium, ingrédient obligatoire pour la fabrication d'une bombe atomique, en dépit de toutes les dénégations des représentants du Commissariat à l'énergie atomique français. Presque tout le monde était persuadé que telle était la destination finale d'Osirak. Après tout, les Français n'avaient pas agi autrement pour mettre sur pied leur arsenal nucléaire et les armes de leur force de dissuasion... les Iraniens n'étaient pas dupes.

Mais un autre pays s'inquiétait encore davantage de l'éventualité d'une possible arme nucléaire irakienne : Israël. L'État hébreu avait lui-même implanté un réacteur nucléaire à Dimona, dans le désert du Néguev au cours des années 1960 et là encore avec l'aide des Français. Entouré par des pays arabes et musulmans hostiles, ayant juré sa perte, Israël s'estimait en droit de détenir l'arme atomique, comme moyen de dissuasion vis-à-vis de ses belliqueux voisins, ce qu'elle fit, épaulée en cela par l'Afrique du Sud.

La dissuasion ne se basait d'ailleurs pas seulement sur la possession et l'utilisation éventuelle de l'arme nucléaire, car la menace de polluer les eaux du barrage d'Assouan, en Égypte, par des déchets radioactifs était tout aussi efficace. Ces déchets auraient contaminé pour des années la vallée du Nil et toute l'Égypte... mais cette menace ne concernait que l'Égypte, qui ambitionnait aussi de disposer de la technologie nucléaire. Cependant, son programme traînait en longueur, freiné par des sabotages et des accidents mystérieux, très souvent attribués aux services spéciaux israéliens.

Face aux autres nations arabes, Israël s'était doté de quelques bombes atomiques, qui pouvaient être larguées à partir de leurs biréacteurs Phantom ou encore à partir de leurs monoréacteurs Kfir, dérivés *(made in Israël)* du Mirage III français. Des personnes bien intentionnées avaient transmis aux Israéliens les plans détaillés de l'avion de chasse français. Israël attendait par ailleurs le missile Jéricho (dont le programme bénéficia largement des subsides du Shah d'Iran: Reza Palevi...). Ce missile était l'extrapolation d'un engin d'une portée de 600 kilomètres, conçu par la Générale aéronautique Marcel Dassault: le MD 620.

Quoi qu'il en soit, Israël, en ce début des années 1980, était bel et bien devenu une puissance nucléaire: c'était une question de survie pour l'État hébreu.

En revanche, celui-ci acceptait mal qu'un de ses voisins (en l'occurrence l'Irak, qui était dans ce domaine sensible le plus en pointe) pût l'imiter en quoi que ce fut.

Osirak devait donc être détruit, afin de mettre un terme aux ambitions de Saddam Hussein. La construction du réacteur battait son plein : des techniciens français et italiens prêtaient assistance aux Irakiens et aux entreprises travaillant sur le chantier. Les revenus du pétrole permettaient de financer tous les grands projets de Saddam.

Les Iraniens tenaient le même raisonnement que les Israéliens quant aux projets irakiens. D'où, devant la menace qui pesait sur les deux pays, une coopération de fait entre Israël et l'Iran, coopération qui pouvait aller jusqu'à des échanges de renseignements et des fournitures d'armes et de munitions. Devant l'ennemi commun, on ne choisit pas toujours ses amis en fonction de ses affinités de cœur ou de religion !

La guerre faisait rage entre l'Irak et l'Iran. Elle était attisée par des divergences d'origine religieuse: d'un côté des chiites, de l'autre des sunnites qui, bien que tous deux musulmans et se réclamant de la même croyance, se livraient à une lutte sans merci. Elle allait être sanglante ! Aujourd'hui encore, impossible de dénombrer le nombre des victimes de part et d'autre.

Le 30 septembre 1980, après deux jours de trêve pour la capitale irakienne (sans doute en raison des conditions météorologiques), les sirènes d'alerte retentissent à nouveau. Une formation de Phantom iraniens attaque une centrale électrique dans la proche banlieue de Bagdad. Soudain, deux appareils se détachent du groupe des assaillants. Ils sont chargés de bombes Mk 82 Snakeye à fusée retard (l'explosion se déclenche non pas à l'impact, mais quelques secondes plus tard, lorsque les projectiles ont pénétré à l'intérieur de l'objectif). Les deux Phantom sont aussi équipés de nacelles de guerre électronique. Leurs équipages connaissent parfaitement la région et la disposition des défenses irakiennes. Ils se glissent dans le corridor aveugle, où les radars irakiens ont du mal à les repérer. Ce passage au travers de la ceinture de missiles sol-air et de pièces d'artillerie entourant Bagdad se situe entre la capitale et Salman Pak. Les voici sur le site de Tuwaitha. Ils effectuent un large virage de reconnaissance autour du complexe nucléaire, afin de bien identifier le dôme du réacteur Osirak, et, sans être autrement gênés ou dérangés, larguent leurs projectiles sur la cible qu'ils manquent plus ou moins : deux Mk 82 touchent bien la coupole de béton du réacteur, mais ricochent sur elle puis vont s'écraser et exploser plus loin. Les autres bombes endommagent les installations de la tour de refroidissement, le bassin de stockage des déchets radioactifs liquides et quelques pompes et tuyauteries. C'est tout et Osirak reste intact !

Les deux Phantom ne tentent même pas une passe de tir aux canons de bord, pour compléter le travail et compenser l'insuccès de leur bombardement. Ils font demi-tour et reprennent leur cap vers l'Iran. Bilan de l'attaque : quelques dommages, certes, mais sans gravité. Tout au plus quelques millions de dollars de réparations à effectuer pour que les travaux du chantier puissent reprendre comme si de rien n'était. Un an après, tout était d'ailleurs rentré dans l'ordre.

Le raid iranien eut quand même un effet non négligeable : bon nombre de techniciens français et italiens, travaillant à Tuwaitha, furent effrayés par la perspective d'une nouvelle attaque et se firent tirer l'oreille pour continuer leur travail. Certains refusèrent même carrément.

Bien des années plus tard, la question restait toujours sans réponse pour savoir si le raid iranien avait été effectué de propos délibéré ou si le réacteur

Osirak n'avait été qu'un objectif secondaire pour les Phantom attaquant la centrale électrique, deux avions se déchargeant de leurs bombes sur Osirak, faute d'avoir pu participer à l'assaut initial. Ils avaient pu être gênés par la fumée des premières explosions leur masquant la centrale électrique attaquée. Cette thèse est confortée par le constat de l'inadéquation des bombes utilisées (incapables de pénétrer ou même d'entamer le dôme de béton armé d'Osirak), alors qu'elles étaient parfaitement adaptées à l'attaque d'un objectif comme une centrale électrique.

Le président iranien, Bani Sadr, dans une interview à une radio suédoise, le 9 octobre 1980, affirma que l'attaque avait été effectuée par « erreur » et que le véritable objectif était bien des installations militaires toutes proches. Ces propos furent corrigés quelques jours plus tard par le docteur Freidoon Sahabi, patron de l'organisation de l'énergie atomique iranienne, qui démentit tout simplement que l'attaque ait jamais visé le petit réacteur en fonctionnement, au risque de répandre dans l'atmosphère des produits radioactifs.

On était en pleine confusion !

Les seuls à vraiment se montrer déçus par cet échec furent les Israéliens. Quelques jours auparavant, le chef du service de renseignements de l'armée, le général Yehoshua Seguy, s'était en effet publiquement étonné que les Iraniens se montrent si peu pressés de s'en prendre à la menace atomique que représentait l'extension du complexe de

Tuwaitha. De là à soupçonner les Israéliens d'avoir «inspiré» le raid, peut-être même d'avoir participé à sa préparation ou encore de l'avoir carrément réalisé (des pilotes hébreux se trouvant aux commandes des Phantom portant des cocardes iraniennes), il n'y avait qu'un pas à franchir et il le fut. On ne prête qu'aux riches !

L'échec renforça Tel Aviv dans sa conviction : Osirak devait être détruit ! Et il le serait... par Israël ! Les pilotes israéliens se chargeraient de la tâche, cette fois à visage découvert.

Les services de renseignements, dont le fameux Mossad, s'activèrent de plus belle, aidés en cela par des Français et des Iraniens, mais également, semble-t-il, par les Américains, qui fournirent aux Israéliens des photographies prises par leurs satellites d'observation, en complément de celles rapportées par les avions de reconnaissance, qui venaient survoler le site à très haute altitude. Les tacticiens se remirent à l'ouvrage. L'opération, nom de code « Opera », mobilisa tous les échelons de la hiérarchie militaire. Quant au but final de l'opération, il fut farouchement gardé secret.

C'est alors qu'intervint un élément décisif.

Le projet initial de l'attaque mettait en jeu des Skyhawk et des Phantom. Les pilotes commencèrent donc de s'entraîner aux vols de longue durée au-dessus de la Méditerranée, pour se préparer au raid. C'est à ce moment-là que les Israéliens reçurent une nouvelle qui les enchanta : l'Iran de l'ayatollah Khomeini venait d'annuler sa commande de chasseurs bombardiers F-16 Fighting Falcon que le Shah avait passée avec les Américains. En conséquence de quoi, ceux-ci proposèrent aux Israéliens d'avancer la date de livraison de leur propre commande du F-16. Cela ne pouvait tomber mieux. Le recours aux Skyhawk se révélait en effet délicat, en ce qui concernait l'autonomie des appareils: il allait falloir les ravitailler en vol à proximité immédiate du territoire ennemi, ou même carrément en zone hostile. L'affaire était risquée !

Tout changeait avec les F-16 : leur autonomie était suffisante pour mener l'attaque et rentrer en Israël, même si les réservoirs internes des avions ne déborderaient pas de kérosène à l'atterrissage !

Les Israéliens ne perdirent pas de temps. Dès l'arrivée chez eux des deux premiers F-16 A, le lieutenant-colonel Ze'ev Ra'az, désigné comme commandant d'un futur escadron équipé de Fighting Falcon, et qui rentrait tout juste des États-Unis où il s'était familiarisé avec le nouvel avion, entreprit de tester en vol les chargements les plus divers, en réservoirs supplémentaires et en bombes. Il recherchait ceux qui seraient les mieux adaptés pour le raid sur Bagdad et Osirak. Secret absolu. Il importait que les Américains ne fussent pas au courant de ce qui se tramait, du moins officiellement, car ils auraient pu interrompre la livraison des F-16 et décréter un embargo sur le reste de la livraison. Il importait que le nombre de F-16 livrés fût suffisant pour réaliser la mission, car après que cette dernière aurait été menée à bien, l'embargo serait à coup sûr décrété !

En même temps que les tests se poursuivaient, la préparation du vol lui-même battait son plein. Les renseignements météorologiques en constituaient un élément important. Une bonne connaissance des conditions sur le parcours, du vent à basse altitude (pour l'aller) et à haute altitude (pour le retour), était nécessaire. Elle servirait notamment à fixer la période la plus favorable pour le raid.

Une première date, le 10 mai 1981, fut retenue, puis abandonnée : la situation au Liban requérait l'attention de l'armée israélienne. Par ailleurs, certains opposants au gouvernement (et notamment le travailliste Shimon Peres) avaient eu vent de l'affaire et soulevaient des objections. Il fallut temporiser. Le report se révéla d'ailleurs bénéfique: les armuriers découvrirent peu après que les fusées des bombes Mk 84 de 2000 livres (quelque 900 kg) qui commandaient l'explosion avaient été mal montées, et qu'elles n'auraient probablement pas fonctionné !

Le déclenchement de l'opération « Opera » fut en définitive fixé au 7 juin 1981. À cette date, on pouvait penser que les techniciens français auraient quitté le site (prévenus par les Israéliens ?). De plus, le chargement du réacteur Osirak en combustible nucléaire devait commencer dans les quinze jours à venir. Une attaque plus tardive aurait risqué de provoquer la dispersion de produits radioactifs sur Bagdad. Enfin, la base aérienne choisie comme point de départ du raid des huit F-16 A d'attaque et des six F-15 d'escorte, Etzion, était située dans le désert du Néguev, qui devait être restitué sous peu aux Égyptiens.

Des avions de ce type n'y étaient jamais stationnés, en temps ordinaire. Il avait donc fallu y acheminer toute la logistique. Mais sa position géographique favorable, tout comme son isolement constituaient autant de facteurs déterminants. De là, les avions pourraient foncer directement vers l'Irak, économisant ainsi du carburant, et ils profiteraient de corridors que les Israéliens avaient repérés comme se trouvant hors de portée des radars de défense aérienne de la Jordanie, de l'Arabie Saoudite et de l'Irak.

C'est ainsi qu'en ce début d'après-midi du 7 juin 1981, le roi Hussein, souverain du royaume hachémite, put voir passer au-dessus de son yacht amarré dans le port d'Aqaba la formation en route vers Osirak...

*

* *

Les F-16, « Netz » dans la terminologie israélienne, sont équipés chacun de trois réservoirs supplémentaires, et de deux bombes Mk 84 et les F-15 « Baz », de missiles air-air Sparrow et Sidewinder, ainsi que de nacelles de guerre électronique et de réservoirs supplémentaires.

Les pilotes savent que l'autonomie en carburant des F-16 est tout juste suffisante pour effectuer l'aller-retour à basse altitude sur Bagdad. En raison des bombes accrochées sous les ailes qui provoquent une augmentation de la traînée. Cependant, ils ont toute confiance en ceux qui ont planifié leur mission et effectué les calculs.

Pendant plus d'une heure et demie, la formation vole à 200 pieds sol et Mach 0,7 (plus de 800 km/h) au-dessus du désert An-Nafud, vaste étendue désolée de dunes, de roches, d'amas caillouteux. Les avions observent un silence radio et radar total. Aucune émission. Toute la manœuvre s'effectue selon la procédure maintes fois répétée, sans qu'il soit besoin de parler, ni d'utiliser le faisceau d'un radar pour identifier un repère. Rien ne signale le passage des avions. Seuls les bédouins du désert pourraient les repérer, lorsque le fracas des quatorze appareils attire leur attention, mais comment identifier des bolides qui frôlent le relief et disparaissent aussitôt?

Lorsque les réservoirs pendulaires de carburant sont vides, les pilotes les larguent un à un, réduisant d'autant la traînée, mais pas n'importe où. Là encore, les points de largage ont été choisis avec soin, afin de ne fournir aucune indication à qui que ce soit.

Au passage de la frontière irakienne, les avions accélèrent à Mach 0,8. À 40 kilomètres de Bagdad, les pilotes des six F-15 branchent enfin leur radar de bord, puis se divisent en trois patrouilles de deux, afin de « couvrir » les trois bases principales de la chasse irakienne autour de la capitale: Habbaniyah, Al-Mossana, Al-Rashid. Ils se mettent à «orbiter» au-dessus de chaque aérodrome, prêts à fondre sur les MiG ou les Mirage irakiens qui tenteraient de décoller, mais rien de tel ne se produit.

Apparemment, les radars au sol n'ont toujours rien

détecté. Ou, plus vraisemblablement, s'ils ont détecté quelque chose, les moyens de défense aérienne n'ont pas encore reçu l'ordre d'intervenir. Le système irakien est en effet calqué sur le système soviétique, c'est-à-dire très centralisé. Même les défenses rapprochées du site de Tuwaitha dépendent du commandement situé à Bagdad. Détection, identification, suivi, détermination de la trajectoire des intrus, transmission, estimation de la menace, rapport aux échelons les plus élevés du commandement, décision de tir : tout cela prend du temps.

Les F-16, par patrouille de quatre, grimpent jusqu'à 10000 pieds de manière à permettre aux pilotes de repérer à coup sûr leur objectif, le complexe de Tuwaitha et Osirak. C'est le seul moment vraiment délicat de l'attaque et le plus risqué.

C'est le seul où les appareils sont vraiment vulnérables. À 10000 pieds, ils sont comme exposés à nu au-dessus de l'horizon et en plein dans le volume de détection des radars irakiens. Tout va donc se jouer en quelques secondes !

À la tête de la première formation, le lieutenant-colonel Ra'az plonge dans un piqué à 35 degrés et à 600nœuds (plus de 1100 km/h). Il largue ses bombes lorsqu'il franchit 3500 pieds et, en même temps, lâche des leurres pour brouiller la détection irakienne.

Les deux projectiles perforent le dôme de protection du réacteur, font exploser la coupole, décapitant littéralement Osirak. Les trois autres F-16 de la patrouille imitent leur leader, à cinq secondes d'intervalle l'un de l'autre. Tout a été calculé au plus près.

Même le temps retard des fusées des deux bombes de chaque avion est décalé, afin d'obtenir un effet maximum.

Lorsque arrive le tour de la seconde patrouille, conduite par le colonel Nahumi, les pilotes ne peuvent que taper dans la fumée qui s'élève déjà, mais cela aussi était prévu : en tenant compte des repères situés près du site, il est possible de mettre une bombe au but !

Les canons et les mitrailleuses lourdes de la défense de Tuwaitha se décident enfin à ouvrir le feu, mais c'est déjà trop tard: allégés de leur chargement, les F-16 se dispersent dans toutes les directions, effectuant des ressources et des virages serrés à décrocher la mâchoire de pilotes moins bien formés et entraînés qu'eux, puis ils mettent le cap à l'ouest.

L'affaire n'a pas duré plus de quarante-cinq secondes, et il ne reste pratiquement rien du réacteur Osirak. Un brasier dévore l'intérieur de l'enceinte. Sur les seize bombes Mk 84 larguées par les huit F-16, douze ont frappé au but, plus deux qui ont pénétré en plein dans le bâtiment visé, mais qui n'ont pas explosé.

Une seule victime: un technicien français.

Les F-16 se regroupent, les pilotes se comptent à la radio, pour s'assurer que personne ne manque à l'appel : plus besoin de faire silence. Les Irakiens savent bien que les avions israéliens sont là, au-dessus de leurs têtes! Les F-16 rejoignent les F-15 d'escorte et gagnent l'altitude de 40000 pieds afin d'économiser le carburant, puis mettent le cap direct vers Israël, traversant la Jordanie.

Le lieutenant-colonel Ra'az, patron du dispositif, peut transmettre le message qu'attendent anxieusement les officiers du centre de contrôle de Tel Nov, et au-delà, le ministre de la Défense, Chaïm Weisman, et, au-delà encore, le Premier ministre, Menahem Begin : « Mission accomplie !... Cible apparemment détruite... » Il est probable que les Jordaniens aient détecté les avions qui survolent ouvertement leur territoire, mais ils ne réagissent pas, tout comme les Irakiens, à peine remis de leur surprise, ainsi que les Saoudiens et les Syriens.

Les Jordaniens rappelleront même deux de leurs Mirage F1 qui patrouillaient, afin de bien montrer qu'ils ne recherchent pas l'affrontement...

De toute manière, les Israéliens ont placé en alerte des avions ravitailleurs et de contre-mesures électroniques, une paire de F-15, plus un avion radar. Aucun n'aura pourtant à intervenir. Les quatorze appareils regagneront leur base sans problème.

*

* *

Bien entendu, la communauté internationale, unanime, condamna le raid israélien. On ne pouvait s'attendre à moins. Bien entendu, les Américains, comme prévu, suspendirent immédiatement la livraison des F-16, et tancèrent Tel Aviv (mais cela s'arrangea par la suite). Bien entendu, Saddam Hussein protesta avec la dernière énergie contre l'agression dont son pays avait été victime de la part des « sionistes ».

Le programme nucléaire irakien, tout du moins celui à caractère militaire, s'en trouva quasiment réduit à néant. Les Brésiliens pourront bien livrer par la suite à Bagdad (en juillet 1981) l'uranium qui leur avait été commandé. Il ne servira jamais car Osirak n'existait plus !

En 1990, Saddam ne disposera pas de la bombe dont il rêvait lorsqu'il envahira le Koweït, déclenchant ainsi la première guerre du Golfe...

COMBATTRE UN ENNEMI INVISIBLE

1955-1961.

Sur fond de montagnes, une barrière de barbelés, avec un moine au milieu : en 1955, un aviateur facétieux avait ainsi dessiné l'insigne de la base aérienne de Telergma, dans le Constantinois. Pour imagé qu'il fût quant à la représentation de ce qu'était alors la vie des personnels de l'armée de l'air qui utilisaient ce terrain, l'insigne en question ne reçut bien évidemment l'agrément ni des autorités militaires ni des spécialistes en héraldique.

Il décrivait pourtant très exactement ce qu'était alors la « base aérienne opérationnelle » de Telergma, dans le Constantinois, à partir de laquelle opéraient toutes sortes d'appareils de combat engagés dans le conflit algérien.

Jamais en retard d'une comparaison capable de frapper leurs lecteurs, ou leurs auditeurs, les journalistes de l'époque firent de Telergma tour à tour ou à la fois un camp de concentration, un monastère, un porte-avions des sables, se souvient aujourd'hui le général Lucien Robineau, qui fréquenta beaucoup les lieux durant ces années-là. Il effectua en effet 324 missions de guerre en Algérie (en excluant de ce total les survols des zones classées hostiles, survols décomptés également comme missions de guerre, mais que l'intéressé préfère laisser à part…), sur trois types d'appareils différents, Mistral, F-47 et Skyraider, avant de poursuivre une carrière qui déboucha au final sur le poste de chef du Service historique de l'armée de l'air.

À peine rentré des États-Unis où il était allé gagner ses ailes de pilote de chasse (et un solide entraînement au combat et aux diverses formes de tir, sous la férule d'instructeurs américains qui avaient « fait » la Corée), le jeune sous-lieutenant Robineau fut *illico presto* affecté sur la base aérienne « Roland-Garros » de Bizerte-Sidi Ahmed, en Tunisie, au mois de novembre 1955.

La 7e escadre de chasse qui s'y trouvait implantée était équipée de Mistral, monoréacteur dérivé du Vampire britannique, mais doté d'un moteur et d'un rapport poussée/poids qui en faisaient une monture de choix. Dur aux ailerons, certes, puisque ceux-ci n'étaient point équipés de servocommandes, mais avec une gouverne de profondeur d'une telle efficacité qu'en combat tournoyant les autres chasseurs français de l'époque préféraient ne point trop s'y frotter.

Le Mistral était armé de quatre canons de 20 millimètres, pouvait emporter des roquettes sous les ailes, et soit deux réservoirs supplémentaires, soit des bombes de 250, 260 ou 500 livres, ou des bidons de napalm. À Bizerte, les pilotes volaient chaque jour et s'exerçaient aux diverses sortes de tir, acquérant à ce rythme, et ce, même pour les moins doués au départ, une habileté bien compréhensible. Ce qui leur fut bien utile par la suite. Tel jour de la semaine, on tirait au canon ou aux roquettes sur des cibles au sol. Tel autre jour, on larguait des bombes en piqué ou l'on s'exerçait au combat aérien entre pilotes. Tel autre était celui du tir air-air en altitude, sur une cible, un panneau de toile remorqué par avion au bout d'un long filin.

Les obus de chaque Mistral étaient colorés de couleurs différentes, ce qui permettait de repérer les impacts sur la cible par les traces qu'y laissaient les projectiles et d'afficher les résultats de chaque pilote. Avec accompagnement de commentaires, comme il se doit, devant le panneau étalé au sol, autour duquel se rassemblaient les pilotes qui avaient participé à la séance. Sur la bordée de ses quatre canons de 20 millimètres, un pilote qui avait placé sept ou huit obus dans la toile pouvait légitimement afficher sa satisfaction. Aussi, lorsqu'à l'issue d'une mission de tir air-air dans le ciel tunisien, le jeune sous-lieutenant Robineau décompta quant à lui cinquante-quatre trous à sa couleur, recueillant ainsi les félicitations méritées (parfois teintées d'envie) de ses camarades. Il en éprouva une fierté légitime. Sa prouesse lui apporta ainsi la confirmation qu'il était bien entré dans le monde prestigieux des pilotes de chasse, qu'il était bien désormais « un vrai chasseur » !

Même s'il lui restait encore beaucoup à apprendre, à l'instar des jeunes brevetés comme lui, au contact de leurs camarades plus anciens. Ceux-ci avaient beaucoup à leur transmettre. Ils avaient déjà pour la plupart connu le combat, même s'ils étaient à peine plus vieux que les jeunots, et en avaient retiré une solide expérience, gage souvent de la survie et à tout le moins de l'efficacité aux commandes d'un avion de chasse.

Lucien Robineau n'a pas oublié le cas de ce jeune sergent tout frais émoulu d'école, qui effectuait un décollage en patrouille avec son commandant d'escadrille comme leader. Selon la consigne habituelle, après l'alignement des deux avions sur la piste, au moment de la mise des gaz sur freins, l'équipier, ayant vérifié ses paramètres moteur, levait le pouce en direction de son leader, lui signifiant ainsi que tout allait bien pour lui, qu'il était prêt à le suivre. Mais révélant par la même occasion, avec son pouce levé, qu'il avait omis ce jour-là de mettre ses gants de vol. Le leader n'hésita pas une seconde et renvoya le jeune néophyte au parking : en mission sur avion d'armes, on ne vole pas sans ses gants. En cas d'incendie, des mains dépourvues de protection seront incapables d'effectuer les manœuvres de secours nécessaires, comme de larguer la verrière... ou de tirer sur la poignée d'ouverture du parachute. L'expérience le leur avait appris, ils l'avaient peut-être vécu eux-mêmes, et tenaient à en faire profiter les nouveaux dont ils avaient la charge, en marquant bien qu'on ne transigeait pas avec ce qui pouvait conditionner votre survie. Ce qui, en combat, devenait littéralement une question de vie ou de mort.

Les anciens aussi enseignaient à leurs jeunes camarades qu'un bon tir au canon sur un objectif au sol n'est pas un tir qui « arrose » le terrain en avant de la cible et remonte vers celle-ci, dessinant de magnifiques pointillés sur le terrain – comme on le voit dans les films –, mais un tir qui permet de placer toute la rafale des obus sur l'objectif lui-même, sans gaspillage. «On ne tire pas comme au cinéma, où il s'agit de faire de l'effet pour le spectateur, disaient les anciens, on concentre. C'est moins spectaculaire, mais plus efficace... » Démonstration à l'appui: quelques obus bien placés sur le toit de chaume d'une *mechta* suffisaient à l'enflammer, sans avoir besoin de disperser les projectiles tout autour.

La base aérienne Roland-Garros était commandée à l'époque par le lieutenant-colonel Félix Brunet, un nom que l'on retrouve tout au long de l'histoire de l'armée de l'air en Indochine et en Algérie. Lucien Robineau aime à rappeler que Félix, comme tout le monde l'appelait affectueusement, en vrai guerrier qu'il était, ne s'embarrassait guère de cérémonial lorsque l'efficacité opérationnelle se trouvait en jeu.

Ainsi fit-il un certain jour un aller-retour éclair entre Bizerte et Tunis dans le seul but de faire parler ses poings sur un officier d'état-major qui s'était montré sourd aux arguments oraux qu'il lui avait servis (sans résultat) au téléphone.

Mais c'est lui aussi qui, prévoyant dès la fin de l'année 1954 ce qui allait arriver en Algérie, et tirant la leçon de ce qu'il avait vécu et appris sur le terrain en Indochine, organisa des cours d'appui aérien à l'intention des jeunes officiers pilotes qui servaient sous ses ordres.

Les lieutenants et sous-lieutenants néophytes y apprirent leur rôle de PGA (poste de guidage avancé), et à diriger par radio, depuis le sol, au plus près de la ligne de feu, les avions en intervention sur des objectifs choisis. Exercices qui, pour les pilotes, se terminaient par des tirs réels au champ de tir. Une répétition en vraie grandeur.

Avant même de mettre à profit ses talents de pilote de chasse aux commandes d'un Mistral, le sous-lieutenant Robineau joua donc lui aussi par deux fois au PGA, orientant ses camarades pilotes de F-47 et de JU-52 en intervention au profit des « Trosols », les troupes au sol, comme on disait. Notamment dans le secteur de Canrobert, puis dans les Matmatas, à proximité de Foum Tatahouine, lieu surtout connu en France pour être le lieu d'implantation du bataillon disciplinaire de la Légion étrangère. « Être envoyé à Tatahouine... » : l'expression en forme de menace alimentait les fantasmes et les craintes des individus peu respectueux de la loi. Ou plutôt des militaires qui avaient par trop tendance à prendre d'abusives libertés avec la discipline !

Le rôle de PGA, outre l'attention qu'il requérait, cependant, n'était point dépourvu d'émotions, pour les jeunes officiers qui l'assumaient.

Lucien Robineau se souvient parfaitement des sentiments mitigés qui l'animèrent, et des tourments qu'il connut lors d'une opération, quand une estafette se précipita vers le petit groupe des aviateurs qui constituait le personnel du PGA pour lui crier que les avions tiraient sur les «Trosols». Les aviateurs s'en prenant aux troupes amies: la cata, comme nous dirions aujourd'hui.

Le jeune sous-lieutenant qu'il était n'en menait pas large, les images d'une possible erreur de sa part, ou de celle de ses camarades pilotes, défilant à grande vitesse dans sa tête. Déjà, le colonel de l'armée de terre qui dirigeait l'opération s'employait à réconforter l'aviateur fort marri («Mon petit, ne vous en faites pas, ce sont des choses qui arrivent...»), quand, vérification faite, il s'avéra que c'étaient les douilles de mitrailleuses de 12,7 des F-47 en intervention qui, durant les passes de tir, étant éjectées à l'extérieur des avions, retombaient sur les casques lourds des biffins, comme de la grêle ! Ceux-ci, encore néophytes au combat, en tout cas peu aguerris, prendraient bientôt l'habitude de ce genre d'averses de métal. Ouf... Mais ces interventions au plus près des troupes au sol préfiguraient bien celles qui suivraient, tout au long des années du conflit algérien.

Il se souvient encore d'autres circonstances, comme

de ces repas à la popote des officiers où l'on affectait de ne point trop remarquer l'absence du capitaine-médecin, qui n'avait point rejoint ses camarades et dont la place à table restait inoccupée. Pour soupçonner, un peu plus tard, que le toubib était en fait allé soigner des fellaghas blessés. Les aspects contrastés de cette guerre qui ne disait pas encore son nom avaient de quoi surprendre le jeune aviateur.

Lucien Robineau mesurait ainsi, à l'aune de sa propre sensibilité, la différence qui pouvait exister entre la manière dont ses camarades de l'armée de terre vivaient leur travail quotidien de soldats, et la guerre que menaient les aviateurs depuis leurs bases aériennes. Souvent engagés et s'engageant auprès des populations qu'on leur demandait de protéger, jusqu'à donner leur parole d'honneur, au nom de la France, qu'ils ne les abandonneraient jamais, les militaires de l'armée de terre s'impliquaient totalement, combattants, mais aussi instituteurs dans les douars, infirmiers, assistantes sociales. Avec, parfois, c'est vrai, les débordements que de belles âmes n'ont pas manqué de dénoncer ensuite. Les pilotes, eux, ne connaissaient jamais les affres du combat au corps à corps, mais se battaient en quelque sorte à distance. Les uns et les autres, biffins et aviateurs, se rejoignaient pourtant dans la conscience qu'ils avaient de leurs rôles respectifs, les armées « étant faites pour servir la politique des États ». Ce que le jeune Lucien Robineau traduisait par: « Quand on choisit de devenir militaire de carrière, on choisit l'obéissance... On fait don de sa liberté à son pays... » Comme un prêtre, ou une moniale, qui se consacre à Dieu. Un argument qu'il servit un jour à une religieuse de sa parentèle, qui admettait mal les servitudes propres à l'état de soldat. Et qu'une telle comparaison ne convainquit pas, bien entendu...

Ce don de soi pouvait aller aussi jusqu'au sacrifice. Les aviateurs, comme leurs camarades des autres armes, ont payé leur tribut en pilotes, en membres d'équipage morts en mission, en amis perdus à jamais. Lucien Robineau sait de quoi il parle. « Un dimanche, à Bizerte, nous étions à la messe, le klaxon a retenti, se souvient-il. Nous avons décollé en bidons spéciaux. Mon équipier était un ami. Un ami proche. Il avait été mon témoin à mon mariage. Sur l'objectif, impossible pour lui de larguer les bidons en mode normal, le système de largage ne fonctionnait pas. Il a tenu à les larguer tout de même sur l'objectif en mode manuel, en mode secours. Il s'agissait d'aller attraper une poignée située dans le bas du cockpit et de tirer dessus. Cela, alors qu'on vole au ras du sol. Je ne saurai jamais ce qui s'est passé exactement, mais il a percuté. Je me suis longtemps reproché, j'y pense encore parfois, de ne pas avoir insisté pour que ces f... bidons, il les largue en altitude, sans prendre de risques... »

*

* *

Les pilotes de la 7e escadre de chasse de Bizerte effectuaient par roulements des séjours de quatre à six semaines sur la base aérienne de Telergma, dont on a déjà dit quelle réputation elle avait, en tout cas vue de l'extérieur. Le souvenir qu'en conservent ceux qui eurent à la fréquenter est à l'avenant. Elle était située sur un plateau, écrasé de soleil et (ou) balayé par les vents. La température y était glaciale en hiver, torride en été, les nuits, uniformément froide. Les personnels, pilotes, mécaniciens, armuriers, administratifs, logeaient dans des baraques « Fillod » en tôle qu'en saison froide de maigres poêles à pétrole enfumaient, plus qu'ils ne les réchauffaient.

Les conditions de vie n'avaient donc rien d'idyllique. Ni les conditions d'emploi, pour les pilotes. Les coussins des sièges éjectables des Mistral contenaient le parachute et une trousse de survie avec une outre en caoutchouc remplie d'eau d'Évian. Comme les avions couchaient dehors, les fesses des pilotes qui effectuaient le premier vol du matin devaient s'accommoder d'abord de cette prise de contact rafraîchissante, jusqu'à élimination complète des frigories accumulées durant les heures nocturnes par l'eau recueillie au pied des montagnes alpestres.

L'été, c'était l'inverse, et les missions de l'après-midi équivalaient à quelque bonne séance de sauna. Une déperdition en liquide que les pilotes compensaient au bar en croquant notamment des pastilles de sel, sur ordre du corps médical. Le crayon gras coulait sur le plastique des cartes de navigation…

Et les cartes et les crayons gras servaient beaucoup. Telergma se trouvait à l'épicentre de zones d'opérations qui avaient noms Aurès, Nementchas,

Constantinois, Ouarsenis. De là partaient les avions d'appui feu, y compris les Corsair de l'aéronavale. Le Mistral, quant à lui, s'il était limité en distance franchissable, puisqu'il pouvait voler une cinquantaine de minutes seulement sur son plein interne (une heure trente à deux heures avec ses réservoirs supplémentaires) avait en revanche l'avantage de la rapidité : il était capable d'intervenir à 200 kilomètres de distance vingt-cinq minutes après avoir reçu l'ordre de décollage, puisqu'il parcourait 10 kilomètres à la minute. Ce qui, en outre, facilitait bigrement les calculs de navigation...

Le klaxon de la base retentissait, un haut-parleur diffusait les ordres, les pilotes se précipitaient vers leurs avions armés selon les circonstances de bombes, de roquettes, de bidons spéciaux, ou d'un assortiment varié de ces munitions, en sus de leurs armes de bord. Les soutes à munitions de Telergma regorgeaient de projectiles en tous genres. Lucien Robineau conserve aussi en mémoire la vision quotidienne de l'adjudant-chef au profil de sorcière qui, juché sur une plateforme, et à l'aide d'un grand bâton, touillait dans un énorme chaudron le mélange d'essence et de poudre d'alumine qu'il transformerait de la sorte en napalm et transvaserait ensuite dans les bidons de différentes tailles qui deviendraient ainsi des « bidons spéciaux »...

Après mise en route des réacteurs, les coordonnées du lieu d'intervention étaient dictées par radio durant le roulage, sauf si la mission avait été préalablement fixée et précédée d'un briefing adéquat.

Missions d'appui des « Trosols », *straffing* de zones d'héliportage, bombardements d'objectifs dans les zones interdites, reconnaissances armées se succédaient. Pour la préparation des zones d'héliportage, les avions d'armes étaient guidés par un PC volant, généralement un hélicoptère Alouette. Pour les missions d'appui direct, c'est-à-dire à proximité immédiate de la ligne de confrontation, lors d'un accrochage, ou d'un bouclage qui avait réussi à encercler un groupe de rebelles, un avion léger, volant au plus près du sol, se chargeait de désigner les objectifs à attaquer, afin de lever toute ambiguïté quant aux cibles sur lesquelles déverser obus, bombes, roquettes et bidons spéciaux.

Le pilote et l'observateur qui se trouvaient à bord du Broussard de l'armée de l'air, ou du Piper de l'armée de terre, en contact avec la chasse par VHF, et avec les « Trosols » par SCR 300, assuraient les liaisons nécessaires. Aux appareils d'attaque, ils signalaient la position des troupes amies par référence à des particularités géographiques : fonds de thalweg, crêtes orientées selon tel ou tel cap, forêts et bosquets. Et celle des troupes ennemies, souvent, par des pots fumigènes qu'ils balançaient au plus près des rebelles. Parfois aussi, les « Trosols » plaçaient des panneaux de tissus pour indiquer leurs positions les plus avancées. Des méprises ont pu se produire en quelques occasions, bien que lui-même n'en ait jamais eu connaissance directement.

Des projectiles amis atteignaient les légionnaires, les parachutistes, les marsouins, mais ce genre d'accident donnait rarement lieu à protestation de la part de ceux qui en étaient victimes, tant ces derniers connaissaient la difficulté de la tâche des aviateurs. Des accidents se produisaient parfois aussi, tel celui, horrible, au cours duquel un F-47 en protection d'héliportage sur une DZ coupa de son aile le rotor d'un hélicoptère H-34, qui, outre son équipage, transportait dix commandos...

La particularité du travail des pilotes de la chasse lourde (par opposition à la chasse légère dotée de T-6, puis, un peu plus tard, de T-28) résidait entre autres choses dans le fait qu'ils ne voyaient pour ainsi dire jamais les ennemis auxquels ils s'en prenaient. Sauf à tomber sur un convoi qui, on ne sait par quelle aberration, avait entrepris certain jour de traverser à découvert une *sebkha,* un lac salé asséché, sur lequel les animaux et les hommes à la queue leu leu se dessinaient comme une colonne de fourmis sur une page blanche. Et cela, à proximité même de la base. Pour le reste, on tirait sur les indications de l'avion guide, du marqueur, et les résultats étaient ensuite rapportés par les troupes au sol lorsqu'elles parvenaient sur les lieux du *straffing* ou du bombardement et pouvaient établir le bilan de l'intervention des aviateurs. Ceux-ci n'avaient que rarement l'occasion de constater de visu les effets de leurs tirs et de leurs armes. Une seule fois, Lucien Robineau put voir, alignés sur le bord d'une piste, les corps de fellaghas tués lors d'un *straffing* au canon de 20 millimètres. Pour constater que ces corps n'étaient point déchiquetés par les obus, comme il se l'était imaginé auparavant, mais portaient les multiples impacts quasi invisibles des éclats qui les avaient tués...

Les années passaient. Le sous-lieutenant avait été nommé lieutenant, puis capitaine. L'élève équipier était devenu équipier confirmé, puis sous-chef de patrouille, puis chef de patrouille. Sa carrière d'officier pilote de chasse suivait son cours. Après quatre ans sur Mistral, il fallait envisager de quitter la chère 7e escadre de chasse, et Bizerte, pour un retour en métropole et une affectation à Saint-Dizier. On oublierait la Tunisie, qui avait entre-temps accédé à l'indépendance. On oublierait les conséquences de l'attaque de l'aviation française sur la petite ville tunisienne de Sakhiet Sidi Youssef, et du blocus consécutif de la base aérienne Roland-Garros par les Tunisiens, qui avaient creusé des tranchées tout autour et affirmaient leur détermination d'en interdire l'accès aux militaires français.

Oh ! blocus relatif ! Comme beaucoup des aviateurs qui habitaient en ville, le lieutenant Robineau avait troqué sa tenue militaire pour une tenue civile, placé son uniforme dans le coffre de sa voiture, une 403 verte, et pu franchir les barrages pour accéder à la base. Celle-ci avait entamé une sorte d'existence en autarcie, puisqu'elle se trouvait encerclée. Les épouses des aviateurs venaient aux barrières apporter réconfort et linge de rechange à leurs maris. Les avions continuaient de voler. Oui, on oublierait tout cela, qui appartenait désormais au passé...

Déjà, Lucien Robineau avait rédigé la lettre de circonstance au colonel commandant de la 1re escadre de chasse de Saint-Dizier, selon la formule rituelle consacrée, bien connue des nouveaux affectés, à leur futur chef : « Appelé à l'honneur de servir sous vos ordres... », pour lui annoncer la prochaine venue d'un nouvel officier pilote depuis Bizerte, quand l'officier en question s'entendit intimer par son commandant d'escadre : « Baron, vous ne partez pas. On a besoin de tout le monde ici... » Ici, c'était l'Afrique du Nord, où sévissait la guerre d'Algérie. Tous les pilotes se trouvaient requis. On verrait plus tard pour le déroulement de carrière...

Il rédigea donc une autre lettre à son ex-futur chef, commandant de la 1re escadre de chasse de Saint-Dizier, pour lui faire part des regrets qui étaient les siens de ne pouvoir assumer l'honneur qui lui était fait d'avoir été appelé à servir sous ses ordres, etc. etc. Lettres, faut-il le préciser, qui ne reçurent jamais ni l'une ni l'autre de réponse ? Et se retrouva muté à Oran-La Sénia, sur monomoteur à hélice North American F-47 Thunderbolt. « Cette grosse brute de Thunderbolt... », a écrit Pierre Clostermann en parlant de cet avion dans *Feux du ciel*, sans doute par référence à sa silhouette massive, son énorme moteur en étoile lui donnant un aspect à nul autre pareil, fort différent de celui des gracieux Spitfire et autres Tempest sur lesquels Clostermann s'était illustré durant la Seconde Guerre mondiale. Un jugement que ne renieraient pas les pilotes qui ont volé sur F-47, mais qu'ils tempèrent en énumérant les qualités intrinsèques de la machine.

« Une machine effrayante, pour qui n'avait jamais

volé dessus, et venait du Mistral... », se rappelle Lucien Robineau, qui corrige aussitôt: « Mais une machine merveilleuse et, au fond, assez simple... » Avec un couple de renversement pas si méchant que cela, en dépit de l'énorme hélice quadripale. Et silencieuse, pour le pilote, lorsqu'il poussait vers l'avant la manette des gaz. Les gaz d'échappement étaient en effet dirigés vers l'arrière du fuselage, où ils entraînaient le compresseur du moteur de 2300 ch, avant d'être rejetés à l'air libre. L'avion décollait dans une sorte de feulement un peu chuintant. Avion assez lent, mais robuste, qui, même en cas d'avarie, ramenait presque toujours son pilote intact. Capable d'emporter huit roquettes de gros calibre et deux bidons spéciaux de 500 litres, ou deux bombes de 1000 livres. Huit mitrailleuses de 12,7 millimètres dans les ailes.

« J'ai donc rejoint Oran-La Sénia, l'escadron II/20 "Ouarsenis" et son équipe de forbans, se souvient Lucien Robineau avec quelque nostalgie. Les gars étaient là pour voler et ne faisaient que cela. Non ! je rectifie : quand ils ne volaient pas, ils jouaient au tarot !... À mon arrivée, on m'a remis le manuel de vol, en me demandant de le piocher le soir à l'hôtel et, le lendemain, je suis parti tout seul. J'avais tout de même fait auparavant un tour sur T-6... » Tout se passa donc le mieux du monde. Après quatre ans sur Mistral, le capitaine Robineau revenait à l'hélice. Il y resterait cinq années, d'abord sur F-47, ensuite sur Skyraider. Ainsi que le lui avait dit son chef: on avait besoin de tout le monde en Algérie... Il y glanera des heures de vol, de nouvelles missions, et, bien sûr, quelques émotions supplémentaires, comme tout un chacun. Le largage de bombes de 1000 livres dans les fonds de vallée, au pied des escarpements du Djurdjura, en procurait à coup sûr. Les bombes étaient munies de fusées retard, il fallait donc quasiment les déposer en volant à l'horizontale. Après quoi... Après quoi, on mettait plein pot et on tirait sur le manche de l'avion allégé soudain de ses deux bombes, mais Dieu! que les montagnes étaient grandes, et le badin petit, sur le tableau de bord, lors de la ressource !

L'avion à hélice lui procurerait pourtant des émois d'une autre nature. Ferait naître en lui des sentiments qui, vus avec le recul du temps, tempèrent la vision manichéenne que certains ont pu se faire du pilote de combat en Algérie, acharné à écraser sous ses bombes, ses roquettes, ses canons et ses mitrailleuses, ou ses bidons spéciaux, de pauvres bougres de fellaghas. « J'ai récolté quelques impacts. Bien entendu, en vol, je ne me rendais compte de rien. Les impacts des balles ne résonnaient pas. Je n'entendais rien. Je n'ai jamais eu à abandonner mon avion. Mais les trous dans les ailes et le capot moteur que les mécanos relevaient au retour montraient bien que nous n'étions pas des assassins à l'état pur s'acharnant sur des victimes impuissantes et que nous ne voyions jamais. Ou quasiment jamais. Je faisais mon boulot. En toute honnêteté. Eux se défendaient. Et je pensais que c'était bien... »

Qui, aujourd'hui, pourrait rétorquer le contraire à Lucien Robineau ?

NUITS DE FEU SUR BAGDAD...

1991.

Imaginez un boxeur qui, sur le ring, aurait les yeux bandés, lorsque retentirait le coup de gong du premier round, alors que son adversaire ne souffrirait pas d'un semblable handicap : c'est par cette image que l'on a pu résumer, ou schématiser, la manière dont se déroula la guerre contre l'Irak, au début de l'année 1991.

Leurs radars de détection aérienne mis hors de combat, leurs centres de communication détruits, leurs postes de commandement réduits à des amas de gravats et de décombres (notamment dans et autour de Bagdad, leur capitale), les Irakiens figuraient assez bien ce boxeur aux yeux bandés, face à un adversaire en pleine possession de ses moyens.

À cette mise hors condition des armées irakiennes, les F-117 A de l'US Air Force, l'armée de l'air des États-Unis, prirent une part prépondérante, et ce, dès la première attaque, dès la première nuit du conflit, du 17 janvier au crépuscule, jusqu'à l'aube du 18 janvier. Tout se jouerait, estimaient les stratèges de la coalition anti-irakienne, au cours des trois premières nuits. La suite – quarante-trois nuits de raids incessants, auxquels s'ajoutaient les raids de jour des autres appareils de combat alliés – ne serait que du peaufinage, si l'on peut parler ainsi, de la destruction systématique de tout l'appareil militaire et industriel de Saddam Hussein, le maître de Bagdad.

De toute manière, et alors même que leurs radars fonctionnaient encore, pendant les premières heures de l'attaque nocturne, les Irakiens ne purent jamais détecter les F-117 américains, qui s'en prenaient aux centres vitaux du dispositif défensif de leur pays. Ces biréacteurs d'attaque au sol représentaient alors le *nec plus ultra* de la « furtivité », technologie qui vise à rendre les avions quasiment invisibles aux moyens de détection classiques.

Leur forme est conçue pour cela. Fuselage, cockpit, ailes, gouvernes sont composés de facettes jointes entre elles selon des angles bien précis, de manière à diffracter, à renvoyer dans toutes les directions, en les affaiblissant, les ondes électromagnétiques émises par les antennes des radars au sol. Par ailleurs, les avions furtifs possèdent un revêtement qui absorbe les ondes et les neutralise. Enfin, les entrées d'air des réacteurs, comme les tuyères d'éjection, les unes et les autres placées sur l'extrados de l'aile, afin que celle-ci les masque, sont dotées de persiennes, sortes de grilles, qui contribuent à éparpiller les ondes émises par les radars afin qu'elles ne se réfléchissent pas sur les compresseurs et les turbines, ensembles tournants, qui sans cela constitueraient de véritables miroirs. Les grilles disposées à la sortie des tuyères contribuent d'autre part à mélanger les gaz chauds des réacteurs à l'air extérieur, afin d'en diminuer la température. Les autodirecteurs, ce qu'en termes familiers on appelle les « têtes chercheuses », grâce à des détecteurs infrarouges, se guident vers les parties les plus chaudes de l'avion et sont ainsi rendus impuissants. Il en est de même des autres moyens de détection infrarouge...

En conséquence, les radars des systèmes de défense, les radars de détection ou de conduite de tir des armes automatiques et des missiles ne reçoivent plus aucun écho, en retour de leurs émissions. (En revanche, ils se signalent à l'attention de l'adversaire). Ils sont donc aveugles, comme le boxeur aux yeux bandés. Ils se trouvent dans l'incapacité de repérer les avions qu'ils pourchassent. Pourtant, ils savent bien qu'ils sont là, au-dessus de leurs têtes, puisque les bombes font de terribles ravages. Cette impuissance à détecter quoi que ce soit est terriblement frustrante. Il en est de même pour les opérateurs des radars amis, ne connaissant la position des

F-117 que lorsque ceux-ci le veulent bien, c'est-à-dire lorsqu'ils font fonctionner leur IFF : Identification Friend or Foe (identification « ami » ou « ennemi »), signalant leur passage. Mais dès que l'IFF est coupé, plus rien... !

Pour les Irakiens ce sentiment est d'autant plus frustrant que le seul moment où les F-117 sont détectables est celui où ils ouvrent les portes de leurs soutes à bombes. À ce moment seulement, une partie des ondes électromagnétiques se réfléchit sur les panneaux verticaux de la soute et les bombes... mais c'est déjà trop tard.

Les portes ne restent en effet ouvertes que peu de temps : juste ce qu'il faut pour larguer les bombes, qui seront ensuite guidées par un rayon laser, émis depuis l'avion en direction de l'objectif, comme si le projectile suivait un rail invisible. Le rôle essentiel du pilote, durant le *« run »* de bombardement, consiste effectivement à diriger son faisceau laser sur la cible et à maintenir sur celle-ci le curseur qui oriente le rayon. Ceci est réalisé grâce à un Flir (Forward Looking Infra Red) qui est un système de repérage passif vers l'avant. Le Flir n'envoie aucune émission électromagnétique. Il fonctionne en mesurant les différences de température des objets, du relief et de la topographie des lieux survolés.

La précision du système est fabuleuse : 2 ou 3mètres, parfois moins.

Les opérateurs des radars de la défense aérienne n'ont que quelques secondes pour se rendre compte qu'il se passe quelque chose, ensuite les portes de la soute se referment, et l'avion disparaît à jamais des écrans. Pour le personnel au sol, il ne reste plus qu'à attendre l'impact. Après celui-ci, très souvent, les armes implantées autour de Bagdad (canons sur affûts, mitrailleuses lourdes et même missiles), entrent en action. Manière dérisoire d'essayer de contrer les incursions d'avions invisibles. Nuit après nuit, le ciel de la capitale irakienne était ainsi strié, déchiré de déflagrations, de traces lumineuses et d'explosions. C'était un feu d'artifice permanent. On a pu parler de «nuits de feu», une sorte d'enfer, au milieu duquel évoluaient les F-117 qui, selon les témoignages des pilotes, était sacrément impressionnant !

Après coup, la plupart des pilotes se refusèrent à évoquer en public les sentiments qui les étreignaient en de pareils moments. Tout ce qu'en a dit le major Lorin Long, un pilote de F-117, après sa première mission, se résume à ceci : « Au retour, j'ai admiré un magnifique lever de soleil, il était tout juste 8 heures du matin (le trajet retour depuis Bagdad avait duré trois heures), et je m'étais demandé si je reverrais jamais pareil spectacle...? J'ai eu alors le très net sentiment que ma vie ne serait plus jamais la même et après avoir vécu cette première expérience du combat, et affronté le feu de la DCA adverse... Par la suite, après l'atterrissage, pendant le roulage, alors que je regagnais mon point de stationnement, tous les gars du sol – mécanos, assistants – s'étaient alignés le long des chemins de roulement et me saluaient au passage... Ce fut pour moi un fort moment d'émotion... » Pour tuer le temps, durant les longs vols de retour vers leur base de stationnement, en Arabie Saoudite, les pilotes écoutaient de la musique sur leur baladeur et admiraient le lever du soleil.

Ils étaient convaincus de jouir d'une complète impunité, se sachant indétectables aux moyens électromagnétiques, fort peu visibles, du fait de la couleur noire de leurs avions même lorsqu'ils survolaient des zones en feu. Cependant, ils pouvaient penser, qu'avec une telle profusion de projectiles tirés vers eux, même à l'aveugle, un obus, un morceau de ferraille, un missile égaré pouvaient les cueillir en vol. Une fois la visée effectuée, les bombes larguées, ils avaient tout loisir de regarder autour d'eux, car leur mission se déroulait de manière entièrement automatique en ce qui concernait la conduite hautement sophistiquée de l'avion.

Le F-117 est un appareil instable par nature : il est proprement impossible à piloter à la main (en direct) comme un avion classique. Il nécessite le secours de calculateurs réagissant aux écarts par rapport à sa programmation et commandant les corrections nécessaires à un vol stable.

Tout se fait en automatique et chaque vol est préparé à l'avance : itinéraires, altitudes d'approche et d'attaque, points de repères, manœuvres pour passer le plus au large possible des zones de couverture des batteries antiaériennes, dernière petite ligne droite avant l'objectif (le «*run*» de bombardement). Tout est répertorié avant la mission, en tenant compte des derniers renseignements recueillis par les systèmes d'observation. Tout est enregistré dans un module d'insertion de paramètres, que le pilote n'aura plus ensuite qu'à glisser dans son système de gestion du vol...

Cette première mission au-dessus de Bagdad, les pilotes l'avaient répétée mentalement des dizaines et des dizaines de fois et l'avaient pratiquée au simulateur. Tous les gestes d'un pilote de combat, y compris les plus quotidiens, les plus anodins, entrent dans le scénario de préparation amenant au but final de la mission : l'attaque.

Cette première mission faisait partie de la routine des vols d'entraînement, qu'ils avaient effectués auparavant à partir des installations de la base aérienne de Tonopah située en plein désert du Nevada et au-dessus de l'immense polygone d'exercice situé non loin de la ville de Las Vegas. Tout un secteur leur était réservé pour les tirs de bombes guidées par laser. Petit à petit, ils s'étaient accoutumés à effectuer des missions nocturnes de plus en plus longues, au-dessus des États-Unis, avec retour vers leur base de Tonopah.

C'est également dans cette région de sable, de rochers déchiquetés aux couleurs flamboyantes, de serpents et autres reptiles, de cactées, de rivières à sec, où la population est quasi inexistante, loin des regards inquisiteurs des curieux (professionnels ou non), que les Américains avaient procédé par le passé à des expérimentations nucléaires souterraines.

En cette fin du XXe siècle, il se trouvait même

encore quelques groupes pour revendiquer auprès des autorités des États-Unis et réclamer que justice soit rendue aux Indiens qui avaient pu être contaminés par les émanations de produits radioactifs à travers les failles de la roche et du sol. Au fil des ans, ce genre de réclamations avait tendance à s'atténuer : les intéressés mouraient les uns après les autres, que ce soit de leur belle mort ou des suites d'une possible contamination, jamais vraiment prouvée...

De toute manière, ce n'était pas le problème des pilotes ! Tout était mis en œuvre pour les préserver de préoccupations aussi futiles. Ils se reposaient le jour dans des logements confortables et climatisés et ne volaient que la nuit à bord de leurs avions Nighthawk («Faucon de nuit»), par allusion à la capacité de ce rapace de voir dans l'obscurité et de frapper sa proie quand il le désirait. Le Nighthawk était alors l'appareil le plus secret de toute l'US Air Force. Au moins jusqu'à la veille de la guerre et de l'opération « Tempête du désert » contre l'Irak, au début de l'année 1991. Ce n'est en effet qu'au mois d'avril 1990 que sa silhouette étrange fut révélée au public, sur la base aérienne de Nellis, la base « officielle » toute proche de Las Vegas, la ville du jeu, des mariages et des divorces express.

Nellis Air Force Base (Nellis AFB) est bien connue des pilotes de l'OTAN, qui viennent s'y entraîner régulièrement, sur leurs propres appareils. Du temps de la guerre froide, on leur opposait même des avions qui adoptaient les équipements, les armements, les tactiques de combat des pays du pacte de Varsovie, mais tout cela évoluait depuis l'effondrement de l'URSS et la disparition du pacte de Varsovie...

Cette première mission sur Bagdad eut lieu dans la nuit du 17 au 18 janvier 1991. Les vingt-deux pilotes de la 37e escadrille de chasse tactique (37th Tactical Fighter Wing), sous le commandement du colonel Alton C. Whitley, s'y étaient aussi préparés depuis plusieurs mois, en Arabie Saoudite, à partir de la base aérienne King Khaled (roi Khaled), près de Khamis Mushait, au bord de la mer Rouge. Plusieurs semaines, c'est-à-dire le temps que dura l'opération «*Desert Shield*» («Bouclier du désert»), qui précéda «*Desert Storm*». La base saoudienne la plus éloignée de la frontière irakienne avait été attribuée aux F-117 A Nighthawk afin de les placer hors de portée d'une éventuelle attaque des missiles Scud de Saddam Hussein ou des commandos infiltrés en territoire saoudien. En outre, afin de faire face à un possible raid en provenance du Yémen proche, des missiles antiaériens Hawk avaient été installés alentour. Ils montaient une garde vigilante vingt-quatre heures sur vingt-quatre. Dans le même temps, des chasseurs saoudiens (des F-15) se tenaient en permanence en alerte en vol, de jour comme de nuit, puis seulement de jour, après qu'un accident en vol de nuit eut entraîné la destruction d'un F-15 et la mort de son pilote. Inutile de préciser que la base elle-même était gardée aussi jalousement que la réserve fédérale d'or de Fort Knox, aux États-Unis. Rien ne devait être laissé au hasard !

Les hommes de la 37e Tactical Fighter Wing avaient

rejoint Khamis Mushait en vol au mois de décembre 1990 par un vol sans escale, entre la Virginie (sur la côte est des États-Unis) après qu'ils eurent quitté le Nevada pour le Proche-Orient. Il fallait à tout prix garder le secret, c'est pourquoi il était hors de question de faire escale sur un aérodrome militaire, même en pays ami, où ils auraient pu être vus ! Quelque quinze heures de vol sans escale, au-dessus de l'Atlantique et de la Méditerranée, avec des ravitaillements en vol à répétition, les avions se succédant derrière les DC-10 «tankers» d'accompagnement pour se faire livrer le kérosène dont ils avaient besoin. Mission de mise en place proprement épuisante pour les pilotes, seuls dans leur étroite cabine, avec pour seul compagnon le clignotement et les lumières de leur poste de pilotage.

Tout cela dans un silence radio quasi total, en ne fournissant surtout jamais leur destination ! Jusqu'à leur arrivée à Khamis Mushait, la plupart d'entre eux ignoreraient le lieu où ils allaient atterrir. Seuls les responsables de la formation le connaissaient.

Dès le lendemain de leur installation, les pilotes commencèrent à s'entraîner ferme, à se préparer pour le jour J, ou plutôt la nuit N. Les premières attaques aériennes de *«Desert Storm»* se feraient de nuit, afin de neutraliser les centres d'opérations, de communications et de commandement irakiens, de détruire les bâtiments qui abritaient les ministères ou les états-majors de la police et de la garde républicaine irakienne (troupes d'élites de Saddam Hussein). Il s'agissait en somme de mettre à bas le système nerveux des Irakiens, de couper les liens entre les troupes sur le terrain et les états-majors, censés coordonner la résistance à l'invasion de la coalition alliée. Dans un second temps, les alliés s'en prendraient aux nœuds de communications routières ou ferroviaires, aux ponts, aux routes, aux usines, aux établissements suspects, comme aux ateliers de montage de missiles, ou aux laboratoires nucléaires, chimiques, ou biologiques, aux raffineries de carburant.

Compte tenu de leur prix et du coût de leur mise en œuvre, les bombes de 2000 livres (1800 kg) dotées de système de guidage laser, que les F-117 largueraient, seraient réservées aux objectifs de grande valeur. Le bandeau que le commandement américain voulait nouer sur les yeux du boxeur irakien était tressé d'or et de diamants, si l'on peut oser cette comparaison. La première bombe de 2000 livres larguée sur Bagdad, dans la soirée du 17 janvier, visait ainsi un immeuble de télécommunications situé dans la banlieue de la capitale, devait indiquer le colonel Whitley un peu plus tard. Les alliés savaient que ce centre de communications constituait une pièce maîtresse du système de commandement irakien. L'enregistrement vidéo réalisé par le Nighthawk montra que le projectile qui entra par la toiture du bâtiment, explosa à l'intérieur. Des débris et des éléments de la structure jaillirent et s'éparpillèrent de tous les côtés, soufflés de l'intérieur.

Au total, cette nuit-là, les F-117 effectuèrent trente sorties, attaquant quelque quatre-vingts objectifs en territoire irakien.

Hasard? Coïncidence préméditée, ou provoquée? Pure et simple propagande? Dans la journée du 18 janvier, le colonel Whitley, commandant le 37th Tactical Fighter Wing, révéla que la nuit précédente, Ben Rich, de la société Lockheed, le concepteur du Nighthawk, donnait aux États-Unis une «*party*», une fête comme les Américains adorent en organiser, à l'occasion de son départ à la retraite : «Son avion a si bien marché que nous lui avons dédié nos missions de la nuit précédente... », précisa le colonel. L'avion avait effectivement tout à fait répondu aux espoirs que l'on avait placés en lui, même si la tactique utilisée en Irak différait quelque peu de celle à laquelle les pilotes étaient accoutumés.

Depuis Tonopah, au Nevada, les F-117 réalisaient très souvent des vols en solitaires, mais cette fois, en Irak, ils attaquaient par paires, leurs tirs étant programmés pour que les impacts des bombes larguées par les deux avions arrivent au sol à quelques secondes d'intervalle sur le même objectif lorsque ce dernier était de grandes dimensions ou sur deux objectifs proches l'un de l'autre. L'effet fut dévastateur. Depuis leur arrivée sur le sol saoudien et jusqu'au déclenchement de «*Desert Storm*», les pilotes s'entraînèrent sans relâche pour perfectionner cette tactique. Ces vols seraient longs: un «aller-retour» Khamis-Bagdad durerait sept heures. À l'issue de leur attaque, les F-117 seraient parfois en limite d'autonomie carburant, notamment lorsqu'ils auraient attaqué des cibles situées au nord de l'Irak, près de la frontière turque. Les DC-10 ravitailleurs devraient alors pénétrer en territoire irakien pour aller à leur rencontre. Visées et bombardements fictifs se succédèrent pendant tout un mois.

Les pilotes n'étaient pas dépaysés. La topographie de l'Arabie Saoudite ressemblait à celle du Nevada. Les deux bases, Khamis et Tonopah, étaient même situées à des altitudes voisines ! La nuit du 17 au 18 janvier ne se distinguerait guère des nuits qui la précédèrent, à l'exception de la peur, toujours présente, et à l'idée que cette fois ils auraient à survoler un territoire hostile, où tous les moyens seraient mis en œuvre pour les empêcher d'accomplir leur mission. Cette peur perdait de son abstraction, de sa dimension virtuelle, pour devenir quasi palpable. À l'approche de la frontière irakienne, les lumières, bien que rares dans la partie nord de l'Arabie Saoudite, disparaîtraient totalement. Les pilotes se retrouveraient isolés dans la nuit.

Quelques heures plus tôt, l'habillage s'était effectué comme à l'accoutumée : une sorte de rituel, ressemblant à celui des chevaliers du Moyen Âge, revêtant leur armure avant le départ au combat: sous-vêtements et combinaison ignifugés soigneusement ajustés aux poignets et aux chevilles, chaussures montantes enserrant les chevilles, en prévision d'une arrivée au sol après une possible éjection, pantalon « anti-g », dont les vessies de caoutchouc, positionnées sur le ventre et les cuisses, se gonfleraient lorsque le pilote subirait des accélérations, empêchant le sang de refluer vers le bas du corps et donc de mal irriguer le cerveau, ce qui provoquerait un voile gris ou un voile noir, casque dont la visière transparente porte encore sa gaine de protection en cuir et que le pilote enlèvera lorsqu'il sera installé dans le cockpit, prêt à presser le bouton de mise en route des moteurs de son avion.

Dernier briefing, ultimes encouragements, signes de la main des pilotes qui attendent leur tour de partir.

Essai du masque à oxygène au banc de test, afin de s'assurer que cet équipement ne souffre d'aucune fuite, risquant de provoquer un défaut d'alimentation en vol et une possible syncope. Départ vers l'avion, sous son hangar de protection. Vérifications visuelles de l'extérieur du F-117, en compagnie du mécanicien responsable de l'avion. Montée à l'échelle d'accès. Installation. Sangles de parachute et de sièges bien ajustées. Sécurités, munies de leur flamme rouge, enlevées et contrôlées : celles du siège éjectable par le pilote, en direction du mécanicien, celles des trappes et des jambes du train d'atterrissage, par le mécanicien, en direction du pilote. Check-list de mise en route. Fermeture du cockpit, aux trois panneaux de plexiglas frontaux et aux deux panneaux latéraux, qui, en s'abaissant, enferment le pilote dans son univers d'électronique et de silence.

Roulage.

Le reste demeurerait le secret de chacun. Les pensées d'un homme, en de telles circonstances, ne répondent plus à aucun critère, à aucune norme. La routine perdure, la répétition des mêmes gestes et des mêmes manœuvres paraît unir les pilotes, les réduire à la forme standard de robots humains, aux commandes d'avions robotisés. Mais ce n'est qu'apparence trompeuse : personne ne peut deviner ce qui se trame derrière le casque de protection et le masque à oxygène d'un pilote de F-117 en route vers le nord, vers Bagdad.

MORT AU TCHAD

1985.

En ce jour du 25 janvier 1985, une activité inhabituelle règne sur l'aérodrome de N'Djamena, la capitale du Tchad. C'est là que sont stationnés des avions d'attaque au sol Jaguar, des avions de chasse Mirage F1, un quadriréacteur de ravitaillement en vol Boeing C-135 F, appartenant à l'armée de l'air française, et un Bréguet Atlantic de l'aéronavale. Ils se trouvent ici dans le cadre d'une opération de soutien au gouvernement légal du Tchad, opération qu'avec leur manie des noms bizarroïdes, incompréhensibles pour le commun des mortels, les militaires, ou en tout cas leurs chefs à Paris, ont baptisée « Opération Manta ».

Ouvrez un dictionnaire, vous trouverez ce nom-là. Il

vient de l'espagnol. Dans la langue de Cervantès, il signifie « couverture ». Il désigne aussi une espèce particulière de poisson, une raie de taille respectable, puisque son envergure peut atteindre 5 mètres. Les Jaguar, les Mirage, le C-135 F et l'Atlantic constituent la force de frappe aérienne de l'« Opération Manta », qui dure depuis cinq mois. En ce 25 janvier 1985, la force de frappe va trouver à s'employer. Les décollages et les atterrissages des uns et des autres se sont succédé depuis 11 heures du matin.

D'abord, il s'est agi de missions de reconnaissance. Les Jaguar, armés de canons de 30 millimètres, peuvent emporter des bombes ou des « paniers » de roquettes sous les ailes, en plus de l'énorme réservoir de carburant accroché sous leur ventre, qui traîne presque sur le sol. Dans cette configuration, le décollage requiert quelques précautions, particulièrement par temps chaud... Les Jaguar sont aussi dotés d'une caméra panoramique fixée dans le nez. Celle-ci se révèle fort utile pour photographier des concentrations de troupes, des convois, ou un objectif, que ce soit avant ou après une attaque.

Les deux premiers Jaguar qui décollent ce matin-là sont escortés par deux Mirage F1 et partent en mission de reconnaissance photographique : ce sont les ordres donnés par le général de l'armée de terre en charge de l'« Opération Manta », et dont le quartier général est situé à N'Djamena. Il leur a été demandé de repérer une colonne ennemie, qui, la veille, le 24 janvier, a investi un poste tenu par l'armée tchadienne. Celui-ci est situé dans l'oasis de

Ziguey, le long de la frontière nigérienne, à environ 300 kilomètres au nord de N'Djaména. La colonne est forte de quelque cent cinquante combattants, avec Toyota, camions citernes, camions d'eau, véhicules dont le plateau porte des affûts antiaériens d'origine soviétique ZSU-23-2 de calibre 23 millimètres. Cette colonne est en train de se replier vers le nord, après avoir massacré les soldats tchadiens qui ont refusé de se rendre.

Cette colonne ennemie emmène avec elle deux Européens: un médecin, Christian Delzenne, et une infirmière, Marie-Chantal Rouckens. Tous deux sont d'origine belge. De plus, ils font partie de l'organisation humanitaire Médecins sans frontières. L'équipe de Médecins sans frontières travaillait effectivement à Ziguey. Voilà bien l'épine dans le pied des Français. Une de plus pour ces militaires venus de France, et dont la plupart découvrent en arrivant sur place la beauté sauvage, l'aridité et la misère quasi incroyable de ce pays.

Le Tchad... On ne peut imaginer en effet pays plus pauvre, du moins il y a une vingtaine d'années, lorsque débute notre histoire. Un pays de rien, dit-on parfois, pour signifier son extrême dénuement. Enserré entre la Libye au nord, le Soudan à l'est, le Niger à l'ouest, la République Centrafricaine et le Cameroun au sud, le pays, grand comme deux fois la France, n'a aucun débouché naturel. Pour exporter quoi, d'ailleurs ? Peut-être le coton que l'on cultive dans la partie méridionale, où se trouve la capitale, N'Djamena, l'ancienne Fort-Lamy. Outre ces cultures de coton existe un élevage de transhumance, mais c'est à peu près tout ! Quant au nord, ce n'est qu'un immense désert, avec quelques rares palmeraies, habité de populations frustes, vivant chichement. Dans ce désert évoluent des tribus qui se chamaillent depuis des siècles. Les hommes qui y vivent sont d'abord et avant tout des guerriers. Ce désert a toujours fasciné les Européens, et en premier lieu les Français.

C'est au Tchad, colonie française depuis 1920, qu'après la défaite de 1940, le colonel Leclerc rassemble des éléments épars pour former le fameux RMT, le Régiment de marche du Tchad, embryon de ce qui deviendra la Colonne Leclerc, puis la Division Leclerc, la 2e DB. En mars 1941, le RMT, par un audacieux coup de main, se rend maître de l'oasis de Koufra, en Libye, tenue par une garnison italienne.

Le décor est posé. Les protagonistes sont en place. La Libye est dirigée d'une main de fer par le colonel Kadhafi. Celui-là rêve de constituer un grand État du désert, en annexant tout d'abord le Tchad. Il en a les moyens : les revenus du pétrole lybien lui permettent de se procurer des armes. La France lui en a vendu beaucoup, même très récemment: avions de combat Mirage, chars, véhicules de transport, de l'artillerie, des missiles, des radars. Pour mettre à exécution ses projets, Kadhafi s'allie avec qui lui fait allégeance. C'est le cas de Goukouni Oueddeï, ex-président du Tchad qui a été renversé par son frère ennemi Hissène Habré, maintenant en place à N'Djamena. Goukouni s'est placé à la tête des «rebelles du nord» et a fait alliance avec les Libyens, pour attaquer le sud. Cela a commencé par l'occupation de la grande oasis de Faya-Largeau, au nord du Tchad.

En ce début d'année 1984, nous en sommes là: le pays est coupé en deux, avec une ligne de démarcation au niveau du 15e parallèle nord. Les Français sont au sud. Ils ont en effet répondu à l'appel d'Hissène Habré, en vertu des accords de coopération militaire qui, depuis 1976, lient la France et le Tchad. Les troupes au sol tiennent les points d'appui au sud du 15e parallèle: ce sont les postes de Biltine, Abéché, Ati, Moussoro, Salal. Imaginez-vous ces coins perdus.

Les militaires de l'infanterie de marine (familièrement appelés les «marsouins»), les légionnaires et les paras montent la garde à l'abri de leurs postes de combat, équipés de mortiers de 120 millimètres. Pour tenir en pleine chaleur, ils se réfugient le plus possible à l'ombre des maisons et des arbres rabougris. Il leur faut boire dix litres d'eau par jour. Ils ne se sentent même pas transpirer. L'air ambiant est tellement sec qu'il absorbe aussitôt tout ce qui sourd par les pores de la peau.

Mais, sur cette étendue, les aviateurs, eux, se régalent. Pas de limitation, comme au-dessus de la France, pas de contrainte, imposée par les chefs et les règlements, pas de mauvais coucheurs dans leur résidence de campagne pour se plaindre du fracas des Jaguar et des Mirage qui foncent en radada, plein pot. On «bille» à 450 nœuds au ras du sol, on saute les dunes, on soulève la poussière. On bande, on jouit, on s'éclate. On rugit dans le masque à oxygène, on gueule. Et merde pour le monde extérieur! Qu'il se pointe, Kadhafi, avec ses mercenaires et les affidés de Goukouni, il verra à qui il a affaire !

Mais Kadhafi, malin, évite de montrer le bout de son nez. La colonne qui a pris puis abandonné Ziguey est constituée d'un mélange de Tchadiens, opposants à Hissène Habré, de Libyens, d'Allemands de l'Est (les légionnaires français d'origine allemande, en poste en première ligne, entendent de temps à autre leurs compatriotes parler à la radio... dans la langue de Gœthe!), peut-être même d'Anglo-Saxons, ou de Français, mercenaires à la solde de Kadhafi. Mais officiellement, la Libye n'est pas impliquée dans ce conflit, enfin... à peine!

Certes, elle fournit une aide logistique aux rebelles du nord, mais elle ne se hasarde pas à s'enfoncer trop au sud, notamment à proximité de la ligne symbolique du 15e parallèle.

Cette fiction, les autorités politiques françaises cherchent à la maintenir coûte que coûte, et souvent contre toute évidence. Mieux. Ou pire. Dans les rangs des militaires, que ce soit en France ou au Tchad, d'étranges rumeurs courent à propos de notre ministre des Relations extérieures, à Paris. Ce n'est un secret pour personne que ce dernier voue une grande admiration au maître de Tripoli. Le chef d'État libyen se donne en effet des airs de leader, voire de penseur du tiers monde (il se verrait bien en successeur de Gamal Abdel Nasser) et séduit une certaine intelligentsia parisienne, tiers-mondiste et salonnarde.

Si l'on en croit ce que colporte «radio couloirs», ou « radio popotes », notre ministre n'hésiterait donc pas à avertir Kadhafi des missions de reconnaissance stratégique effectuées par les bombardiers Mirage IV, soulagés de leur arme nucléaire et reconvertis à ce rôle nouveau d'avions espions. Peu importerait en somme au ministre que pilotes et navigateurs risquent leur vie pour photographier la frange sud de la Libye, ou le nord du Tchad, et renseigner ainsi l'état-major sur les mouvements des coalisés. Vraie ou fausse, l'information témoigne de la méfiance – et le mot est faible – qu'inspirent aux militaires les agissements des politiques. Ces politiques, ou au moins ceux qui détiennent le pouvoir en cette période, nourrissent la même méfiance à l'égard des militaires: des personnels qu'il convient de tenir en laisse, dont les agissements doivent être contrôlés et les initiatives bridées! Ambiance délétère, qui explique en partie le drame qui va se jouer dans les sables désertiques du Tchad.

En ce 25 janvier 1984, de 11 heures du matin à 4 heures de l'après-midi, Jaguar, Mirage, Atlantic, hélicoptères Puma et Gazelle de l'Aviation légère de l'armée de terre se relaient dans le ciel pour effectuer des reconnaissances et tenter de localiser la colonne rebelle qui se replie vers le nord avec les deux Belges de Médecins sans frontières.

Les pilotes y parviennent à plusieurs reprises.

Ils repèrent de petits groupes de véhicules. Essuient même, pour les Mirage et les Jaguar, lors d'une de ces patrouilles de reconnaissance près de l'oasis de Torodoum, des tirs de Sam 7, missiles portatifs d'origine soviétique. Ils les évitent, et ripostent. Résultat inconnu. Une Gazelle surprend un véhicule équipé d'une mitrailleuse lourde, immobilisé au bord de la piste, à plus de 100 kilomètres au nord de Ziguey, et le détruit à l'aide d'un missile Hot. Les reconnaissances en apportent la preuve : le gros de la colonne a bien atteint Torodoum, à 200 kilomètres de Ziguey, et s'y est camouflé. Les véhicules se sont éparpillés sous les arbres. Les armes antiaériennes ont été disposées de manière à couvrir tous les axes possibles d'attaque. Elles sont parfois enterrées. Les fuyards savaient qu'à un moment ou à un autre, ils seraient pris à partie par les avions d'attaque français. Ils s'y sont préparés.

C'est ce qui va effectivement se passer en fin d'après-midi. Une patrouille simple de Jaguar, c'est-à-dire deux avions, sous les ordres du capitaine Michel Croci, avec en protection une autre patrouille de Mirage, arrive sur place vers 17 heures. Mais pourquoi une arrivée aussi tardive, alors que depuis le milieu de la journée, et plus précisément depuis le début de l'après-midi, l'état-major savait où se trouvaient les rebelles? Pourquoi un tel délai, pour une riposte qui semblait s'imposer d'elle-même… ?

Tout simplement parce que la décision n'était pas du ressort des militaires en poste à N'Djaména, y compris du général en charge de l'« Opération Manta ».

Elle devait émaner de Paris. L'affaire, toute l'affaire, devait être « pilotée » par les instances politiques, c'est-à-dire par le ministère de la Défense, donc en fait par l'Élysée.

Pas question de laisser les militaires agir selon la méthode la plus appropriée, la mieux adaptée à la situation sur le terrain. Cela aurait pu se comprendre si, comme aujourd'hui, grâce aux satellites de télécommunications, des liaisons instantanées avaient pu être établies entre les troupes du Tchad et les autorités basées en France. Ces liaisons qui font remonter en temps réel les informations recueillies sur place – résultat des reconnaissances, bilan des attaques, comportement des adversaires – permettent aussi de dialoguer avec l'état-major «Manta» de N'Djamena, et d'élaborer avec lui un plan cohérent. Or, ce ne fut absolument pas le cas, car les liaisons entre la capitale tchadienne et la capitale française étaient difficiles. Entre la rédaction des messages, leur cryptage, leur acheminement, leur décryptage, il s'écoulait plus d'une heure. Vouloir « piloter » une intervention dans ces conditions relevait de la gageure, ou de la plaisanterie macabre, en l'occurrence.

Alors, les autorités parisiennes s'entourent d'une muraille de précautions, doublée de garde-fous: les deux Jaguar et les deux Mirage sont autorisés à attaquer la colonne nordiste, toutes dispositions devront être prises pour ne pas risquer de mettre la vie des deux otages belges en danger. Pour les pilotes, c'est la quadrature du cercle! Repérer à coup sûr la voiture du médecin et de l'infirmière – qui dit, d'ailleurs, que les Nordistes les gardent dans ce véhicule? Rien! On saura plus tard qu'ils n'y étaient pas –, distinguer les visages au teint clair de l'homme et de la femme parmi les visages basanés des combattants rebelles, supposerait que les avions évoluent à petite vitesse, sous les nez des tireurs de missiles Sam 7 et des servants des mitrailleuses ZSU-23. Que les pilotes s'attardent, reviennent, survolent à nouveau les lieux. Tâche impossible.

Ils effectuent cependant plusieurs passes, dans le hurlement des réacteurs, au ras des arbres, tirant aux canons et aux roquettes sur ce dont ils sont certains, camions et pick-up Toyota armés, virant sec après chaque rafale pour espérer dérouter leurs adversaires au sol, plongeant, entrecroisant leurs trajectoires, remontant puis replongeant, hurlant à la radio, s'adressant réciproquement des avertissements et des encouragements. Le sable jaillit sous les impacts, l'essence des réservoirs éclatés s'embrase, des hommes s'enfuient, preuve de l'efficacité de ces attaques. Mais cette action ne relève-t-elle pas de la folie, de la témérité, de l'inconscience même ? Non ! Tout au contraire. Un tel comportement est la manifestation du courage des pilotes, de leur discipline, de leur respect des ordres reçus, avec le résultat que l'on peut imaginer. Que l'on aurait dû prévoir en haut lieu.

Toutes les armes au sol se sont mises à faire feu. Une grille d'acier se dresse devant les avions. Il leur faut pourtant la franchir. Une fois encore. Une fois de trop.

Un Mirage est touché par un obus. Son pilote rompt le combat et prend cap au sud. Il parviendra à rejoindre N'Djamena, son avion à bout de souffle et de carburant. Michel Croci n'aura pas cette chance.

Un ou plusieurs projectiles de 23 millimètres transpercent son avion. Avec des obus de pareil calibre, les dégâts sont immédiats, terrifiants. Un avion de combat est une coque fragile, la tôle extérieure n'offre aucune résistance, et l'intérieur est bourré de fils électriques, de câbles, de canalisations, de boîtes électroniques, de réservoirs de carburant, de munitions. La «tripaille», dit-on parfois, par analogie avec les viscères des êtres vivants.

Les vérins, qui actionnent les gouvernes, sont alimentés par du liquide hydraulique sous pression, acheminé aux ailerons, à la gouverne de profondeur, à celle de direction, par tout un réseau de tuyaux de métal, un entrelacs de conduits qui part des pompes, entraînées par les réacteurs, et va jusqu'aux extrémités de l'avion. Une balle là-dedans et c'est le massacre. Tous les pilotes le savent: le système des gouvernes est le plus vulnérable. Tuyaux arrachés, déchiquetés, le liquide hydraulique fiche le camp. Les commandes se bloquent quasi instantanément. Le manche à balai (selon l'expression chère aux pilotes de combat) « est dans le béton ». Formule empreinte de dérision, mais tellement expressive, pour décrire la réalité, l'impuissance de l'homme. Sorte d'exorcisme aussi contre la peur qu'une anomalie de ce genre se produise alors que l'on vole au ras du sol, à 450 nœuds !

«Le béton»: plus rien ne répond aux efforts du pilote qui pousse et tire comme un forcené sur le manche, mais celui-ci ne bouge pas d'un millimètre. Le pilote tente de redresser l'avion qui s'engage en virage et en piqué. Peut-être lui parle-t-il comme d'autres l'ont fait en semblable circonstance: «Putain! Tu ne vas pas me faire ça, à moi ? !... Tu ne vas pas me faire ça ?... Pas à moi !...»

C'est pourtant ce qui se passe, pour le capitaine Croci. Dans un cas comme celui-là, la vie ou la mort se joue en une fraction de seconde. Croci comprend tout de suite la situation. C'est un *«chibani»*, un vieux de la vieille en langue arabe (il a pourtant tout juste quarante ans), un homme sorti du rang, ancien sous-officier devenu officier sur sa grande valeur, un pilote qui cumule les heures de vol et l'expérience. Un chef de patrouille que les autres pilotes prennent comme référence: «Si Croci l'a dit...» Cette fois, Croci le pense, le dit, le sait. Une seule solution: s'éjecter!

Vite. Abandonner l'avion incontrôlable.

Croci s'éjecte.

Mais trop tard et trop bas.

Son parachute n'a même pas le temps de se déployer. À peine le corps s'est-il séparé du siège éjectable, qui l'a propulsé hors de la cabine, qu'il percute le sol et s'y broie : mort d'un pilote au Tchad.

Faut-il ajouter autre chose ? une conclusion ?

Lors des obsèques du capitaine, sur la base aérienne de Bordeaux-Mérignac où se trouvait stationnée la 11e escadre de chasse dont il faisait partie, le ministre de la Défense de l'époque avait promis que le pays garderait « à jamais » la mémoire du pilote mort pour la France, et prendrait soin de la veuve et des trois enfants qu'il laissait derrière lui.

« À jamais » ?

Moins de dix ans après la mort de Michel Croci, Françoise, son épouse, en était pourtant réduite à livrer encore bataille, après celle, sans espoir, de son mari au Tchad : cette fois, c'était contre la toute-puissante Administration du Trésor public français.

Au bout de huit années, l'Administration s'était en effet aperçue qu'elle avait commis une erreur, et que la pension versée à la veuve et aux enfants du capitaine était supérieure à ce qu'elle aurait dû être. Le Trésor avisait donc Françoise Croci que le montant de la pension serait rectifié et diminué, ce qui était normal. Quelques semaines plus tard, sans préavis, le Trésor se mit à prélever une somme importante sur la pension, afin de récupérer tout ce qu'elle avait versé par erreur. La veuve et les enfants devaient payer pour les inconséquences de l'Administration.

Ainsi que le déclara, péremptoire, une représentante du Trésor de la Gironde à Françoise Croci, qui tentait de faire valoir que, tout de même, son mari était mort là-bas... au cours d'une mission extérieure qui... et que... : « Vous savez, lança la fonctionnaire, des morts, il y en a d'autres... »

Sans commentaire.

« MIG MASTER », LE MAÎTRE DES MIG

1967.

Ce jour-là, le lieutenant Dick Schaffert, de l'US Navy, tout juste trente-trois ans, se dit que sa dernière heure était sans doute arrivée. Il est ainsi des moments dans la vie où la pensée d'une mort prochaine s'impose à vous, lorsque l'on se rend compte que, quoi que l'on fasse, en dépit des efforts que l'on déploie, malgré son amour de la vie, on n'échappera décidément pas à son destin. Pourtant, Dieu merci, son talent de pilote était grand, son expérience confortée par 3 500 heures de vol aux commandes d'avions de combat de divers types (dont 1 500 sur le Crusader qu'il pilotait ce jour-là), et sa rage à l'avenant. La combinaison des trois allait lui permettre de s'en sortir.

Schaffert avait décollé en fin d'après-midi du porte-avions américain *Oriskany* aux commandes de son F-8 Crusader, pour escorter un A-4 Skyhawk ans la région de Hanoi, au nord Viêt Nam. On était le 14 décembre 1967. C'était l'époque où les Américains avaient entrepris de miner le canal qui reliait Haiphong, sur la côte, et Hanoi, la capitale, à l'intérieur des terres, dans le but d'y interdire toute circulation maritime. Donc de gêner le ravitaillement en armes, munitions et autres ingrédients suffisamment lourds pour nécessité un transport par bateaux, en provenance des pays « amis » du nord Viêt Nam, comme la Chine et l'URSS. Ce boulot, ainsi que l'attaque des barges qui remontaient ou descendaient le canal, était ce jour-là confié à des Skyhawk, véritables chevaux de bât par leur capacité d'emport de charges extérieures, mais assez rapides et manœuvrants pour espérer ne pas constituer des proies trop faciles pour les MiG ennemis.

Cependant, pour que les appareils d'attaque au sol puissent effectuer leurs attaques sans se faire massacrer par les SAM (surface-air missiles, ou missiles sol-air) avant même d'avoir pu larguer leurs charges, chaque raid était précédé d'une opération de neutralisation des sites de lancement dans la région environnante. Opération qui avait reçu le nom de code de «*Iron Hand*», main de fer. Et opération hautement risquée. Elle était ce jour-là aussi confiée à un Skyhawk spécialement équipé, et armé de missiles Shrike. Les missiles antiradar ont la capacité de caler leur autodirecteur, leur «tête chercheuse», sur l'émission électromagnétique du radar de guidage des missiles sol-air, de remonter en quelque sorte le faisceau électromagnétique jusqu'à sa source, c'est-à-dire l'antenne d'émission, et de la détruire. Par parenthèse, aujourd'hui, on préfère utiliser des drones, des avions sans pilote, pour effectuer ce genre d'attaque...

En effet, pour obliger les radars de conduite de tir à émettre, l'appareil chargé de la mission *«Iron Hand»* devait se présenter comme une proie possible pour les missiles sol-air, autrement dit venir se placer intentionnellement à portée de ces derniers. La «main de fer» broierait peut-être le radar au sol, mais, pour cela, le pilote devrait d'abord faire preuve quant à lui de nerfs d'acier.

Grâce à l'équipement dont il était doté, il pouvait en effet, sur un écran spécial, voir se dessiner le domaine de tir des SAM, portée en distance et en altitude, angle de présentation de la cible le plus favorable pour le missile, en fonction de ses caractéristiques et de son emplacement (des vols de reconnaissance réguliers permettaient de localiser les sites de lancement). Et il lui fallait entrer volontairement dans ce domaine, afin que les servants du radar utilisent celui-ci pour effectuer leur visée, et que les tireurs tirent leur SAM, s'ils jugeaient que l'avion américain se trouvait à leur portée. Littéralement, pour le Skyhawk *«Iron Hand»*, il s'agissait d'aller chatouiller les moustaches du tigre, et, en plus, en passant entre ses pattes de devant!

Pendant ce temps, sa protection était assurée par un ou des Crusader, dont les pilotes scrutaient le ciel, à la recherche des MiG qui ne manqueraient pas de surgir pour tenter d'abattre le Skyhawk. Ou des missiles qui seraient tirés vers lui. Occupé à jouer les appâts, le pilote du Skyhawk, la tête plongée dans son cockpit, les yeux rivés sur son écran, était bien incapable de regarder dehors. Il ne le ferait qu'après avoir tiré son Shrike. Le tout se jouait souvent en quelques secondes. Si un SAM montait vers le Skyhawk, son pilote en était prévenu par son camarade du Crusader d'escorte, mais il ne devait certes pas lanterner pour exécuter le virage serré qui lui permettrait d'échapper au missile !

En ce 14 décembre 1967, Schaffert assurait donc la protection rapprochée du A-4 du lieutenant Chuck Nelson, l'homme de l'*«Iron Hand»*. La zone de la cible que devaient « traiter » les Skyhawk d'attaque au sol était située à mi-chemin entre Hanoi et Thai Binh, dans le delta du fleuve Rouge. Une région truffée de défenses antiaériennes, on s'en doute.

La section d'attaque de six Skyhawk chargés de bombes Mark 82 Snakeye à déclenchement retardé (une fusée retard commandait leur explosion au bout d'un temps plus ou moins long après l'impact au sol, semant ainsi le doute parmi les soldats communistes), la section d'attaque était agencée selon le même principe que la section *«Iron Hand»*.

Son escorte se composait de deux Crusader, pilotés par le commandant Swanson et son équipier, le lieutenant Dick Wyman, qui se retrouva bientôt promu leader de la patrouille, suite à des circonstances imprévues. Mais la guerre est souvent faite d'imprévus.

De fait, Wyman était affecté à un rôle de suppléant, pour la mission de ce 14 décembre 1967. Les conditions d'emploi des avions embarqués étaient difficiles, dans le golfe du Tonkin. Les pannes étaient fréquentes. Dans la mesure du possible, des avions supplémentaires étaient donc catapultés dans la foulée de ceux désignés pour effectuer la mission, afin de pallier les éventuelles défaillances. Wyman décolla ainsi en cinquième position, en numéro 5 d'une formation de quatre Crusader, à la tête de laquelle se trouvait le commandant Swanson. Peu après le catapultage du porte-avions, trois des Crusader, victimes de pannes mécaniques, durent faire demi-tour. Et le radar de Swanson rendit bientôt l'âme. De numéro 5, Wyman se retrouva numéro 1. Ce ne fut pas sans conséquence pour la suite…

*

* *

«MiG Master», le maître des MiG, ou le tueur de MiG, si l'on veut, était donc le surnom donné au F-8 Crusader, avion embarqué de l'US Navy, durant la guerre du Viêt Nam. Disons que l'appellation relevait d'une volonté de propagande bien orchestrée, mais elle n'était pas sans fondement. Son taux de victoires, son *«kill ratio»*, rapport entre le nombre d'avions ennemis abattus et le nombre de pertes subies, était

en effet de six contre un. Six MiG au tapis pour un Crusader. Le meilleur «*kill ratio*» de tous les avions de chasse américains engagés au Viêt Nam, y compris les F-4 Phantom, même si ces derniers, beaucoup plus nombreux, furent crédités d'un total plus important de victoires. Un surnom amplement mérité, donc, et qui se trouva une nouvelle fois confirmé le 14 décembre 1967.

Il semble que les succès qui lui furent attribués au cours de ce conflit tenaient pour une grande part au fait qu'il était employé exactement dans les conditions pour lesquelles il avait été conçu: la chasse pure. C'est en tout cas ce que souligne un rapport rédigé par une «*Air Wing*», une unité basée sur porte-avions, à l'issue de son séjour dans les eaux asiatiques. Cette «*Air Wing*», la 21, totalisait douze appareils ennemis abattus. Avec le Crusader, la Navy américaine s'était dotée d'un véritable chasseur, et au Viêt Nam, elle ne commit pas l'erreur de vouloir l'utiliser pour des tâches qui n'étaient pas les siennes. Par exemple en lui confiant des missions d'attaque au sol, avec bombes, roquettes, ou autres projectiles montés sous les ailes, qui l'eussent alourdi et rendu plus vulnérable aux attaques de la DCA au sol, et des MiG nord-vietnamiens.

Fruit d'un cahier des charges publié en 1952, qui décrivait un chasseur de jour embarqué supersonique, le F-8 Crusader, en tant que prototype, vola pour la première fois en mars 1955. Il était produit par la firme Vought. Sa forme permettait de le distinguer entre tous, avec son aile demi-haute à incidence variable, afin d'améliorer ses performances aérodynamiques pour les catapultages et les appontages. Lors de ces manœuvres, l'incidence de l'aile était augmentée. Équipé d'abord d'un réacteur Pratt & Whitney J 57, de 4500 kg de poussée à sec sans PC (postcombustion), et de plus de 6500 kg avec PC, le Crusader reçut ensuite un moteur plus puissant, modèle amélioré du J 57, qui développait une poussée de 1000 kg supérieure. Les dernières versions, notamment le F-8 E, étaient motorisées par un J 57 de puissance encore accrue (plus de 8 tonnes de poussée).

L'armement initial se composait de quatre canons de 20 millimètres, et de trente-deux roquettes de 70 millimètres à ailettes repliables, logées dans un carénage escamotable. Cet armement était complété par deux missiles air-air Sidewinder[1] à autodirecteur infrarouge montés sur les côtés du fuselage. Pour faire court, disons que les roquettes furent oubliées dans les versions suivantes, l'emplacement de la nacelle servant à y loger des réservoirs de carburant. En revanche, dans sa version de supériorité aérienne, de chasseur pur et dur, le Crusader reçut quatre missiles Sidewinder montés sur les flancs du fuselage. De même, son cône de nez, au-dessus de l'entrée d'air du réacteur, fut-il agrandi, afin d'y loger l'antenne d'un radar de conduite de tir. La version la plus achevée, moteur, armement, radar de tir, était la version F-8 E...

1. Sidewinder : *serpent à sonnette. Le nom a été donné au missile par analogie avec les mouvements d'un reptile. La trace dans le ciel de la fumée du propulseur qui suit sa cible évoque en effet la reptation du reptile vers sa proie.*

Le 14 décembre 1967, pour en revenir à cette date glorieuse pour l'US Navy, Schaffert pilotait un F-8 C, Wyman, un F-8 E, donc une version plus récente et plus évoluée que celle de Schaffert. L'un et l'autre étaient armés de missiles air-air Sidewinder de dernière génération, AIM–9 D, qui avaient remplacé les AIM-9 B. Ces derniers présentaient l'inconvénient de devoir être tirés pratiquement en plein arrière de l'adversaire pour atteindre celui-ci, les capacités de leur autodirecteur infrarouge et de leur système de guidage et de manœuvre étant assez limitées. L'AIM-9 D avait une enveloppe de tir plus large, un atout de poids en combat tournoyant, lorsque les appareils effectuent leur tir en évolution permanente, sous facteur de charge élevé, sans toujours être parfaitement alignés dans la queue de la cible. Ce jour-là, aussi, Schaffert n'emportait que trois missiles, le quatrième avait dû être démonté par les armuriers sur le pont d'envol pour cause de mauvais fonctionnement, lors de l'ultime vérification avant le catapultage. Bien entendu, les casiers à munitions des quatre canons de 20 millimètres des Crusader étaient également approvisionnés...

Ajoutons que la mission confiée à l'ensemble des A-4 Skyhawk et des F-8 Crusader était suivie en permanence par les radars de la flotte américaine, indicatifs « Harbor Master » et « Red Crown ». Et que, pour tenter de désorienter les défenses nord-vietnamiennes, le même code IFF avait été attribué à tous les avions.

Comme son nom l'indique, l'IFF, on le sait,

Identification Friend or Foe, identification «ami» ou «ennemi», permet aux radars de distinguer les avions amis des avions ennemis, selon un code d'émission qui est changé périodiquement dans l'émetteur de l'avion. Cependant, les Américains supputaient que les Nord-Vietnamiens, aidés de «conseillers» soviétiques, pouvaient avoir percé leur code IFF. Qu'ils étaient à tout le moins capables de repérer les différents codes attribués aux avions d'attaque, aux avions *«Iron Hand»,* aux avions d'escorte. De faire en quelque sorte la différence, le tri entre eux, ce qui leur permettait de choisir leurs cibles en fonction de l'urgence. Par exemple, concentrer d'abord leurs tirs sur les *«Iron Hand»,* puis sur les avions d'attaque au sol, et laisser momentanément de côté les appareils d'escorte, moins dangereux. C'est pour contrecarrer cette menace que tous les avions qui participaient à la mission combinée du 14 décembre 1967 avaient reçu le même code IFF...

*

* *

Un peu avant que Schaffert, aux commandes de son Crusader, et Nelson, à bord du Skyhawk *«Iron Hand»,* franchissent la côte nord-vietnamienne, ils reçurent un appel sur la fréquence d'opérations: *«Two red bandits airborne at Bullseye !... »* Deux hostiles rouges, des MiG 17, venaient de décoller de Bullseye, autrement dit de l'aérodrome de Gia Lam. Les radars «Harbor Master» et «Red Crown» suivaient les MiG 17 en permanence, de manière à renseigner les appareils américains, en premier lieu Schaffert, chargé de la protection du Skyhawk. Schaffert arma donc ses canons, mit en marche son système de contre-mesures électroniques, et brancha le dispositif de refroidissement de ses trois Sidewinder.

L'autodirecteur infrarouge d'un missile, composé d'indium antimonié, placé derrière un petit radôme en fluorure de magnésium, très réceptif aux rayonnements infrarouges, a en effet besoin d'être le plus froid possible pour mieux détecter les différences de chaleur sur lesquelles il va se guider. Ou, plus exactement, pour détecter le rayonnement infrarouge émis par les parties métalliques de l'avion soumises par exemple à la chaleur des gaz d'éjection, comme les volets de tuyères. On utilise donc un cryostat pour obtenir la température adéquate, que le pilote branche lorsqu'il aborde la zone de combat.

Nouvel appel des radars : les deux MiG avaient mis cap à l'est, c'est-à-dire qu'ils se portaient apparemment à la rencontre des deux Américains.

Nelson, ayant détecté une émission radar intéressante pour lui, sur laquelle il comptait tirer un missile Shrike, vira alors par la gauche, suivi à quelque distance par Schaffert en couverture. Les radars de surveillance émirent des avertissements aux Skyhawk d'attaque au sol, leur signalant l'arrivée d'autres MiG. À ce moment, averti par son détecteur de bord qu'un missile sol-air venait de partir, Nelson se mit en montée. Schaffert le suivait toujours. Ses yeux balayaient le ciel de droite à gauche, de bas en haut, sans s'arrêter. Soudain, à l'avant gauche de son avion, légèrement en dessous, une réflexion du soleil sur la bulle de plexiglas d'un cockpit attira son attention. Les deux MiG étaient là, à moins de 2 kilomètres! «Deux MiG en dessous de nous ! lança-t-il à la radio. Vers la gauche !...»

Il passa en vol sur le dos. Sa main gauche poussa la manette des gaz vers l'avant, et sa main droite, simultanément, tira le manche à balai vers lui afin de piquer et de prendre de la vitesse (il volait encore à la même vitesse que le Skyhawk de Nelson, quelque 330 nœuds). Mais il s'abstint d'allumer la post-combustion du réacteur, qui lui eût pourtant fourni un surcroît de puissance appréciable. La flamme qu'elle produisait, se détachant sur l'écran du ciel, aurait par trop facilité son repérage par les pilotes nord-vietnamiens. Et surtout, elle risquait de constituer le « point chaud » idéal pour les autodirecteurs infrarouges des missiles. «MiG en vue !...» annonça Nelson, qui ajouta qu'il ne voyait plus Schaffert. Celui-ci venait de sortir de son piqué, et se remit en montée, tout en virant vers les deux MiG et en cherchant à retrouver le Skyhawk de Nelson. Les pilotes ennemis l'aperçurent, larguèrent leurs réservoirs supplémentaires pour s'alléger, et virèrent dans sa direction.

Jetant un coup d'œil par-dessus son épaule gauche, Schaffert éprouva alors la frousse de sa vie. Deux autres MiG en formation serrée étaient en passe de se positionner juste derrière lui, à bonne distance pour lui décocher une rafale de leurs canons de bord ! À 450 nœuds de vitesse indiquée, il tira comme un sauvage sur le manche à balai, l'aiguille de l'accéléromètre atteignant les 8 g, et son avion commençant de produire les premiers symptômes, vibrations *(buffeting)* et mouvement de lacets, d'un décrochage dynamique. Mais sa manœuvre se révéla payante, les deux MiG, incapables de le suivre, se retrouvèrent rejetés hors du virage, sans pouvoir faire feu.

Ainsi débuta une séance de combat tournoyant entre le Crusader et les quatre MiG, qui allait durer une bonne dizaine de minutes. Une éternité. Schaffert appuya sur le bouton d'émission, et gueula, plus qu'il réclama, à l'intention de l'autre formation, qu'on lui vienne en aide. Mais il maintenait un tel facteur de charge en virage, pour tenter d'éviter de se retrouver dans la ligne de mire des MiG qui l'avaient maintenant pris en chasse, que son masque à oxygène se décrocha et se positionna en bas de son menton. Il pouvait bien gueuler autant qu'il voulait, sa voix n'atteignait plus le micro placé dans le masque, ses appels ne sortaient pas du cockpit de son avion, et demeuraient inutiles. Schaffert se retrouvait seul, livré à lui-même.

Il ne voulut pas s'avouer vaincu pour autant. Ce gars de trente-trois ans avait du courage à revendre. La rage et la peur au ventre, il se démenait comme un beau diable, plongea quasi à la verticale sur la première paire de MiG 17 et se retrouva en position de tir, dans la queue du leader de la formation, et en plein dans le domaine d'efficacité des Sidewinder.

Pourtant, gardant la tête froide, il ne pressa pas la commande de mise à feu des missiles. Les avions ennemis évoluaient au-dessus d'une étendue de rizières, de diguettes et de canaux, mélange d'eau et de terre, et l'autodirecteur du Sidewinder risquait fort de s'en trouver dérouté, rendu inefficace. Pour que la tête infrarouge fonctionnât bien, elle avait besoin que le contraste entre la source de chaleur de l'avion ennemi et le fond sur lequel il se déplaçait fût bien prononcé. Ce qui n'était pas le cas à ce moment. Plutôt que de risquer de gâcher l'un de ses missiles, d'autant qu'il n'en disposait que de trois, il réfréna son envie de tirer. Il décida d'attendre des circonstances plus propices.

Propices, les circonstances ? C'était parler par antiphrase !

À un moment, il vit nettement les traînées de fumée qui matérialisaient les départs de coups des canons de l'un des MiG de la seconde section, qui s'était replacée dans son arrière. Ces pilotes n'étaient décidément pas des manchots ! Et leurs avions devaient être de la génération la plus récente, donc armés de trois canons de 23 millimètres, avec post-combustion sur le réacteur. L'affaire se révélait encore plus chaude qu'il le pensait.

Schaffert se permit alors une manœuvre qui ne figurait sûrement pas dans le manuel d'emploi et de pilotage du Crusader. Engagé dans un virage continu à 6 g d'accélération, épuisant pour lui, et voyant se rapprocher ceux qui le poursuivaient, il décida brusquement d'en sortir. Plutôt que de tirer encore davantage sur le manche, il le poussa vers l'avant, et enfonça le palonnier gauche à fond, infligeant à son avion une accélération négative de – 2 g et le forçant à plonger vers le bas. « Les MiG n'ont pas réussi à me suivre, expliquera ensuite Schaffert. Plus tard, nous avons eu l'occasion de voler sur un MiG 17 récupéré, et avons découvert qu'il ne supportait pas les accélérations négatives en tonneau. Il devenait incontrôlable. Voilà pourquoi ils ne m'ont pas suivi dans ce truc que je tentais pour la première fois.... » Il compléta sa manœuvre par un cabré, puis un renversement, et se retrouva face à une paire de MiG, au-dessus des deux avions.

Trois fois de suite, il répéta la même manœuvre, et toujours avec la même efficacité. Du moins lorsqu'il s'agissait d'échapper à ses poursuivants. Mais il savait que le combat ne pouvait se limiter à des esquives, qu'il n'en réchapperait pas ainsi, qu'il lui fallait se montrer encore plus agressif. Il rageait de ne pouvoir faire feu sur ses adversaires, de devoir se contenter de se défendre.

L'occasion de tirer l'un de ses Sidewinder se présenta enfin. En serrant son virage, il parvint à coincer une patrouille de deux MiG à l'intérieur du volume efficace du missile, c'est-à-dire dans la zone où, si Schaffert en croyait son radar de conduite de tir, compte tenu du défilement des avions visés par rapport à lui, de la distance, l'autodirecteur infrarouge du missile avait de bonnes chances de guider celui-ci vers les gaz chauds qui sortaient de la tuyère du réacteur. Et si le missile ne percutait pas carrément le MiG, qui effectuait des « évasives », des virages serrés, des piqués et des cabrés pour tenter de dérouter le Sidewinder, une fusée de proximité, agissant en présence de la masse métallique de l'avion ennemi, déclencherait l'explosion. C'est bien le diable si celle-ci n'endommageait pas l'un de ces f... MiG !

Le missile fila devant le Crusader. L'angle entre l'axe de tir et la position de la cible était de 20 degrés. Pas idéal, mais pas mal non plus. Mais le leader de la formation nord-vietnamienne aperçut la fumée de la fusée. Il vira en direction de cette dernière, augmentant ainsi l'angle de présentation. Si le missile suivait les indications de l'autodirecteur infrarouge, il y avait de fortes chances pour que la manœuvre outrepasse les capacités de l'engin, qui raterait son but. En réalité, le Sidewinder passa entre les deux avions de la patrouille, à quelques dizaines de mètres de l'un et de l'autre, peut-être même à quelques mètres. Rien ne se produisit. Une fois encore, la fusée de proximité n'avait pas fonctionné. Une fois encore, car ce genre de dysfonctionnement était fréquent. Frustrant, pour les pilotes. Plus que frustrant pour Schaffert.

C'est alors que les autres Crusader entrèrent dans la danse. Une danse de mort qui se déroulait entre quelque 20000 pieds, 6000 mètres, et le ras du sol. Les Crusader avaient été avertis par les radars des bateaux américains de ce qui était en train de se passer. «Red Crown» et «Harbour Master» leur signalaient les positions respectives des protagonistes, mais vu l'acharnement de la mêlée, la tâche n'était pas facile. Tirs de missiles de part et d'autre (des Atoll de fabrication soviétique pour les MiG), tirs aux canons de bord ponctuaient la poursuite folle. Les balles traçantes sillonnaient le ciel, les fumées des propulseurs des missiles déroulaient leurs arabesques, les avions plongeaient, viraient, cabraient, postcombustion allumée.

Quand Schaffert eut utilisé sans succès ses trois Sidewinder, il continua lui aussi aux canons. Mais ces derniers supportaient aussi mal les fortes accélérations du combat que les fusées de proximité l'air humide et salé du golfe du Tonkin ! Ils lâchèrent quelques obus, un seul obus, même, si l'on en croit les armuriers qui vérifièrent ensuite les caissons à munitions, puis s'enrayèrent.

Wyman, promu leader de sa patrouille, vingt-huit ans tout juste, eut plus de chance. Il parvint à se placer pile dans la bonne enveloppe de tir et lâcha un Sidewinder sur l'ailier d'une patrouille ennemie. Le missile arracha l'aile gauche du MiG, qui s'enflamma, et percuta le sol. Les autres rompirent l'engagement. Non par lâcheté, ou par peur, plus probablement sans doute parce qu'ils arrivaient à la limite de leur autonomie en carburant. La postcombustion, sur un avion de combat, se montre particulièrement gourmande !

C'était aussi le cas pour Schaffert. Il lui restait plus de 110 milles à parcourir pour regagner son porte-avions. Et pas assez de pétrole dans ses réservoirs pour effectuer une « rejointe » sur un avion ravitailleur. Il demanda donc à se poser dans la foulée sur l'*Oriskany*. Quand ses roues touchèrent le pont, que la crosse d'appontage accrocha le brin d'arrêt, mettant un terme à son incroyable aventure, il lui restait moins de 200 livres de kérosène. Tout juste de quoi remettre les gaz, s'il avait loupé sa manœuvre d'appontage, et s'éjecter avant l'extinction de son réacteur!

Il éprouva pourtant une belle frayeur lorsque ses deux camarades, peu de temps après, faillirent se percuter en vol au-dessus de l'*Oriskany* en effectuant de concert le tonneau de la victoire.

Lui n'avait pas inscrit de MiG à son tableau de chasse, mais son combat, probablement le plus long combat jamais livré par des avions à réaction durant tout le conflit du Viêt Nam, devint et resta légendaire. Et se révéla riche d'enseignements sur la meilleure manière de s'opposer aux MiG, dont les pilotes se montraient particulièrement pugnaces. On avait pu croire un temps qu'avec l'arrivée des missiles air-air, c'en était fini du combat tournoyant, du «*dog fight*», du «combat de chien», comme disent les Anglo-Saxons. Que les affrontements d'homme à homme, à portée de vue humaine, et à portée des armes de bord de chaque avion, appartenaient au passé. Celui que vécut Dick Schaffert aux commandes de son Crusader prouva le contraire: l'homme, le pilote, sa capacité et ses aptitudes, son courage pouvaient encore faire la différence.

Dick Schaffert reçut la Distinguished Flying Cross pour cette mission. Notamment pour avoir si bien défendu le A-4 Skyhawk «*Iron Hand*» dont il assurait la protection. Il suscita ce commentaire à la fois ironique et admiratif d'un de ses camarades pilotes:

«Dick, tu avais quatre de ces salauds pour toi tout seul, et t'as même pas été foutu d'en descendre un!...»

Il avait fait beaucoup mieux.

L'INSOUCIANCE DE LA JEUNESSE

1950-1951.

«Pour faire ce métier, il faut être jeune. Avoir en soi une bonne dose d'inconscience, au minimum d'insouciance, pour ne pas se laisser trop influencer par la peur, pour apprendre à la dominer, à s'en accommoder: de toute manière, il est difficile de lui échapper. Et puis cette activité hors du commun procure des sensations fortes. Il y a quelque chose de jouissif, au sens physique du terme, à piloter un avion de combat, une magnifique machine de guerre dont on maîtrise et utilise la puissance tout en se contrôlant soi-même et en restant attentif au danger potentiel qu'elle représente... Oui, il faut être jeune... Par la suite, en prenant de l'âge, le pilote réfléchit trop : au retour de certaines missions, en regardant ses mains, ses propres mains, il se dit : "Elles ont tué des gens..." Ainsi, un demi-siècle après avoir combattu en Indochine aux commandes de son bombardier B-26 Invader, André Vergriette porte sur son passé un regard serein.

Le colonel Vergriette a quitté l'armée de l'air à l'âge de quarante-neuf ans, pour entreprendre une seconde carrière dans le civil. Reconversion que l'on peut qualifier de singulière, pour un pilote qui, après l'Indochine, avait servi entre autres dans le transport aérien militaire en France comme en Afrique. Comme la plupart de ses camarades, il avait effectué un séjour en Algérie, pendant les « événements », puis occupé un poste d'officier supérieur adjoint à la tête du Centre d'expériences aériennes militaires de Mont-de-Marsan dans les Landes. Enfin, le colonel Vergriette s'était vu confier les fonctions d'intendant d'un domaine viticole, mais pas n'importe lequel : celui de Château-Dassault, grand cru de Saint-Émilion. Château-Dassault était la propriété du célèbre constructeur d'avions militaires et civils : comme quoi l'armée, à l'instar du journalisme, peut mener à tout ! À condition d'avoir les capacités et la volonté d'acquérir les compétences que requiert l'exercice d'une profession aussi difficile que celle d'œnologue !

Comme la plupart de ses camarades pilotes de combat, André Vergriette ne renie rien de ce que fut son ancien métier, même s'il a pris par la suite de la distance vis-à-vis de lui. Lorsqu'il feuillette aujourd'hui ses carnets de vol, arrêtés au total de quelque 7000 heures, dont 185 missions de guerre en Indochine, il ne nourrit aucune fausse honte envers ce que ce métier a pu lui apporter d'exaltation et de sentiment de puissance. Saint-Exupéry disait que la terre nous en apprend plus long sur nous que tous les livres, parce qu'elle nous résiste. L'homme se découvre quand il se mesure avec l'obstacle, expliquait-il. Pour l'homme, l'avion est un outil de découverte. On pourrait ajouter: un outil de découverte et de connaissance de soi-même.

Le lieutenant André Vergriette a vingt-sept ans lorsqu'il débarque en Indochine, le 3 décembre 1950. Cinq ans auparavant, le 15 août 1945, le Japon a capitulé face aux Américains, après les bombardements atomiques de Hiroshima et de Nagasaki. Le chaos règne en Indochine, où la France, puissance coloniale, ne contrôle plus grand-chose. Hô Chi Minh s'installe à Hanoi et proclame l'indépendance du Viêt Nam le 2 mars 1946. C'est la rupture. Elle sera définitive en novembre de cette même année et s'ensuivront cinq années de guérilla entre les forces du viêt-minh, qui reçoivent une aide massive de la Chine communiste, et le corps expéditionnaire français. Viendront ensuite les combats de la « guerre lourde », selon l'expression du général Giap. C'est à cette époque charnière que le lieutenant Vergriette pose pour la première fois le pied sur le sol vietnamien. Vingt-sept ans, mais déjà une assez longue expérience de l'aviation, du pilotage... et de la vie militaire.

Né d'un père français et d'une mère d'origine américaine, il est à peine sorti de l'adolescence lorsque éclate la Seconde Guerre mondiale. Il n'hésite pas après la défaite de la France : le STO (Service du travail obligatoire en Allemagne) ? Vous n'y pensez pas ! L'armée de l'air de Vichy ? Il n'en est pas question, car ce qu'il en a vu l'a vite révulsé. L'Angleterre pour continuer le combat ? Tentative avortée. Il s'engage donc en 1944 dans l'armée... américaine. L'armée de terre. Campagne dans l'est de la France, la Belgique, jusqu'à son rapatriement en France. Alors, il accepte de reprendre l'uniforme français, à la condition que ce soit celui de l'armée de l'air. Et qu'il puisse apprendre à piloter : vœu exaucé.

Il passe son brevet de pilote sur Mauboussin 129 et Morane 315 à Châteauroux puis est envoyé au Maroc, à Rabat, où ses nouveaux chefs décident qu'il ne sait rien et doit tout reprendre de zéro. « D'accord, je ne sais rien, maugrée Vergriette, donc je vais tout réapprendre !... » Nouveau départ sur Tiger Moth, puis sur Morane 230 et bimoteur C-78. Il est le meilleur en voltige, mais insiste pour devenir pilote de bombardier (à l'époque, on ne parlait pas de pilote de transport ; il y avait la chasse et le bombardement : les « lourds »). Entre-temps, il est passé officier d'active et devenu lieutenant. Il est aussi instructeur. Muté à Paris, il se déclare volontaire pour partir en Indochine. Son chef le dissuade de faire acte de volontariat : « Les communistes sont au gouvernement, lui explique-t-il. Selon eux, l'Indochine, c'est la sale guerre. Si vous vous portez volontaire, ils vous briseront et votre carrière en sera définitivement affectée. Vous irez en Indochine, n'ayez crainte, mais vous irez sur ordre… »

Il séjourne alors quelques mois à Mont-de-Marsan, où il vole sur Stampe, Caudron Simoun, Nord 1000, Goéland, P-39, P-47, Ju (Junker) 88, B-26 Marauder et Ju 52. Aux commandes de ce dernier avion, le fameux trimoteur allemand que les Français surnommaient affectueusement « Tante Julie », il participe à la croisière de démonstration du bimoteur Dassault 315 en Afrique, comme pilote de servitude. C'est-à-dire qu'il transporte dans son Ju 52 les mécaniciens et des pièces de rechange, dont un moteur, ainsi qu'un ingénieur allemand, un homme de l'art récupéré par les Français à la fin de la guerre, qui travaille à la Snecma, la Société Nationale d'études et de construction de moteurs d'aviation.

Mais il est toujours question de l'Indochine : l'armée de l'air va y envoyer des bombardiers B-26 « Invader », prêtés par les Américains. Avec deux autres pilotes, le commandant Védrine et le lieutenant Turpault, Vergriette part en Allemagne sur une base aérienne proche de Munich, où stationnent des B-26 américains, et y fait connaissance avec son futur avion. La prise en main est rapide, à la mode yankee. Dix heures de vol d'entraînement seulement et direction Saïgon, après un vol sur B-26 « Marauder », l'autre B-26, pour apprendre à tirer à la mitrailleuse, pour apprendre le *« straffing »*. Comme l'armée de l'air a un besoin urgent de pilotes de « lourds » pour l'Indochine, tout va très vite.

Mais là-bas, les B-26 ne sont pas encore arrivés. Qu'à cela ne tienne, le lieutenant Vergriette vole comme copilote sur DC3 (il avait été «lâché» comme pilote à Orléans sur le mythique et célèbre Dakota). Il effectue même deux missions de guerre : des largages de parachutistes. Les premiers B-26 arrivent enfin, mais Védrine, Turpault et Vergriette n'ont plus volé sur ces machines depuis plusieurs mois. C'est un laps de temps suffisant pour qu'ils aient oublié un peu de ce qu'ils ont appris en Allemagne. Instruit par un récent accident, où des pilotes de l'aéronavale ont «cassé» un quadrimoteur Privateer, en raison d'un entraînement insuffisant, le commandement décide alors de faire appel à deux instructeurs américains: le major Davis et le capitaine Black, qui seront chargés de diriger un réentraînement de nos trois pilotes. L'avion n'est pas difficile, mais des paramètres propres sont indispensables à maîtriser pour une utilisation optimum. Les deux instructeurs américains arrivent à Saïgon le 13 janvier, et se mettent aussitôt au travail avec les *Frenchies !*

C'est ainsi que le 20 janvier 1951, le lieutenant André Vergriette effectue sa première mission de guerre sur Invader, avec, assis à sa droite, le major Davis. Il n'existe pas de B-26 Invader équipé en double commande, comme sur tout avion-école: l'Invader n'a pas été conçu pour l'école, mais pour être utilisé en opérations, à la fin de la Seconde Guerre mondiale. C'est du matériel consommable et tant pis pour la casse ! Pour limiter la casse et aguerrir les nouveaux pilotes, l'instructeur occupe le siège du navigateur: ses interventions se bornent à des conseils sans agir directement sur les commandes.

La première mission s'effectue sur un appareil armé de huit mitrailleuses de 12,7 millimètres situées dans le nez, et de six mitrailleuses de même calibre installées dans les ailes, trois de chaque côté. C'est un déluge de feu, lorsque l'avion pique vers son objectif et que les quatorze mitrailleuses se déchaînent en même temps. Cette première mission sera très vite suivie de plusieurs autres. L'une est une opération montée pour tenter de récupérer un pilote de monomoteur Hellcat de l'escadron Normandie-Niémen qui s'est «ditché» (posé sur l'eau, par comparaison avec «crashé», lorsque l'atterrissage forcé a lieu sur terre) dans les marais cochinchinois. Victime d'une panne moteur, le pilote n'a eu d'autre solution que de se poser sur le ventre au milieu des champs de riz. Le crash s'est bien passé... Mais il a eu lieu la veille au soir en pleine zone viêt-minh, la plus dangereuse de la plaine des Joncs! Heureusement, son équipier a repéré l'endroit et a pu donner l'alerte. La nuit arrive et il est impossible de tenter quoi que ce soit avant le lendemain matin. Le pilote est dans l'eau. Il y passera la nuit, osant à peine émerger au-dessus de la surface de peur de se faire repérer. Il respire à l'aide d'un bambou...

Au matin, l'opération de récupération est mise sur pied, mais le pilote est-il encore vivant? Si oui, est-il libre de ses mouvements ou a-t-il été capturé par les Viêts? Il est décidé de répondre oui aux deux premières questions et non à la troisième. La chance va sourire : le commandant Félix Brunet (qui allait s'illustrer brillamment un peu plus tard en Algérie sur hélicoptère armé) survole la zone à bord d'un bimoteur d'observation Siebel. Il aperçoit soudain un éclat lumineux dans l'eau.

C'est le pilote du Hellcat qui, avec son miroir de secours, émet un signal en direction de ceux qui le recherchent.

Les pilotes, et d'une manière générale les membres d'équipage de tous les avions en opérations, disposent en effet d'un héliographe, rangé dans la trousse de survie qu'ils emportent en mission. Un miroir carré troué en son milieu. Ce trou joue le rôle de viseur.

Il suffit de fermer un œil, et de regarder par le trou avec l'autre œil tout en dirigeant l'axe de vision et de visée vers l'avion ou vers la personne dont on veut attirer l'attention.

Bien orienté par rapport au soleil, le miroir peut ainsi servir à indiquer sa présence, notamment en région désertique ou en pleine mer, car il est difficile depuis le ciel de localiser un naufragé dans l'immensité d'une zone. Et ce, sans trop éveiller la curiosité des adversaires. Dautre part, c'est un moyen discret n'attirant pas la curiosité de l'adversaire.

C'est exactement le scénario qui se déroulera pour le pilote dans son marais. Une fois qu'il a repéré son camarade dans l'entrelacs des étendues d'eau striées de diguettes, Brunet jouera le rôle de guide pour les avions envoyés en soutien et pour l'hélicoptère chargé de repêcher le pilote, envoyé sur les lieux dans ce but précis.

Aux commandes de l'hélicoptère, un petit Bell ou un Hiller (la ville de Bordeaux avait fait don à l'armée de l'air de deux machines de ce dernier type), se trouvait le capitaine Alexis Santini, selon les souvenirs d'André Vergriette. Santini : encore un nom et une figure quasi légendaires, parmi tous les militaires présents en Indochine. Au même titre que la médecin Valérie André, engagée volontaire pour l'Indochine en 1948, qui deviendra parachutiste et pilote d'hélicoptère et sera ensuite la première femme de l'armée française à porter des étoiles de général sur ses épaulettes d'uniforme. Elle a raconté son expérience dans un livre, *Ici ventilateur.* L'hélicoptère n'était encore qu'à peine une arme de guerre, puisqu'on l'affublait de ce nom un peu ridicule et condescendant.

Mais ces « ventilateurs », des hommes comme Santini allaient leur conférer leurs lettres de noblesse. Santini : un pionnier, pour ce qui est de l'usage des « voilures tournantes » en tant qu'engins de guerre. Quoi qu'il en soit, en ce mois de janvier 1951, Santini se ravitaille dans un poste situé pas trop loin du lieu du crash et se prépare à secourir son camarade, englué dans la boue des marais cochinchinois.

Pour que l'opération puisse se dérouler dans des conditions point trop scabreuses, Vergriette, aux commandes de son B-26 Invader, toujours flanqué de son mentor le major Davis, se voit confier la mission de maintenir les Viêts à distance. Un autre B-26 est bientôt appelé en renfort. Les deux appareils se mettent en *noria* au-dessus de la zone. Le mot de *noria* dit bien ce qu'il veut dire, puisqu'il fait référence à la machine hydraulique: une roue munie de godets qui en général est entraînée par un animal de trait, âne, chameau ou buffle. Elle sert à puiser de l'eau dans un puits en un mouvement ininterrompu. L'animal qui sert de moteur marche dans un cercle centré sur le puits, et la roue à godets tourne sans arrêt.

Les avions en *noria* tournent de la même manière. Ils effectuent leurs passes de tir de telle façon que le feu sur zone soit continu. Qu'aucun répit ne soit laissé à ceux qui, ayant compris ce qui se passe sous leurs yeux, vont tout faire pour capturer ou tuer le pilote du Hellcat avant que l'hélicoptère ne l'ait secouru. Le pilote du premier B-26 pique et mitraille pendant son piqué, puis il cabre et incline l'avion, afin que le mécanicien placé dans la queue (qui dispose d'une tourelle double, elle aussi armée de quatre mitrailleuses) puisse à son tour arroser le secteur. Dès qu'il en a fini, le second B-26 entre en jeu et ainsi de suite. Si la manœuvre est bien synchronisée, les adversaires au sol ne bénéficient d'aucun moment de répit.

Les deux Invader entrèrent donc dans la danse et se mirent en *noria,* bientôt remplacés par des avions de chasse appartenant au groupe du pilote «crashé». En mitraillant la zone qui entourait le point de chute du Hellcat et de son pilote, ils empêchèrent l'ennemi d'approcher et permirent ainsi à l'hélicoptère de récupérer vivant leur compagnon d'arme. Le soir même, celui-ci fêta son retour à la vie et sabla le champagne en compagnie de ses camarades sur la base aérienne de Tan Son Nhut, l'aérodrome de Saïgon. Il était en bonne forme, malgré son séjour prolongé dans l'eau et en dépit de toutes les morsures de sangsues et des innombrables piqûres de moustiques !

À partir de janvier 1951, les missions s'additionnent sur les lignes et les pages des carnets de vol d'André Vergriette. Le Groupe de bombardement (GB) 1/19 Gascogne est stationné à Tourane, au sud de Hué (Annam), et fournit un détachement opérationnel permanent à Cat-Bi, la base aérienne située à 7 kilomètres de Haiphong dans le delta du fleuve Rouge. Les équipages de B-26, parce que leurs avions disposaient d'une autonomie de vol importante, furent fréquemment appelés à intervenir un peu partout dans la péninsule indochinoise. Ils la sillonnèrent du nord au sud et du sud au nord. Leurs interventions se déroulèrent là où le besoin s'en faisait sentir. En Indochine, les avions travaillèrent toujours dans l'urgence, avec des interventions en tous genres : bombardement horizontal, en semi-piqué, *straffing*, roquettes, bombes de 1000 livres, de 500 livres, de 250 livres à fragmentation, bombes au napalm. Dans les carnets de vol, les annotations sont répétées. Une seule variante : les impacts de la DCA viêt-minh. Il est rare que l'avion n'ait pas été touché lorsqu'il effectuait des missions à portée de tir de la DCA sous ses multiples formes, petits comme gros calibres. La différence résidait dans le nombre d'impacts relevés par les mécaniciens au retour à la base, et la durée des réparations qui allaient leur échoir pour remettre l'avion en état...

De petits épisodes, avec le temps, prennent des allures drolatiques et parfois dramatiques. Un jour, en retour de mission près de la frontière chinoise, tout au nord du Tonkin, près de Lang Son, Vergriette effectue une percée à travers les nuages pour retrouver la vue du sol et se repérer. Lorsqu'il sort de la couche, lui et son navigateur ont la surprise de déboucher sur une voie ferrée, flanquée d'une gare, laquelle grouille de soldats en uniforme de l'armée chinoise. Ils avaient franchi la frontière sans s'en rendre compte. Est-il besoin de dire que l'incident ne donna lieu à aucune protestation de quiconque ? !

Même connotation burlesque, bien que tragique comme la guerre en procure souvent lorsqu'un équipage, en reconnaissance à vue dans la région de Lao Kay, débouche par hasard sur un campement militaire en pleine zone viêt-minh. Les occupants se croyaient de toute évidence hors de portée des avions français. Ils ne connaissaient pas encore ou du moins n'avaient pas encore pris l'exacte mesure des capacités du B-26, à même d'intervenir très loin de sa base de départ. « Là, devant !... » annonce le navigateur. Sur une place flanquée de paillotes et autres installations recouvertes de feuillage, des soldats en petite tenue effectuent leur gymnastique matinale, un ! deux ! trois !... un ! deux ! trois !... Signe de l'impunité dont ils pensent bénéficier : leurs armes sont soigneusement rangées en faisceaux. Les mitrailleuses de l'Invader ont alors fait des ravages.

Mais l'émotion et une frousse rétrospective sont aussi parfois au rendez-vous. Les B-26 effectuent ce jour-là une mission de bombardement horizontal. Il s'agit de frapper les troupes viêts qui encerclent un poste tenu par les Français. Le principe du bombardement horizontal est connu, il était appliqué durant la Seconde Guerre mondiale par les vagues de bombardiers alliés déferlant sur l'Allemagne. Un leader effectue la visée sur l'objectif. Les ailiers se positionnent de part et d'autre de lui, à une distance fixée à l'avance pour que les projectiles « traitent » une superficie donnée en arrivant au sol. Lorsque les trappes de la soute à bombes du leader s'ouvrent, les ailiers l'imitent. Lorsque la première bombe tombe, les pilotes appuient sur le bouton de déclenchement situé sur le volant du manche à balai.

Ce jour-là, aucune bombe accrochée dans la soute d'André Vergriette ne se décroche. L'intervallomètre qui permet de programmer le temps de largage entre chaque bombe ne fonctionne pas. Toutes les lampes du panneau de bombardement indiquent qu'aucune bombe n'est partie.

Toutes les bombes sont donc là. « Mauvais, mauvais, pense le pilote, surtout avec ces saloperies de bombes à fragmentation... » Les bombes à fragmentation sont des projectiles dont l'enveloppe est constituée d'un revêtement métallique très épais dans lequel une gorge hélicoïdale a été usinée.

Lorsqu'elle explose, la bombe se disloque en fragments mortels et dévastateurs, faits pour tuer. Les savoir dans l'avion a de quoi inquiéter l'équipage. Elles ont été stockées durant des années à Madagascar, dans des conditions qui furent loin d'être idéales, avant qu'elles ne soient expédiées en Indochine. Dieu sait comment peuvent se comporter ces projectiles instables. Les savoir encore accrochées dans la soute, contre les flancs de l'avion, n'a rien de rassurant !

André Vergriette prévient son leader, le commandant Sagot, que son chargement n'a pas quitté la soute. « On refait un passage... », répond le leader. Nouveau *« run »* (circuit) de bombardement, visée par le navigateur-bombardier en place dans le nez vitré de l'avion leader, top de largage donné par lui, même résultat. « Toujours pas parties... », indique Vergriette. Donc, le système de largage normal, qui passe par l'intervallomètre, est bien en panne. Reste une ultime solution : le largage en « salvo », car il n'est pas question de ne pas utiliser les bombes que transporte le B-26. Les gars qui se trouvent encerclés dans leur poste en pleine jungle, en dessous, ces gars-là ont besoin d'aide. Même si les bombes se dispersent à droite et à gauche, elles auront au moins un effet psychologique.

Le « salvo » est une solution de secours. En cas de panne de l'un des moteurs au décollage, par exemple, le pilote doit à tout prix alléger son avion pour en conserver le contrôle sur un seul moteur. Pour cela, il utilise un bouton, protégé par un cache rouge marqué du mot « salvo » situé en bas du tableau de bord. Il commande une séquence complète et rapide : ouverture des trappes de soute, largage des bombes à intervalles minimum. Mais largage des bombes inertes, c'est-à-dire non susceptibles d'exploser, car encore munies du fil de sécurité qui bloque les petites ailettes placées sur les fusées d'ogive et de culot des projectiles. Ailettes qui, en tournant dans le vent de la chute, vont armer les fusées qui agiront à l'impact sur le sol. Cette manœuvre de secours est exécutée en général près de la base de départ, peu après le décollage, avant que l'avion n'ait pu prendre de la hauteur ou encore au-dessus d'un territoire ami par l'avion dont un des moteurs vient de rendre l'âme. Mieux vaut donc qu'elles n'explosent pas ! Alors qu'en largage normal, le mécanisme de support des bombes retient le fil de sécurité, les ailettes tournant alors librement dans le vent.

André Vergriette s'adresse donc, *via* le téléphone de bord, au mécanicien qui se trouve dans la queue de l'avion : « Je mets le bouton d'ouverture des portes sur position haute, pour que les vérins de manœuvre restent en pression et bloqués, tu pénètres dans la soute, et tu m'enlèves tous les fils de sécurité !... » lui demande-t-il. « OK ! » répond le mécano, qui s'exécute. Quelques minutes se passent, puis la voix du mécanicien se fait entendre : « Voilà, j'ai enlevé les fils... » Comme il a regagné son poste sur le siège arrière de son habitacle, les portes peuvent être ouvertes à nouveau. Ce que fait le pilote. Et là, nouvel appel du mécanicien, beaucoup moins à l'aise que lorsqu'il lui était demandé d'aller se «promener» dans la soute, au-dessus du vide. Le pilote le devine très tendu, sa voix reflète son émotion, son angoisse: «P..., pilote, toutes les ailettes se sont mises à tourner ! Elles tournent toutes, pilote !...» En clair: les fusées des bombes sont en train de s'armer, prêtes à enclencher l'explosion! Avec des engins aussi instables que ces bombes à fragmentation, le chargement peut exploser à tout moment! Là, Vergriette ne fait ni une ni deux: tant pis pour une possible visée sur une zone où se terrent les Viêts, il commande le «salvo», soulève le cache, abaisse le bouton. Le B-26, soulagé de son chargement, fait un bond vers le haut.

Les bombes tombent en paquet comme le prévoit la manœuvre de secours mais, dans leur chute, elles se heurtent les unes aux autres et se mettent à exploser à qui mieux-mieux en s'entrechoquant. Les déflagrations sont perceptibles à bord, les explosions secouent le B-26. En s'écartant un peu de sa trajectoire initiale, le pilote peut les voir éclater en dessous de lui. « On l'a échappé belle... », pense Vergriette et il songe aussi à autre chose. À l'un de ses camarades, pilote comme lui, mort avec son équipage dans des circonstances qui ne devaient rien à la hargne de la DCA viêt ou aux aléas de la météorologie de la région.

Durant les premiers temps où l'on employait les B-26 en Indochine, se rappelle-t-il (ce n'était pas si vieux), une consigne venue d'en haut suscitait des commentaires acerbes et des réflexions amères, parmi les équipages: lorsque les ailiers d'une formation en mission de bombardement horizontal n'avaient pas largué leur chargement de bombes, pour une raison ou une autre (mauvaises conditions météorologiques, par exemple, qui rendaient la visée impossible...), la consigne stipulait qu'ils devaient conserver leur chargement et le ramener en entier à la maison, autrement dit à leur base de stationnement. Comme ils étaient très souvent utilisés en *straffing* sur un objectif à l'issue de la mission de bombardement, ils devaient le faire avec encore leur chargement dans les soutes. Le commandement n'aurait voulu pour rien au monde que l'on gâchât de si précieux projectiles, même s'il s'agissait de bombes très classiques (les bombes à fragmentation viendraient plus tard). Lestés de leurs quelques milliers de livres d'explosif et de ferraille, les B-26 piquaient et mitraillaient, effectuaient leurs ressources, plongeaient à nouveau, etc. Et revenaient ensuite se poser.

Un jour, l'un d'eux, peut-être parce que son pilote ne s'était pas montré assez méfiant vis-à-vis de son avion anormalement lourd et n'avait pas démarré sa manœuvre assez tôt, percuta le sol, incapable d'effectuer sa ressource à l'issue de sa passe de tir. « Cela a quand même servi de leçon. Nos chefs ont décidé que désormais on ne "strafferait" plus avec les bombes en soute... », se souvient André Vergriette. Il avait fallu la perte d'un avion et de son équipage, pour que les comptables de l'état-major se décident enfin à raisonner en termes réalistes, ou simplement humains.

Par ailleurs, le *straffing* dans de telles conditions faisait supporter des charges énormes aux appareils, dont les longerons d'ailes avaient de plus en plus tendance à se « criquer ». Les criques sont des microfissures qui apparaissent dans le métal sous l'effet des efforts subis. Les B-26 Invader n'avaient pas été conçus ni prévus pour « durer » aussi longtemps ni accumuler les heures de vol et les accélérations à répétition. Pendant la guerre d'Algérie, où ils seront employés plus tard, le même phénomène se reproduira sur les attaches des ailes. L'aile d'un B-26, en entraînement sur une cible au sol dans la région de Bône (Annaba), se brisera net. Elle se détachera au début d'une ressource après une passe de tir, l'avion s'écrasant au sol.

En Indochine, les mécaniciens tentaient de stopper les criques dans leur progression en forant un petit trou à chaque extrémité de la fissure… en utilisant une fraise de dentiste, à la manière dont les mécanos d'aujourd'hui traitent les fentes qui apparaissent sur les verrières en plexiglas des avions de loisir ! En Indochine, dans cette guerre (que tous les politiciens, et en premier lieu les politiciens français, jamais avares de grandes envolées verbales, présentaient comme la lutte de l'Occident civilisé contre l'ogre communiste, l'ours bolchevique), les guerriers de l'impossible en étaient réduits à des expédients de ce genre.

Des amis, des camarades, des hommes disparaissaient ainsi, tel le navigateur habituel du capitaine Vergriette, le lieutenant Jean Didier. Jean Didier ne pensait, ne rêvait, ne désirait qu'une chose : rentrer en France. Parce qu'il était homme d'expérience, le lieutenant Jean Didier fut désigné pour être le commandant de bord d'un jeune pilote nouvellement arrivé sur le sol indochinois. Ce devait être un vol de tout repos : il s'agissait seulement de rallier Cat-Bi, près d'Haiphong à partir de Tourane. L'avion du lieutenant Didier n'arrivera pourtant jamais à destination, disparu sans laisser de trace…

André Vergriette reviendra en France pour une semaine, puis repartira pour l'Indochine. «Le deuxième séjour fut beaucoup plus dur. J'avais une femme, deux enfants, il me fallut les laisser pour repartir là-bas…» Repartir et reprendre les missions de bombardement, de *straffing,* de napalm. «Le napalm… les Viêts avaient vite compris. Ils se terraient dans les trous qu'ils avaient creusés, recouvrant l'orifice de leur cachette avec un panier rempli de terre. Lorsque nous attaquions, le napalm glissait dessus, brûlait, puis s'éteignait. Ils n'avaient plus qu'à ressortir…» Ces combattants-là faisaient preuve de sang-froid et de courage, de présence d'esprit aussi !

Lors d'une mission de reconnaissance armée le long des plages, en zone viêt-minh, le capitaine Vergriette surprend ainsi un combattant qui, entendant arriver l'avion, se jette dans un trou aménagé dans le sable. Passe de tir inutile, l'homme est trop bien dissimulé. Le temps que le B-26 fasse demi-tour, le Viêt a bondi hors de son abri, continuant sa progression vers la forêt proche. André Vergriette le voit courir, effectue une seconde passe de tir. À l'approche de l'avion, le soldat saute dans un autre trou, se mettant ainsi hors d'atteinte des projectiles qui martèlent le sable alentour. À tel point que le pilote en viendra à rire de le voir agir ainsi. « Je me suis dit: "Il est pas con, ce mec-là !..." J'admirais son comportement... Alors, j'ai arrêté de le poursuivre et j'ai cessé de tirer. Je ne le regrette pas... »

Façon pudique d'avouer qu'un tel épisode constitue sans doute l'un des meilleurs souvenirs que le pilote André Vergriette ait gardé de son séjour en Extrême-Orient...

QUITTE OU DOUBLE

1967.

Une grande part du succès à l'exportation du Mirage III de Dassault peut être attribuée à la réputation acquise par l'avion de combat français lors de ce que l'on a appelé la « guerre des Six-Jours », en 1967, menée par Israël contre les pays arabes coalisés. Le paradoxe de l'affaire est que les succès obtenus par les pilotes israéliens aux commandes d'appareils français – des Mirage III C, mais aussi des Mystère, des Super Mystère, des «vieux» Ouragan, mis à la casse en France, mais toujours en service en Israël, des Fouga Magister, puisque tous les appareils disponibles furent mobilisés – se firent aux dépens des pilotes arabes et se traduisirent par des ventes ultérieures... aux pays auxquels ces derniers appartenaient, lorsque la politique extérieure de la France vira de bord.

À la suite de l'écrasante victoire remportée par Tel-Aviv, dans une série de frappes préventives, le gouvernement français jugea plus tard que celles-ci avaient toutes les apparences d'une agression. Et décréta l'embargo sur les livraisons d'armes à Israël, bloquant notamment la mise à sa disposition de cinquante nouveaux Mirage 5. Ceux-ci étaient dérivés des Mirage III, mais avec une électronique simplifiée et une capacité en carburant accrue. L'Histoire ne s'écrit pas toujours d'une plume trempée dans l'encre de la raison commune.

En moins d'une semaine, au mois de juin 1967, les armées égyptiennes, syriennes, jordaniennes et irakiennes furent en effet réduites à néant, ou presque. Mais personne ne conteste que ces victoires remportées par Tsahal, l'armée hébraïque, ne furent possibles que parce qu'auparavant les avions marqués de l'étoile de David avaient cloué et détruit au sol l'essentiel des forces aériennes ennemies. Sans support aérien, les forces terrestres étaient vouées à la défaite. L'opération se joua dans les trois, ou les six premières heures du conflit.

Une opération que l'on a pu comparer à l'opération Barbarossa effectuée par la Luftwaffe de Hitler et de Gœring, le 22 juin 1941, quant à son mode d'exécution. Ce jour-là, les avions allemands avaient réduit en ferraille la quasi-totalité de la flotte aérienne militaire de l'URSS, avant même qu'elle ait pu prendre l'air. L'attaque israélienne fut longuement mûrie et préparée, pensée par des tacticiens et des stratèges hors pair, réalisée par des pilotes et des personnels au sol d'une qualité exceptionnelle. Mais cette opération, chaque responsable israélien en avait bien conscience, se joua à quitte ou double. Qu'elle échouât, et la contre-attaque des quatre pays arabes aurait balayé Israël, qui aurait alors vu ses amis traditionnels se détourner de l'État hébreu qualifié d'agresseur, ou en tout cas s'interroger sur l'opportunité de lui apporter leur aide. Elle réussit, et la situation politique et militaire au Proche-Orient s'en trouva modifiée de fond en comble, et pour longtemps.

La préparation de l'« Opération Moked », selon le nom de code qui lui fut attribué, débuta dès 1963, quatre ans avant sa réalisation. En réalité, les chefs militaires israéliens y pensaient déjà depuis bien plus longtemps encore. Entre autres le général Ezer Weizman, chef d'état-major de l'armée de l'air, ancien de la Royal Air Force, carrure de deuxième ligne de rugby, qui connaît chacun de ses jeunes pilotes par le menu (et par leur prénom !).

Fort en gueule, il est intransigeant sur la discipline, mais adepte de la camaraderie entre les siens, dont il sait qu'elle constitue le meilleur ciment d'une force de combat, le meilleur antidote à la peur, au stress, à la crainte.

Si tant est que les pilotes israéliens, issus d'une sélection implacable, y soient sensibles. Il sera remplacé à son poste, au mois d'avril 1966, par

Mordehaj Hod, lui-même devenant chef des opérations de l'état-major général.

Pour la première fois sans doute dans l'histoire militaire, une force aérienne fut mise sur pied, réorganisée et entraînée pour mener à bien la destruction programmée des ennemis en quelques heures de combat, et uniquement dans ce but. Alors que jusque-là, Israël avait toujours pensé sa défense de manière défensive, si l'on peut dire, c'est-à-dire capable de résister à une possible agression, l'« Opération Moked » se voulait résolument offensive. Tout fut mis en œuvre pour y préparer l'aviation militaire. Car tout allait se jouer sur un coup de dés, sur un quitte ou double. Chacun le savait : les six premières heures seraient cruciales. Au bout de six heures, on saurait si la réussite était au rendez-vous, ou si l'on devait s'attendre au pire.

Le secret devait donc demeurer absolu. Impossible, par conséquent, de procéder à des simulations réelles, à des entraînements qui eussent pu fournir des indications sur les intentions des Israéliens, mettre la puce à l'oreille des services de renseignements arabes. Israël disposait alors d'une force aérienne de quelque cent quatre-vingts avions de combat, depuis les biréacteurs Vautour jusqu'aux vingt avions d'entraînement Fouga Magister, dotés de mitrailleuses de faible calibre et reconvertis en avions d'appui feu, en passant par les Ouragan, les Mystère, les Super Mystère et les Mirage III. S'y ajoutaient une quarantaine d'hélicoptères et une trentaine d'avions de transport, dont des Nord 2501.

Au jour J, les Israéliens utilisèrent même les Super Mystère français qui se trouvaient sur leur territoire, en vertu du contrat de maintenance que Tel-Aviv avait passé avec Paris, pour la révision de ces avions-là et des réacteurs Atar 101 des Vautour de chasse de nuit et de bombardement appartenant à l'armée de l'air française[1]. Les avions étaient convoyés en vol entre la France et Israël (et *vice versa*), pour y être révisés, par des pilotes français. Quelques-uns de ceux-ci se trouvaient justement présents au moment de l'attaque contre les bases aériennes des pays arabes. Ils participèrent d'enthousiasme au combat, aux côtés de leurs camarades de l'État hébreu, même si ce fut sans doute pour des missions non offensives. À l'issue de la guerre, trois Super Mystère français, touchés ou détruits en opérations, manquaient à l'appel. Les Français les déclarèrent « réformés techniques », c'est-à-dire bons pour la casse, et on n'en parla plus...

En face, la coalition arabe pouvait aligner le triple d'appareils. À elle seule, l'Égypte en comptait quatre cent vingt, d'origine soviétique, ou britannique. La Jordanie, une vingtaine. La Syrie, plus de cent. L'Irak, « support » de la Jordanie, près d'une centaine aussi.

Le plus gros contingent des forces aériennes ennemies d'Israël se trouvait donc en Égypte, réparti sur près d'une vingtaine de bases aériennes, dans le désert du Sinaï, le long du canal de Suez, dans le delta du Nil, et dans la Haute-Égypte. L'Égypte devait

1. Même en y incluant le coût du convoyage en vol, le prix de revient des opérations de maintenance se révélait 20 % moins cher que ce que pouvaient proposer les industriels de l'Hexagone, se souvient un ingénieur de l'armement qui s'occupait à l'époque de ces questions-là...

donc être neutralisée en premier. L'attaque initiale serait portée contre les bases implantées dans le delta, le Sinaï, le long du canal. Les onze bases choisies abritaient les avions de combat les plus performants, MiG 21 et bombardiers Tu-16. Avec un principe simple : s'en prendre d'abord aux pistes et aux installations, avec des munitions appropriées, ensuite aux avions eux-mêmes, grâce aux armes de bord, canons et roquettes. L'aphorisme selon lequel la guerre est un art simple et tout d'exécution trouverait ici une illustration parfaite. À condition que la démonstration fût à la hauteur des intentions…

Les Israéliens, il leur suffisait pour cela de regarder les chiffres, savaient aussi que leurs avions ne pourraient se contenter d'une seule attaque. Les appareils devraient rentrer le plus vite possible à leurs bases, être réapprovisionnés, éventuellement réparés, réarmés, et repartir dans la foulée. D'où l'importance cruciale des personnels au sol, et de la logistique. Les pièces de rechange, les munitions, les moyens de ravitaillement en carburant seraient positionnés au plus près des abris et des tarmacs. Un système de communication et de liaison fut établi, afin que, sur le chemin du retour, les pilotes puissent signaler les problèmes techniques qu'ils avaient pu rencontrer, ou les éventuels dommages subis par leurs appareils. À peine garés, ceux-ci seraient pris en main par les techniciens spécialisés. Le « diagnostic en vol », banal aujourd'hui, serait pour la première fois appliqué à la lettre.

Pour neutraliser les pistes, les Israéliens avaient

mis au point une bombe spéciale, assez légère (65 kg), mais à effet programmé. Larguée à faible hauteur, une centaine de mètres, elle était freinée par un parachute, qui redressait sa trajectoire vers une quasi-verticale, avant qu'un moteur-fusée l'accélère et lui fasse perforer le revêtement des pistes et des tarmacs jusqu'à une profondeur de 1,5 mètre. L'explosion avait lieu six secondes plus tard, provoquant un cratère de 5 mètres de diamètre. Une série de trous d'une telle dimension dans le macadam ou le béton d'une piste rendait celle-ci inutilisable. Là encore, les Israéliens faisaient figure de précurseurs.

À 7 h 45 du matin, en ce 5 juin 1967, tous les avions de combat israéliens décollent. L'ordre du jour adressé par le commandant de l'armée de l'air a été diffusé à 7 heures. Il fait référence aux précédents conflits, à la menace que représentent pour le pays les gesticulations belliqueuses des pays arabes, aux soldats de Josué, de David, aux Macchabées (en hébreu « le marteau », surnom donné à Judas puis à ses trois fils et à leur famille, patriotes juifs qui animèrent le soulèvement de 167 avant JC contre le roi Antiochos IV Épiphane), dont le courage doit inspirer les soldats d'aujourd'hui.

Par patrouilles simples de quatre avions, les pilotes foncent vers leurs objectifs, à 10 mètres au-dessus de la Méditerranée. Quelque vingt minutes plus tard, les appareils de tête, qui filent à 500 nœuds, survolent le delta. Les pilotes sont stupéfaits de voir les fellahs égyptiens leur adresser de grands signes de la main, croyant avoir à faire à des avions de leur propre armée de l'air. Les attaques commencent aussitôt. La présence sur l'objectif ne doit pas excéder sept minutes. À 9 heures du matin, les appareils sont de retour à leurs bases. Vingt minutes plus tard, ils repartent pour une seconde attaque. En fin de matinée, trois cents avions égyptiens sont détruits. Quatre cents en fin de journée. Côté israélien, selon le communiqué de Mordehaj Hod, qui sera diffusé dans la nuit du 5 au 6 juin, on déplore la perte de quatre Ouragan, quatre Mystère IV, quatre Super Mystère B2, deux Mirage III C, un Vautour, quatre Fouga Magister. Et surtout de dix-neuf pilotes, soit huit morts et onze disparus.

Cela n'étonnera personne d'apprendre que les services de renseignements se montrèrent à la hauteur des opérationnels qu'ils étaient chargés d'alimenter en informations. Les missions de reconnaissance fournirent les images nécessaires. « Incroyable, racontera plus tard un pilote qui participait à l'attaque de l'aérodrome de Kabrit, où étaient basés des MiG-17, c'était exactement comme sur les photographies que nous avions étudiées. Les bandes noires de la piste et des chemins de roulement, bien distincts sur fond clair du désert, se trouvaient devant nous. Nous avions tout cela en mémoire. Les avions aussi, alignés sur le tarmac. Aucun n'avait bougé. À peine si nous pouvions en croire nos yeux. Nous avons effectué notre attaque, sans que personne ne s'interpose. Piqué, vitesse, visée, j'ai largué mes bombes, puis viré sec pour entamer ma passe de tir aux canons de 30 millimètres. Durant le virage, j'ai nettement perçu la série incroyable des explosions en arrière de moi, les fusées retard avaient parfaitement fonctionné. La piste était constellée de trous. Pleins gaz, l'avion en lisse, sans plus de bombes ni de réservoirs extérieurs, j'ai entamé ma première passe. Sous l'impact des obus de 30 millimètres, les avions se soulevaient du sol, comme agités de convulsions, puis retombaient et se désintégraient. Après trois passes de tir, les deux dernières pour parachever le travail, il ne restait plus un seul MiG intact... »

L'un des récits les plus pittoresques, mais aussi les plus instructifs de cette guerre des Six-Jours, au plan aéronautique, est sans doute celui du lieutenant-colonel Daniel Shapira. Dani pour ses amis. Et il en comptait beaucoup en France. Lorsque Israël, qui utilisait déjà des Ouragan, des Mystère et des Super Mystère, souhaita s'équiper de Mirage III, le commandant Shapira fut autorisé par le ministère français des Armées à s'intégrer dans l'équipe des pilotes du Centre d'essais en vol d'Istres, dans les Bouches-du-Rhône. Au mois de juin 1959, il reçut le feu vert pour effectuer des vols sur l'avion. L'expérience acquise par les Israéliens en matière de combat aérien amena même l'état-major français à prendre en compte leurs suggestions pour définir la configuration finale du Mirage III C (chasse). Israël en commandera au total soixante-douze. En avril 1962, les deux premiers Mirage III C J (J pour le modèle israélien) furent livrés depuis Bordeaux-Mérignac, leur lieu de fabrication, *via* Istres, Brindisi et Athènes. Un contrat de construction sous licence fut signé en avril 1962.

C'est dire que Dani connaissait bien la bête. Et sa résistance ! Il aimait à raconter qu'un jour, touché par un obus ennemi, le réacteur Atar de la Snecma française grondait et vibrait, à tel point que le pilote avait pensé devoir être obligé de s'éjecter. « Mais non! concluait-il, un rien admiratif. Il m'a ramené à la maison !... » Son souvenir le plus marquant date pourtant de la guerre des Six-Jours. Lors de sa troisième mission de la journée, après une attaque sur l'Égypte, puis sur la Jordanie, il survole à nouveau le delta du Nil, en compagnie de deux autres Mirage. La DCA les prend à partie, les obus explosent devant son avion comme des champignons vénéneux. La patrouille pique sur l'aérodrome du Caire Ouest pour y larguer leur chargement de bombes. «À 200 pieds, je redresse...et je vois une fusée Sam 2 qui fonce sur moi ! Je vire sur la tranche. La fusée frôle le ventre de mon avion, et va s'écraser plus loin sur la base...»

Mais les serveurs des batteries de missiles d'origine soviétique ne se contentent jamais de tirer un engin unique, on le sait. Le mode d'emploi est clair: ils lancent leurs Sam par paires. Stupeur du lieutenant-colonel Shapira, qui s'aperçoit que le second engin file vers son avion ! «Je le vois distinctement, comme une sorte de poteau électrique qui cracherait une flamme orange, celle du moteur de propulsion. Elle se trouve au-dessus de moi, et pique vers moi sous un angle de 30 à 40 degrés. Je tire de toutes mes forces sur le manche, en virage par la droite. Le Sam passe sous le nez de mon Mirage !... »

Cette tactique-là fera florès. Les pilotes israéliens

deviendront même experts dans son exécution : repérer le missile, le suivre des yeux sans discontinuer, attendre qu'il soit à quelques dizaines de mètres de distance seulement, puis virer brutalement dans sa direction. L'autodirecteur du missile cherchant à suivre le rayonnement infrarouge de l'avion va commander une manœuvre brutale elle aussi, qui a toutes les chances d'outrepasser les possibilités de l'engin, et de déboussoler le système de guidage. Mais pour réaliser une telle esquive, le pilote doit faire preuve d'un sacré sang-froid !

Après l'embargo sur les ventes d'armes à Israël décrété par la France, l'État hébreu entreprit de construire lui-même une version dérivée du Mirage III, en le dotant d'un réacteur américain, le J 79 de General Electric. Ce sera le Kfir (lionceau). L'idée avait déjà été émise auparavant par la firme américaine Boeing, qui, en 1962, envisageait de coopérer avec la société Dassault et de livrer des Mirage ainsi équipés au... Sud Vietnam, au titre de l'assistance militaire américaine. Le tout dans le contexte du contrat d'achat d'avions ravitailleurs en vol C-135 F destinés à la Force de dissuasion française.

L'idée initiale n'eut pas de suite, mais elle fut reprise avec succès par les Israéliens. Lesquels revendirent un peu plus tard vingt-six de leurs Mirage III C J à l'Argentine. Rebaptisés « Dagger », ces Mirage furent engagés contre les avions britanniques durant la guerre des Malouines.

Le monde des armements est constitué d'un cercle décidément bien restreint...

SOMMAIRE

DERNIER DÉCOLLAGE DE DIÊN BIÊN PHU	13
SAUVETAGE EN BOSNIE	31
ÉTATS D'ÂME	51
LE COUP DE GRÂCE	73
LES AVIONS À PLUMES… OU LA FORCE DU DESTIN	89
OPÉRATION « DINGO » AU MOZAMBIQUE	117
BAPTÊME DU FEU	131
PILOTE ESPION	145
MISSION SANS RETOUR	163
MYSTÉRIEUSE MUSARAIGNE	185
OSIRAK SERA DÉTRUIT	201
COMBATTRE UN ENNEMI INVISIBLE	219
NUITS DE FEU SUR BAGDAD…	237
MORT AU TCHAD	253
« MIG MASTER », LE MAÎTRE DES MIG	267
L'INSOUCIANCE DE LA JEUNESSE…	285
QUITTE OU DOUBLE	305

Dans la collection
HISTOIRES AUTHENTIQUES
aux éditions Altipresse

Jean-Pierre OTELLI

FRISSONS DANS LE CIEL *Histoires d'aviation*
CATASTROPHES AÉRIENNES *Les passagers ont le droit de savoir...*
LES MIRACULÉS DU CIEL *Histoires de survies extraordinaires...*
LE SECRET DES BOÎTES NOIRES *Enregistrements avant le crash...*
GANGSTERS DU CIEL *Histoires authentiques de pirateries*
POURQUOI ILS SONT TOMBÉS *Les faits... la vérité*
LES FOUS DU CIEL *Ce qui s'est vraiment passé dans les avions*
ERREURS DE PILOTAGE *Ces accidents que l'on aurait pu éviter*
CARNET DE VOLS *Album avec dessins de* **François BOUSSEAU**

Germain CHAMBOST et Jean-Pierre MITHOIS

PILOTES *Histoires d'aviation*

Bernard THOUANEL

AVENTURES DANS LE CIEL

Jean-Claude DEMORY

POMPIERS

Fred BONAMY

CHERCHEURS DE TRÉSORS

Gérard PACELLA

CHASSE

Christophe AGNUS et Pierre-Yves LAUTROU

SKIPPERS DE L'IMPOSSIBLE

Germain CHAMBOST

a publié :

En 1972

DE MERMOZ À L'ORDINATEUR

(Mercure de France)

Prix Louis Castex de l'Académie française

En 1980

LES CHEVALIERS DE L'APOCALYPSE

(Éditions Jean Picollec)

Prix de l'Aéro-Club de France

En 1987

LITTLE BOY

(Lieu Commun)

Hélice d'or 1987

En 1991

MIRAGES AU TCHAD

(Éditions Jean Picollec)

POÉSIE

En 1993

UN BREF INSTANT D'ÉTERNITÉ

(Nouvelles Éditions Debresse)

En 2001

FLEURS DE PEAU

(Éditions Arcam)

Impression réalisée sur CAMERON par

BUSSIÈRE CAMEDAN IMPRIMERIES

GROUPE CPI

à Saint-Amand-Montrond (Cher)
en octobre 2003

N° d'impression : 034655/1.
Dépôt légal : octobre 2003.

Imprimé en France